Martin Niemöller
Gewissen vor Staatsräson
Ausgewählte Schriften

Martin Niemöller

Gewissen vor Staatsräson

Ausgewählte Schriften

Herausgegeben von Joachim Perels
und mit einem Nachwort versehen
von Martin Stöhr

WALLSTEIN VERLAG

Für die Förderung der Drucklegung
danken Herausgeber und Verlag
der Martin-Niemöller-Stiftung, Wiesbaden, und der
Evangelischen Kirche in Hessen und Nassau, Darmstadt.

Bibliografische Information der Deutschen Nationalbibliothek

Die Deutsche Nationalbibliothek verzeichnet
diese Publikation in der Deutschen Nationalbibliografie;
detaillierte bibliografische Daten sind im Internet
über http://dnb.d-nb.de abrufbar.

Wallstein Verlag, Göttingen 2016
www.wallstein-verlag.de
Vom Verlag gesetzt aus der Stempel Garamond
Umschlaggestaltung: Susanne Gerhards, Düsseldorf
Druck: Hubert & Co, Göttingen
ISBN 978-3-8353-1700-0

Inhalt

Sätze zur Arierfrage in der Kirche

Auf Grund ständig wiederkehrender Anfragen wegen unserer Stellung zum Arier-Paragraphen, lege ich folgende Sätze vor, die meine persönliche Auffassung wiedergeben:

1. Im allgemeinen existiert die christliche Kirche auf dem Boden der Reformation in der Form der volkstümlich bestimmten Einzelkirchen. Es ist auch in der Missionsarbeit der Reformationskirchen Regel geworden, die Missionskirchen volkstumsmäßig zu gliedern und zu begrenzen, soweit das Volkstum geschlossen oder einigermaßen geschlossen wohnt. Diese Praxis ergibt sich für eine Kirche, deren Hauptaufgabe die Verkündigung des Wortes ist, zwangsläufig, schon um der Sprache willen. – Darüber hinaus bedeutet die Begrenzung und Gliederung nach Völkern die Möglichkeit für die Kirche, die Art der Verkündigung dem Volkstum und seinen Besonderheiten so anzupassen, daß der ganze Reichtum der frohen Botschaft zur Geltung kommen kann. Darin liegt die Forderung begründet, daß jedem Volk das Evangelium in seiner Art und Sprache gebracht werden soll; daraus ist auch die selbstverständliche Übung geworden, daß jedem Volk diese Botschaft durch Menschen seiner Art und Rasse gebracht wird, sobald die eigentliche Zeit der Mission, der erstmaligen Verkündigung, vorüber ist.

2. Heute wird aus dieser unleugbaren Tatsache die Forderung abgeleitet, daß Juden und Nichtvollarier grundsätzlich und dauernd von dem Amt der Wortverkündigung und sonstigen Dienstes in der Kirche unseres Volkes auszuschließen seien. – Dabei wird aber übersehen, daß nach dem Zeugnis der Heiligen Schrift das jüdische Volk, als das Volk des alten Bundes, eine grundsätzlich andere Stellung in der Heilsge-

schichte Gottes einnimmt als irgendein anderes Missionsvolk. Aus Römer 11,25-26, ist zu entnehmen, daß das jüdische Volk um der Heidenmission willen, die zuvor zu Ende geführt werden soll, keine Verheißung einer eigenen Volkskirche hat. Juden-Bekehrungen sollen demnach nach Gottes Willen ausgesprochene Einzelbekehrungen sein, Zeugnisse dafür, daß Gottes Verheißung auch für Israel noch in Kraft steht und am Ende der Zeiten ihre Erfüllung finden soll.

3. Bis dahin bleiben die bekehrten Juden als Einzelchristen auf die Gliedschaft in der Kirche ihres Gastvolkes angewiesen; hier sind sie ein bleibender Hinweis darauf, daß Gottes Verheißung ihre endgültige Erfüllung noch nicht gefunden hat. Die Aufrichtung einer judenchristlichen Kirche ist eine Utopie; deshalb sind die Judenchristen als volle Glieder der Kirche aufzunehmen, und ihre Ausschließung von den Ämtern ihrer sonst volkstumsmäßig bestimmten Kirchen, zu der sie gehören, würde bedeuten, daß die Christenheit sich dem Willen Gottes grundsätzlich versagt. Wir haben in der Gemeinde, ob uns das sympathisch ist oder nicht, die bekehrten Juden als durch den heiligen Geist vollberechtigte Glieder anzuerkennen (vgl. den entsprechenden Vorgang Apg. 10,15 sowie Gal. 2,11 ff.).

4. Unter diesen Umständen ist ein kirchliches Gesetz, das die Nichtarier oder Nichtvollarier, soweit sie dem jüdischen Volk angehören, von den Ämtern der Kirche ausschließt, bekenntniswidrig, weil es die im dritten Artikel bekannte Gemeinschaft der Heiligen grundsätzlich negiert; denn gerade an den bekehrten Juden muß es sich erweisen, ob es der Kirche Jesu Christi mit der Gemeinschaft, die über die natürlichen Zusammengehörigkeiten hinausreicht, ernst ist. – Diese Erkenntnis verlangt von uns, die wir als Volk unter dem Einfluß des jüdischen Volkes schwer zu tragen gehabt haben, ein hohes Maß von Selbstverleugnung, so daß der Wunsch, von dieser Forderung dispensiert zu werden, begreiflich ist.

Das ist indessen nicht möglich, weil wir als Kirche das Bekenntnis auf gar keinen Fall und um gar keinen Preis auch nur vorübergehend außer Kraft setzen dürfen.

5. Die Frage kann nur so angefaßt werden, daß wir auf Grund von 1. Kor. 8 von den Amtsträgern jüdischer Abstammung heute um der herrschenden »Schwachheit« willen erwarten dürfen, daß sie sich die gebotene Zurückhaltung auferlegen, damit kein Ärgernis gegeben wird. Es wird nicht wohlgetan sein, wenn heute ein Pfarrer nichtarischer Abstammung ein Amt im Kirchenregiment oder eine besonders hervortretende Stellung in der Volksmission einnimmt. Aber daraus kann kein Gesetz gemacht werden, weil ein Handeln in dieser Richtung einen Verzicht auf die christliche Freiheit bedeutet, die niemals durch Gesetz auferlegt, sondern nur aus Liebe übernommen werden kann. (Vgl. 1. Kor. 8,13 das Verhalten des Paulus. Er sagt: So würde ich das machen. Er sagt nicht: Ich verbiete es euch! oder: Ihr sollt es verbieten um der Schwachen willen!)

6. Es wird viel gefragt, warum nun ausgerechnet an dieser Stelle die Frage des Bekennens oder Verleugnens gestellt wird. Dazu sei in Kürze bemerkt, daß es noch nie so gewesen ist, daß die christliche Gemeinde den Punkt, an dem das Bekenntnis angegriffen wird, hat bestimmen können. Als Beispiel ist mir die Verfolgung unter Decius wichtig, wo es um die Frage des Loyalitätsopfers für den Cäsar ging. An sich hätte sich das christliche Gewissen salvieren können mit Berufung auf 1. Kor. 8, 4 (»Es gibt keine Götzen«, also ist dies Opfer kein Opfer, sondern nur ein Akt politischen Gehorsams!). – Viele haben es so gemacht. Die Bekenner haben dafür gelitten bis zum Martyrium! – Wer unter diesen beiden Richtungen hat das Rechte getan? – Wir müssen uns hier an etwas erinnern, was unsere Väter in der Konkordienformel zum Ausdruck gebracht haben (*solida declaratio* X, 10-11), daß nämlich in Zeiten des Bekennens auch in »Mitteldingen« nicht ge-

wichen werden darf! (vgl. Paulus in Antiochien, Gal. 2,4ff.). Es kommt sonst dahin, daß von dieser Stelle aus das ganze Bekenntnis aufgehoben wird. Es ist gewiß kein Zufall, sondern ein Zeichen von »groß Macht und viel List«, daß die Gemeinde Jesu so angegriffen wird, daß nur ein Teil von ihr wirklich merkt: Es geht ums Ganze!

Wer die Brandenburgische Provinzialsynode am 24. August miterlebt hat, dem klingt der Triumph noch in den Ohren, mit dem nach der namentlichen Abstimmung festgestellt wurde, daß im Arier-Paragraphen sich die Geister scheiden müßten. Man hat es so gewollt; und daß der Angriff an dieser Stelle geschickt war und eine schwache Stelle der Kirche Christi traf, das zeigt eine Nebeneinanderstellung der verschiedenen Gutachten von Marburg, Erlangen und der neutestamentlichen Theologen. Das zwingt uns aber auch, die hier aufgeworfene Frage mit dem vollen Ernst zu nehmen, den sie als eine Frage des Bekennens oder Verleugnens beanspruchen darf! – Tatsächlich haben wir zur Zeit eine ganze Reihe von Irrlehren, die hüben und drüben umlaufen und ihre Verkünder finden in der Kirche. Aber wir haben nur diesen ersten Vorstoß gegen die Bekenntnisgrundlage der Kirche, indem hier ein Handeln, das mit dem dritten Artikel in Widerspruch steht (Gemeinschaft der Heiligen), zum Gesetz in der Kirche, also zur verbindlichen Regel gemacht ist! So kommt es gegen unseren Willen, daß hier eine grundsätzliche Stellungnahme von uns gefordert wird, ob uns das angenehm ist oder nicht!

Gerecht ohne des Gesetzes Werke

So halten wir nun dafür, daß der Mensch gerecht werde ohne des Gesetzes Werke, allein durch den Glauben.

Römer 3,28

Das diesjährige Reformationsfest scheint unter einem seltsamen Verhängnis zu stehen. Aus Anlaß des Lutherjubiläums ist schon so viel gefeiert worden, und es soll noch so viel gefeiert werden, daß der 31. Oktober fast unbemerkt dahingegangen ist; und auch der heutige Reformationssonntag findet in der Öffentlichkeit nicht die Teilnahme und Aufmerksamkeit wie wohl sonst: wir haben mit dem Winterhilfswerk zu tun, Luthers 450jähriger Geburtstag steht bevor, der 12. November beschäftigt die Gemüter, die Vorbereitungen für den Luthertag müssen getroffen werden – und in der evangelischen Kirche ist überdies so manches im Übergang, im Werden und im Vergehen, daß eigentlich für den Rückblick in die Vergangenheit kaum Zeit und Raum bleibt.

An sich brauchte das noch nicht ein Fehler zu sein; es hat schon sein Gutes, wenn wir gezwungen werden, die Gegenwart ganz ernst zu nehmen und nach dem Gebot der Stunde zu fragen. Es mag besonders heute ein wahrer Segen sein, wenn wir von dem ewigen Gestern loskommen, das uns hält und hemmt, das uns – gerade in der Kirche – bei der Frage »Recht oder Unrecht?« stehenbleiben läßt in einem Augenblick, wo es wahrhaftig längst um »Sein oder Nichtsein?« geht. Denn für die Kirche der deutschen Reformation ist tatsächlich wieder einmal die Existenzfrage aufgerollt, und kein Pochen auf die erreichte Einigung der vielen Landeskirchen, kein Hinweis auf das in Kraft gesetzte bischöfliche Führerprinzip vermag diese Frage und die Aufgabe, die damit gestellt ist, aus der Welt zu schaffen. Die Frage will einfach gehört und die Aufgabe angefaßt werden. Rom steht heute gesichert da in der unangreifbaren Stellung des Konkordats, und inzwischen entfaltet sich die neue Front einer deutsch-germanischen Religiosität, die bereits angefangen hat, ihre ersten Offensivstöße vorzutragen. So deuten alle Zeichen nicht etwa auf eine ruhige Entwicklung, sondern vielmehr auf beginnenden Kampf; und da ist wahrhaftig keine Zeit mit Erinnerungen zu verlieren!

So entspricht auch das Lutherbild des Jahres 1933, das Luther als Kämpfer darstellt, durchaus der heutigen Situation. Wir wollen gar nicht den Luther von gestern und vorgestern; uns liegt gar nicht daran zu erfahren, was Luther seiner Zeit und der unserer Väter gewesen ist, es berührt uns kaum, was er dachte und lehrte – Luther wird uns Symbol, Vorbild und Urbild des religiös-christlichen Helden, Typus des kirchlichen Führers für heute und morgen!

Es wird jetzt viel von Luthergeist geredet und geschrieben; sieht man genauer hin, so steht hinter all diesem Reden und Schreiben die Hochachtung vor den menschlich imponierenden Eigenschaften dieses Mannes, vor seiner naiven Unbekümmertheit, vor seinem unerschrockenen Mut, vor seiner zähen Standhaftigkeit, vor seinem geraden und unbeugsamen Willen, vor seiner gemütvollen Tiefe – und ein Wunschtraum steht dahinter: Hätten wir doch mehr von diesem Luthergeist, es sähe besser aus um Volk und Kirche! Laßt uns diesen Luthergeist pflegen – heute – und morgen wird es sich zeigen: wir sind einen Schritt vorwärts gekommen!

Schön und gut, liebe Gemeinde, und ich will keinem davon abraten, daß er sich den Menschen Luther in diesen Stücken zum Vorbild nimmt; aber davon muß ich allerdings und dringend abraten, nein: davor muß ich in allem Ernst warnen, daß wir etwa meinen, mit diesem Luthergeist könnten wir den

Existenzkampf der evangelischen Kirche mit Rom und dem artgemäßen Heidentum bestreiten und zum Siege führen. Das wäre ein verhängnisvoller Irrtum, und es sieht wohl so aus, als ob der Teufel nur auf dies Lutherjahr gewartet hätte, um mit diesem Wahn in der evangelischen Christenheit ein Riesengeschäft zu machen; denn – wenn wir es auch nicht fertig bringen, den Teufel mit Beelzebub auszutreiben – er bringt es fertig, den Geist Luthers mit Luthergeist auszutreiben! Und nachher stehen wir da als die Betrogenen. Darum: Vorsicht! Deswegen, weil es hier leicht dahin kommt, daß der Mensch Luther vor den Propheten Luther gestellt wird, daß wir uns an dem heldischen Mann begeistern, statt auf die Botschaft zu hören, die Gott uns durch ihn aufs neue hat sagen lassen.

So paradox es klingen mag: der selbe Luther, der das Evangelium wieder auf den Leuchter gestellt hat, damit es leuchte allen, die im Hause sind – dieser selber Luther wird zum Scheffelmaß, unter dem das Licht verborgen bleibt [Mt 5,15; Mk 4,21; Lk 11,33] und schließlich erlischt, wenn es dahin kommt, daß wir in der Kirche des Evangeliums solchen Luthergeist predigen und pflegen. Luther selber hat wohl gewußt, was er tat, als er sich wehrte, daß sich seine Anhänger nach ihm nannten, als er in höchst drastischer Weise sich selber als einen alten Madensack verspottete, um deutlich zu machen: es kommt nicht auf mich, nicht auf den Menschen, nicht auf den Kämpfer, nicht auf den Helden – oder wie ihr mich sonst noch nennen wollt – an; macht nur keinen neuen Heiligen aus mir, um Gottes willen nicht! Denn Gott will keine Menschen, die sich an irgendeinem Heiligen messen und bilden – und hieße er Luther. Gott will Menschen, die es ihm glauben, daß er aus freier Gnade trotz allem, was uns von ihm trennt, unser Vater und Herr ist; und diese Gnade, die uns den Weg zu Gott freigibt, diese Gnade, die uns den Glauben an Gott als unsern Vater und Herrn schafft, ist nur da in dem einen, in dem Gott selber zu uns kommt: »Er heißt Jesus Christ!« – Der ist das Licht der Welt [Joh 9,5]; und darum ist es Luther gegangen, daß uns dies Licht in unverhüllter Klarheit leuchten sollte, gestern und heute und in Ewigkeit! *Solus Christus!* Christus allein!

Es hat gar keinen Sinn, innerhalb der evangelischen Kirche von Luther zu reden und Luthers Gedächtnis zu feiern, wenn wir bei dem Bilde Luthers hängenbleiben und nicht auf den schauen, an den Luther uns weist. Die Versuchung ist groß; denn Luther ist uns als Deutscher näher als der jüdische Rabbi von Nazareth. Luther ist uns mit all seinen Ecken und Kanten weniger anstößig als dieser Jesus, den – fatalerweise – niemand einer Sünde zeihen konnte und kann. Luther, das sind am Ende doch wir, der Abstand bleibt relativ; Christus, da ist am Ende doch Gott, und der Abstand ist hoffnungslos! – Aber das Bekenntnis zu Luther bleibt hohl und wirkungslos, wenn wir nicht mit Luther uns zu Christus und zu Christus allein bekennen. Darum meine ich: das beste Wort, das bisher zum Lutherjubiläum gesprochen wurde, ist das schlichte Wort, das unser Hindenburg dem jetzigen Reichsbischof mitgegeben hat: »Sorgen Sie, daß Christus in Deutschland gepredigt wird!«

Auf den ersten Blick, wie es scheint, eine große Selbstverständlichkeit. Wir haben's ja oft genug gehört: das Bekenntnis bleibt unangetastet; Christus bleibt der Herr der Kirche, und das Erbe der Reformation soll in Treuen gehütet werden! – Aber ist diese Selbstverständlichkeit wirklich so groß und unbestritten, ist sie wirklich so – selbstverständlich? Oder heißt nicht »Christus predigen«: Christus allein predigen, heißt es nicht, den verkündigen, der da spricht: »Niemand kommt zum Vater, denn durch mich!«? [Joh 14,6] Und ist das nicht die einzig mögliche Folgerung, die wir ziehen müssen, wenn wir die Botschaft von Christus hören und aufnehmen, daß wir mit dem Juden Paulus und mit dem Deutschen Luther bekennen: »So halten wir nun – nachdem wir Christus kennen – dafür, daß der Mensch gerecht – Gott recht werde ohne des Gesetzes Werke allein durch den Glauben?«

Mag sein, daß uns Kindern der Reformation dies Wort auch schon so bekannt und so selbstverständlich ist, daß es uns heute gar nichts mehr sagt. Wir denken dabei an Paulus, wie er darum gekämpft und gerungen hat, daß die Heiden Christen werden dürften, ohne sich beschneiden zu lassen und ohne sich auf das jüdische Gesetz zu verpflichten. Wir denken dabei an Luther, wie er sich gegen den römischen Irrglauben gewandt hat, als müßten sich Christenmenschen – um Gott recht und wohlgefällig zu werden – erst mit »guten Werken« die Gnade Gottes Stück für Stück verdienen. Und wir stellen befriedigt fest: für uns ist das nicht mehr aktuell; das sind vergangene Zeiten. Wir haben es längst gelernt, größer von Gott zu denken, und deshalb bleiben wir aller jüdischen und römischen Gesetzlichkeit gegenüber Protestanten; das Gesetz kümmert uns nicht mehr.

Und dennoch, liebe Gemeinde: das Gesetz, mit dem Menschen Gottes Wohlgefallen erwerben möchten, ist immer noch da; es gehört zum eisernen Bestande allen frommen Menschentums und jeder echten Religion. Das alte jüdische Gesetz war längst tot in der Christenheit, als Luther gegen das Werkgesetz der römischen Kirche kämpfte, und heute wiederum ist bei uns Protestanten dies römische Kirchengesetz auch längst tot; aber – das Gesetz ist tot, es lebe das Gesetz! Zur Not schaffen wir uns das Gesetz selber, um uns vor Gott darauf berufen zu können: »Wir haben es erfüllt!« –

Der Glaube selbst wurde zum Gesetz der Rechtgläubigkeit fast noch in Luthers Tagen: Du mußt den richtigen Glauben haben, dann bist du Gott recht! Das war das Gesetz der Orthodoxie. Und als seine Hohlheit offenbar wurde, war man um ein neues nicht verlegen: Du mußt recht handeln, dann bist du Gott recht! Das war das Gesetz der Aufklärung. Und es folgte das Gesetz der freien sittlichen Persönlichkeit als das Gesetz der wahrhaft unbegrenzten Möglichkeiten: Jeder sein eigener Gesetzgeber, und Gott setzt sein Plazet darunter und erkennt es an. Soviel Gesetze, soviel Irrwege! Und wir sind noch lange nicht damit am Ende. Vor 15 Jahren gab es Leute, die meinten und sprachen es aus: wer es mit dem Willen Gottes ernst nimmt, der muß Sozialist sein. Heute wird mit noch größerer Leidenschaft das Gesetz aufgestellt: »Wenn du so national und so sozial bist, wie unser Führer es verlangt, dann bist du Christ, ohne es zu wissen!« – Man kann es auch schon hören, daß unser ganzes Volk den Willen Gottes tun würde, wenn es erst einmal seine Art und Rasse gereinigt hätte: Gesetzeswerke, mit denen ein Anspruch auf Gottes Wohlgefallen begründet werden soll! Freilich: Christus soll bleiben, der Glaube soll bleiben. Sie sollen *auch* bleiben!

Liebe Gemeinde, dies »Auch«, das ist der Teufel, und gegen dies »Auch« muß Luther her – nicht nur der Mensch Luther und nicht nur der menschliche Luthergeist, aus dem sich auch wunderschön ein Gesetz machen läßt, mit dem wir uns selbst rechtfertigen –, hier muß der Luther her, dem der Heilige Geist die Feder führte, als er das Wörtlein »allein« schrieb: »allein durch den Glauben!« [Röm 3,28] Gewiß: im Urtext steht dies Wort nicht, der Philologe kann hier eine fehlerhafte Übersetzung feststellen, und Luthers römische Gegner haben Wut geschnaubt ob dieser »Fälschung«. Luther hat an dem »allein« festgehalten, und es steht nun da, und keine Macht der Welt wird es wieder ausstreichen.

So spricht dies Wort davon, daß Gott der Herr ein eifriger, ein eifersüchtiger Gott ist [2 Mo 20,5; 5 Mo 5,9 und passim], der keine andern Götter und Halbgötter neben sich duldet [2 Mo 20,23; 5 Mo 5,7]; mit den Gesetzeswerken verwirft er jeden menschlichen Anspruch auf sein Wohlgefallen, all unser Auch-etwas-sein- und Auch-etwas-tun-wollen. Es führen viele Wege nach Rom, aber es führt nur ein Weg zu Gott, und dieser eine Weg führt nicht von uns zu Gott, sondern von Gott zu uns, und er heißt: Christus allein! »Wer mich sieht, der sieht den Vater. Ich bin der Weg, die Wahrheit und das Leben!« [Joh 14,6] –

Damit sind wir an die Heilige Schrift gewiesen als an das Wort Gottes, das allein von Christus zeugt. Damit sind wir auf die Gnade Gottes gewiesen, die uns allein in Christus zur Gewißheit wird, weil uns in ihm der heilige Ernst und das tröstliche Erbarmen Gottes in untrennbarer Einheit begegnen. Damit sind wir auf den Glauben, ja auf den Glauben allein gestellt, der nun nicht mehr eine Meinung ist, die wir über Gott haben, der nicht daran hängt, ob wir uns von Gott höhere oder weniger hohe Gedanken machen – der vielmehr die Gnade Gottes in Christus empfängt und sich ihr anvertraut!

»Sorgen Sie dafür, daß Christus in Deutschland gepredigt wird!« Christus, und nicht Gesetzeswerke, Gottes Tat, und nicht unser Tun. Daran entscheidet es sich, ob der Geist Luthers unter uns lebendig bleibt; daran entscheidet es sich, ob sein Werk weiter besteht; daran entscheidet es sich, ob in unserm Volk auch in Zukunft eine Kirche des Evangeliums sein wird. Denn so spricht *D.* Martin Luther: »Wo dieser Artikel weg ist – nämlich der Artikel von der Rechtfertigung allein aus dem Glauben –, so ist die Kirche weg und mag keinem Irrtum widerstanden werden!«

Amen.

Predigt am 19. Juni 1937

Ihr seid das Salz der Erde. Wo nun das Salz dumm wird, womit soll man's salzen? Es ist hinfort zu nichts nütze, denn daß man es hinausschütte und lasse es die Leute zertreten. Ihr seid das Licht der Welt. Es kann die Stadt, die auf einem Berge liegt, nicht verborgen sein. Man zündet auch nicht ein Licht an und setzt es unter einen Scheffel, sondern auf einen Leuchter; so leuchtet es denn allen, die im Hause sind. Also laßt euer Licht leuchten vor den Leuten, daß sie eure guten Werke sehen und euren Vater im Himmel preisen.

Matth. 5,13-16

Und nun geht es doch wohl nicht anders, liebe Brüder und Schwestern, daß wir mit dem heutigen Abend und der Andacht, die diese Woche beschließt, als daß wir zunächst in stiller Fürbitte derer gedenken, die zu unserer Gemeinde, zur Gemeinde der Jünger Christi gehören und die an diesem Abend nicht hier in und bei der Gemeinde sein können. Wir hören die Namen derer, die um des Evangeliums willen in ihrer Freiheit behindert oder ihrer Freiheit beraubt sind.

(Es folgt die 5 Minuten dauernde Verlesung der Fürbittenliste, d.h. der Redeverbote, Ausweisungen und Verhaftungen.)

Liebe Gemeinde, diese Liste ist nun erschreckend lang geworden; sie umfasst – wenn ich recht gezählt habe – 72 oder 73 Namen, bekannte und unbekannte, Namen von Pastoren und Gemeindegliedern, Namen von Männern und von Frauen, Namen von Jungen und von Alten. Keiner im deutschen Vaterland kann sagen, ob die Zahl vollständig ist, und jeder ahnt, daß sie nur noch größer werden wird; wie sie denn in dieser Woche, die nun heute zu Ende geht, von einem Tag zum anderen gewachsen ist.

Was wirft man diesen Pastoren und Gemeindegliedern vor? Wir sind zu einem möglichst schlechten Denken erzogen worden in den letzten vier Jahren, zu einem möglichst schlechten Denken über alle, die als Glieder der Kirche in Haft gesetzt werden; und wenn wir von irgendeinem hören, der mit der Polizei in Berührung gekommen ist, so sind wir geneigt, an die Dinge zu denken, die heute in den Zeitungen breitgetreten werden. Gott sei Lob und Dank: Nicht der leiseste Anflug von menschlich verwerflichen Dingen kann unseren Brüdern und Schwestern zum Vorwurf gemacht werden; sondern es geht darum, daß alle diese aus ihrer Heimat verbannt, zum Schweigen verurteilt und ins Gefängnis geworfen sind, weil sie es als ihre Pflicht angesehen haben und weil sie es als ein Recht der evangelischen Christenheit in Anspruch genommen haben, Angriffe auf den christlichen Glauben frei und öffentlich als Angriffe, Abfall vom christlichen Glauben ganz offen als Abfall, Eingriffe in den christlichen Gottesdienst ohne Scheu als Eingriffe zu bezeichnen. Es ist niemand darunter, dem etwas anderes zum Vorwurf gemacht werden könnte; und unsere Brüder und Schwestern können sich darauf verlassen, daß die Zurückweisung von Angriffen auf den christlichen Glauben, die Bekanntgabe von Kirchenaustritten und das Sammeln von Opfergaben – das sind die drei Dinge, um die es heute geht –, sie können sich darauf berufen, daß das unbestrittenes Recht der christlichen Gemeinde stets gewesen ist und daß der Führer feierlich dieses Recht der Kirche zugesichert und stets bestätigt hat und daß es bis zum heutigen Tage kein Gesetz gibt, das dieses Recht der Kirche einschränkt. Unsere Brüder und Schwestern können sich darauf berufen, daß sie den Auftrag eines Höheren haben, der uns durch sein Wort ruft zum Widerstand gegen die Propaganda des Unglaubens, der die Gemeinde zur Warnung vor dem

Abfall ruft und sie zur Fürbitte für die Abgefallenen bestimmt und der das Opfer – und zwar das geldliche Opfer für die Not der Gemeinde – geboten hat.

Und so stehen wir bei dem, was heute passiert mit unseren Brüdern und Schwestern, vor einer unzweideutigen Frage, und die Frage lautet: »Hat die christliche Kirche in ihren Gliedern und Amtsträgern heute noch das Recht, das der Führer ihr mit seinem Wort bestätigt hat – mit seinem *Ehrenwort* –, daß wir uns gegen die Angriffe auf die Kirche wehren dürfen, oder haben die Leute recht, die die Abwehr gegen den Unglauben uns – der christlichen Gemeinde – verbieten und unmöglich machen, und die Leute, die sich wehren, dafür ins Gefängnis bringen?« Um solche Fälle handelt es sich bei dem Hauptpastor Dr. Jannasch, handelt es sich bei Pfarrer Busch und Pfarrer Held in Essen: Sie haben öffentliche Angriffe *öffentlich* zurückgewiesen und sind deswegen ins Gefängnis gekommen.

Es handelt sich darum: »Hat die christliche Kirche noch das Recht, der Gemeinde Mitteilung zu machen, daß Glieder der Gemeinde vom Glauben abgefallen sind, oder haben die Leute recht, die uns diesen Auftrag auszuführen verbieten und unmöglich machen?« Brüder und Schwestern, das ist die Lage, in der sich Pastor Niesel befindet und die verhafteten Mitglieder des preußischen Bruderrates – und wenn ich recht zähle, sind es im ganzen acht –; sie haben erklärt: »Die Bekanntgabe der Kirchenaustritte gehört vor die christliche Gemeinde, und es ist nicht recht, das zu verbieten«. Brüder und Schwestern, es handelt sich um eine ganz eindeutige Sachlage: ob die Gemeinde es erfahren darf, wer aus der Kirche ausgetreten ist und ob sie zur Fürbitte für die Abgefallenen aufgerufen werden darf, oder ob das nicht erlaubt ist.

Und die dritte Frage ist die: ob das Wort des Führers noch gilt, ob die Kirche das Recht hat – und dieses Recht ist ihr von alters her bestätigt –, ob sie das Recht hat, Almosen zu sammeln in der Gemeinde, oder ob durch einen Federstrich eines Ministers – oder auch zweier Minister – ihr dieses Recht, nach dem Willen des Herrn Christus Opfer darzubringen, ob ihr das verboten werden kann. Um dieses Verbotes willen ist noch keiner im Gefängnis, aber es hat vorgestern in der Zeitung gestanden, daß keine Kollekte mehr gesammelt werden darf, die nicht von der vom Staat eingesetzten Kirchenbehörde genehmigt ist.

Brüder und Schwestern, wenn ich auf diese äußerlichen Dinge hinweise, dann tue ich es deshalb, weil keiner heute weiß, ob und wann er noch einmal Gelegenheit hat, es der christlichen Gemeinde zu sagen, ob das Wort des Führers gilt, oder ob die Worte anderer gelten, die das Gegenteil von dem anordnen, was der Christenheit, der evangelischen Christenheit versprochen ist. Wir kommen daran nicht vorbei! Und solange noch einer im Gefängnis sitzt, solange noch einer ausgewiesen ist, solange noch einer Redeverbot hat, weil er Angriffe zurückgewiesen hat, oder weil er Abfall vom Glauben ganz klar Abfall genannt hat, oder einer ins Gefängnis kommen wird, weil er Gaben sammelt, so lange ist die Frage, ob das Wort des Führers gilt, negativ beantwortet.

Liebe Gemeinde, in diese Situation hinein, von der wir wohl sagen können, sie ist so dunkel und unsichtbar wie nur möglich – unstet und flüchtig irren die restlichen Mitglieder des preußischen Bruderrats durch Deutschland; Frau Asmussen ist heute stundenlang auf dem Alexanderplatz verhört worden, nachdem sie vier Stunden auf ihre Vernehmung hat warten müssen, weil sie nicht Auskunft geben konnte, wo ihr Mann ist; denn man will eben auch alle übrigen Mitglieder des preußischen Bruderrats hinter Schloß und Riegel setzen; die preußische Kirche ist ohne Leitung, die Diensträume der preußischen Kirchenleitung sind verriegelt, man hat ihnen die Schreibmaschinen weggenommen, sie haben keine Geldmittel, – in solche Situation hinein trifft uns dieses Wort recht sonderbar: »Ihr seid das Salz der Erde; ihr seid das Licht der Welt.«

Als ich das Wort heute las, wurde mir dieses Wort wirklich neu, und ich mußte zurücklesen und hatte das Gefühl der inneren Erleichterung, als ich da das Wort fand, von dem ich wissen mußte, daß es da vorher steht, und von dem ich auch theoretisch längst wußte, *daß* es da steht im 5. Kapitel: »Selig seid ihr, wenn euch die Menschen um meinetwillen schmähen und verfolgen und reden allerlei Übles wider euch, so sie daran lügen. Seid fröhlich und getrost; es wird euch im Himmel wohl belohnt werden. Denn also haben sie verfolgt die Propheten, die vor euch gewesen sind!« [Mt 5,11f.], und dann geht es weiter: »Ihr seid das Salz der Erde; ihr seid das Licht der Welt!«, als ob zwischen der Verfolgung der Gemeinde Jesu Christi und dem: »Ihr seid das Salz der Erde; ihr seid das Licht der Welt!« kein Bruch sei, sondern, als ob das unmittelbar zusammengehöre. Ich muß sagen, mir ist in diesem Zusammenhang dieser Bibelstelle – die ich doch von Jugend auf kenne – am heutigen Tage erst aufgegangen, daß der Herr Christus der Jüngergemeinde sagt: »Ihr werdet geschmäht werden und verfolgt werden, ihr werdet diffamiert werden, und zwar mit Lügen«, und darauf: »*Ihr* seid das Salz der Erde; *ihr* seid das Licht der Welt!«

Brüder und Schwestern, da muß doch etwas nicht stimmen mit unseren Sorgen. »Ihr seid das Salz der Erde«. Der Herr Christus meint doch nicht, daß wir sorgen sollen, daß wir das Salz unter die Leute bringen, sondern er weist uns auf eine andere Verantwortung hin: »Wo nun das Salz dumm wird, womit soll man's salzen, womit soll man es wieder zu Salz machen?« Nicht, wie wir das Salz weiterbringen, sondern daß das Salz wirklich Salz wird und bleibt, ist unsere Verantwortung, damit der Herr Christus – der ist nämlich der Koch in diesem großen Brodeln – dieses Salz für seine Zwecke verwenden und gebrauchen kann.

Brüder und Schwestern, auf die Frage, ob der Herr Christus heute noch praktisch die Möglichkeit zum Dienst an unserem Volke hat, auf diese Frage muß ich allerdings antworten: Ich sehe mit meinen Augen keine Möglichkeit, wie der Dienst im Volke heute noch ausgerichtet, wie heute im Volk noch das Salz angewendet werden kann. Aber, Brüder und Schwestern, das ist nicht unsere Sorge, sondern die des Herrn Christus. Wir haben nur dafür zu sorgen, daß das Salz nicht dumm wird, daß es nicht seine Salzkraft verliert. Was heißt das denn?

Das ist wohl die Frage, mit der wir uns zu befassen haben, daß sich die christliche Gemeinde in diesem Augenblick der Gefährdung nicht darauf einläßt, mit der Welt in einen Topf geworfen zu werden. Es heißt doch wohl, sie soll sich durch ihren Salzcharakter von der übrigen Welt unterscheiden. Wodurch unterscheidet sich die Gemeinde Christi von der Welt?

Wir haben eine Zeit der Gefährdung durchgemacht – und wir sind noch nicht hindurch –, wo man uns sagte: »Es wird alles anders, wenn ihr aufhört, als Kirche einen so ganz anderen Geschmack zu haben; wenn ihr aufhört, eine Verkündigung zu betreiben, die im Gegensatz zu dem steht, was die Welt um euch her verkündigt. Ihr müßt eure Botschaft der Welt anpassen; ihr müßt das Bekenntnis mit der Gegenwart in Übereinstimmung bringen. Dann werdet ihr wieder zu Einfluß und Wirkung kommen.«

Liebe Gemeinde, das heißt: Das Salz wird dumm. Nicht wie das Salz angewendet wird, ist unsere Sorge, sondern dass es nicht dumm wird; um ein altes Schlagwort von vor vier Jahren anzuwenden: Evangelium muß *Evangelium* bleiben; Kirche muß *Kirche* bleiben; Bekenntnis muß *Bekenntnis* bleiben; evangelische Christen müssen *evangelische* Christen bleiben. Und wir dürfen um Himmels willen aus dem Evangelium kein *deutsches* Evangelium machen; wir dürfen um Himmels willen aus der Kirche *Christi* keine deutsche Kirche machen; wir dürfen um Gottes willen aus den evangelischen Christen keine *deutschen* Christen machen!

Das ist unsere Verantwortung: »Ihr seid das Salz der Erde«. Gerade da, wo wir das Salz in Anpassung und Übereinstimmung bringen mit der Welt, bringen wir den Herrn Christus um die Möglichkeit, durch seine Gemeinde irgendetwas auszurichten in unserem Volk. Aber wenn das Salz Salz bleibt, dürfen wir's ihm schon zutrauen: er wird es so anwenden, daß Segen daraus erwächst.

Und das andere Bild, das der Herr Christus vor uns hinstellt: »Ihr seid das Licht der Welt«. Wir hören das und werden daran erinnert, daß wir uns da Sorgen machen, die vor dem Herrn Christus keinen Bestand haben. Wohin geht unsere Sorge? Als ich vorhin die Namen gelesen habe, haben wir da nicht gedacht: »Um Himmels willen, dieser Wind, dieser Sturm, der jetzt durch die Welt geht, wird der nicht das Lichtlein des Evangeliums ausblasen? Und so haben wir die Botschaft herauszunehmen aus dem Sturm und in einen sicheren Winkel zu bringen«.

Erst in diesen Tagen ist es mir klar geworden, erst seit heute verstehe ich, was der Herr Christus meint: »Nehmt nicht das Scheffelmaß! Ich habe das Licht nicht angezündet, damit ihr es unter den Scheffel stellt, um es vor dem Wind zu schützen. Weg mit dem Scheffelmaß! Das Licht gehört auf den Leuchter! Es ist nicht eure Sorge, ob das Licht von dem Luftzug ausgelöscht wird«. Wir haben nicht dafür zu sorgen, ob das Licht auslöscht – das ist seine Sorge; nur daß wir das Licht nicht verstecken – vielleicht in edler Absicht verstecken, um es in ruhigeren Zeiten wieder hervorzuholen – nein: »Lasset euer Licht leuchten vor den Leuten!« [Mt 5,15f.; Mk 4,21; Lk 8,16]

Brüder und Schwestern, das ist der besondere Punkt, an den wir heute geführt sind. Es ist ja doch an dem, daß wir von allen Seiten, von Staatsmännern wie vom »kleinen Mann«, angegangen werden: »Um Gottes willen, redet doch nicht so laut, ihr kommt ja sonst ins Gefängnis. Redet doch nicht so deutlich; man kann das alles doch auch undeutlicher sagen!« Brüder und Schwestern, wir *dürfen* unser Licht nicht unter den Scheffel stellen, sonst sind wir ungehorsam; sondern wir haben den Auftrag dessen, der das Licht in der Welt ist. Er braucht uns nicht als Docht, er kann sich auch andere Dochte nehmen, denen er sein Licht aufsteckt.

Die stumme Kirche, die nicht mehr sagt, *wozu* sie da ist, verleugnet sich selbst. Das Wort Gottes laut und deutlich zu verkündigen, *das* ist unser Dienst; aber daß die Kirche weiter lebt und nicht umgebracht wird, daß das Licht nicht ausgepustet wird, Freunde, das ist nicht unsere Sache. »Wer sein Leben erhalten wird, der wird's verlieren; und wer sein Leben verliert um meinetwillen, der wird's finden« [Mt 16,25; Mk 8,35; Lk 9,24; Lk 17,33]. Und das gilt vom Leben der Gemeinde genau so, wie es im Leben des einzelnen Christen seine Geltung hat. Das heißt doch wohl praktisch: ich *muß* heute noch mal so reden, vielleicht kann ich es nächsten Sonntag nicht mehr; ich *habe* euch das heute noch einmal mit aller Deutlichkeit zu sagen – denn wer weiß, was nächsten Sonntag ist? Aber es ist unsere Pflicht, zu reden; an diesem Auftrag hängt die Verheißung, daran hängt es, ob Gott sein Wort, ob er das Licht – »das arme Windlicht des Evangeliums«, wie D. Martin Luther sagt – in unserem Volk erhält; das hängt daran, ob wir bereit sind, zu tun, was uns geboten ist: die Botschaft zu verkündigen, das Licht leuchten zu lassen.

Und der Herr Christus hat uns noch ein drittes Bild von der Kirche gegeben: »Ihr seid das Salz der Erde. Ihr seid das Licht der Welt«. Und endlich: »Es kann die Stadt, die auf einem Berge liegt, nicht verborgen sein«. Und mit diesem Bild, das einmal durch den Text hindurchleuchtet, soll unser Blick gelenkt werden von dem Salzfaß und dem Lichtleuchter zu der

Stadt auf dem Berge. Das Salz vergeht, indem man es ausstreut. Das Licht verbrennt; so soll sich die Christenheit verzehren im Dienst ihres Herrn. Aber die Stadt, die ewig bleibt, ist fest gegründet auf heiligem Berge. In der Wirrsal und Not unserer Tage wird uns die Hoffnung vor Augen gestellt: Gottes Stadt ist fest gegründet!

Liebe Freunde, in unserem Dienen und Nicht-aufhören-müssen um der Verkündigung des Wortes willen ist das Wort des Herrn Christus an uns erfüllt. Wir sind die Stadt auf dem Berge, der verheißen ist, daß auch die Pforten der Hölle sie nicht überwältigen werden. Und da heißt es dann nicht: »es mögen wohl Berge weichen und Hügel hinfallen«; aber dann gilt das andere Wort: »Meine Gnade soll nicht von dir weichen, spricht der Herr, dein Erbarmer« [Jes 54,10].

Es geht das Gerede durch das deutsche Land, von den Thüringer Deutschen Christen ausgehend, daß morgen über acht Tagen überraschend die Kirchenwahlen auf telegraphische Anweisung stattfinden sollen. Aber acht Tage sind eine lange Zeit; man weiß das noch nicht genau. Liebe Brüder und Schwestern, wenn wir jetzt in die Kirchenwahlen hineingehen in einer Zeit, wo die Bekennende Kirche in ganz Preußen ihrer Leitung beraubt ist, dann mag das eine starke Quelle der Nöte und Sorgen sein, dann mag die kommende Woche noch um vieles härter und schwerer werden als die Bedrückung dieser Woche, die heute durch Gottes Gnade ein Ende findet; und wir fragen, wo bleibt die Hoffnung, die uns hindurchträgt durch die Not der Zeit, die wächst und wächst und nun bis an die Kehle geht?

Es kann die Stadt Gottes nicht verborgen bleiben. Brüder und Schwestern, die Stadt Gottes wird durch den Sturmwind nicht umgeweht; sie wird nicht erobert, selbst wenn sich die Feinde ihrer äußeren Mauern bemächtigen. Die Stadt Gottes steht, weil ihre Kraft aus der Höhe kommt, weil das Lamm bei ihr ist, und darum wird sie fest bleiben.

Ich habe heute morgen meinen Brüdern, meinen Pfarrbrüdern in Berlin gesagt: »Vielleicht sind wir heute an dem Punkt, nachdem wir uns vier Jahre lang an seiner Führung, an einer bekenntnistreuen Führung erfreuen durften, wo Gott den Beweis von uns fordert, daß wir nun auch allein den richtigen Weg finden, daß wir uns nicht an Menschen gebunden haben, sondern daß wir die Verbindung gefunden haben zu dem einen Herrn, der der Erzhirte seiner Gemeinde ist und bleibt.«

Darum wird es bei der Wahl gehen, daß wir das Salz nicht vermengen, daß wir das Licht nicht in die Ecke stellen, sondern daß wir sagen: »Himmel und Erde *mögen* vergehen«, wie Gottes Wort sagt, Himmel und Erde *werden* vergehen! [Lk 21,33] – aber Gottes Worte vergehen *nicht*! Brüder und Schwestern, darauf wollen wir uns verlassen. Wohl dem, der das Gnadenzeichen nimmt, der sich darauf zu verlassen gelernt hat und darauf *allein* gelernt hat, sich so zu gründen, daß er fest steht und fest gegründet ist, wenn dann auch die Stürme brausen und wenn dann auch die Wasser steigen. [Ps 93,3]

Und dazu helfe uns Gott!

Amen.

Predigt am Ostermontag, 2. April 1945

Gnade sei mit uns und Friede von dem, der da ist und der da war und der da kommt! Amen.

Das 2. Evangelium des Ostermontags steht bei Johannes, Kapitel 20, Vers 11-18:

»Maria aber stand vor dem Grabe und weinte draußen. Als sie nun weinte, guckte sie in das Grab und sieht zwei Engel in weißen Kleidern sitzen, einen zu den Häupten und den andern zu den Füßen, da sie den Leichnam Jesu hingelegt hatten. Und diese sprachen zu ihr: Weib, was weinest du? Sie spricht zu ihnen: Sie haben meinen Herrn weggenommen, und ich weiß nicht, wo sie ihn hingelegt haben. Und als sie das sagte, wandte sie sich zurück und sieht Jesum stehen und weiß nicht, daß es Jesus ist. Jesus spricht zu ihr: Weib, was weinest du? Wen suchst du? Sie meint, es sei der Gärtner, und sprach zu ihm: Herr, hast du ihn weggetragen, so sage mir, wo hast du ihn hingelegt, so will ich ihn holen. Spricht Jesus zu ihr: Maria! Da wandte sie sich um und spricht zu ihm: Rabbuni (d.h.: Meister)! Spricht Jesus zu ihr: Rühre mich nicht an! Denn ich bin noch nicht aufgefahren zu meinem Vater. Gehe aber hin zu meinen Brüdern und sage ihnen: Ich fahre auf zu meinem Vater und zu eurem Vater, zu meinem Gott und zu eurem Gott. Maria Magdalena kommt und verkündigt den Jüngern: Ich habe den Herrn gesehen, und solches hat er zu mir gesagt.«

Ostern! Heute geht ein Jubel durch die ganze Christenheit: »Der Herr ist auferstanden, er ist wahrhaftig auferstanden!« – Und es hat den Anschein, als stimme die ganze Schöpfung in den Freudenruf ein: Die Macht des Winters ist gebrochen,

Frühlingshoffen webt in der Luft, neue Lebensfreude will ans Licht brechen: »Nun muß sich alles, alles wenden!«

Wir wollen diese Osterstimmung nicht schelten: man kann sich auch über den Frühling freuen und über die Wiederkehr der steigenden Säfte, die nun schon Knospen schwellen lassen und bald Blüten treiben werden; wir sollen auch dankbar dafür sein, daß nun das neue Brot zu wachsen beginnt, das – will's Gott – trotz allen Elends um uns her dennoch Millionen von Menschen das Leben fristen wird. – Nur eins dürfen wir nicht, wenn wir recht Ostern feiern und der wahren Osterbotschaft von der Auferstehung Jesu Christi froh werden wollen: wir dürfen uns nicht durch die Macht solcher Naturstimmungen dazu verleiten lassen, daß wir die biblische Kunde von der Auferstehung des Herrn nur als ein Gleichnis ansehen für jenen Sieg des Lebens über den Tod, wie wir ihn alljährlich im Frühling sehen oder vielmehr zu sehen vermeinen. – Es handelt sich dabei ja doch nur um einen Gedankenkurzschluß; wir wissen durchaus, daß das Leben, das jetzt da draußen aufblüht, doch auch dem Tode verfallen ist; wir schieben nur den Gedanken daran immer wieder von uns fort und wehren uns auf diese Weise gegen einen Pessimismus, der an sich berechtigt wäre, aber nun einmal zu nichts nütze ist.

Nein, um recht Ostern zu feiern, müssen wir schon auf die Botschaft hören, die Gott uns in seinem Wort sagen läßt, und die weiß nichts von einem allgemeinen Naturgesetz, daß das Leben stärker sei als der Tod, daß das Gute kräftiger sei als das Böse, oder was dergleichen idealistische Dogmen mehr sein mögen, an die ja ohnehin niemand mehr recht glaubt.

Als der Ostermorgen dämmert, steht eine einsame Frau am Grabe Jesu von Nazareth. – Sie ist vorher im Dunkel der letzten Nachtstunden schon einmal dort gewesen und hat mit schreckhaftem Staunen bemerkt, daß das Grab geöffnet und der Deckstein beiseite gewälzt war. – Da ist sie zurückgelaufen und hat zwei von Jesu Jüngern geholt, Petrus und Johannes; die sind alsbald hingerannt, aber sie fanden nichts als ein leeres Grab. – Ihnen nach ist auch Maria Magdalena wiedergekommen und sie ist geblieben, auch als die andern fortgingen. – Sie weint: das leere Grab vermehrt nur ihren Schmerz; man hat ihren Herrn fortgenommen, und sie weiß nicht, wo der Leichnam geblieben ist. – Jesus war ihr besonderer Wohltäter gewesen, er hatte ihrer Seele aus tiefster Not geholfen – der Evangelist Lukas erzählt, es seien sieben Teufel aus ihr ausgefahren [Lk 8,2] –: kein Wunder, daß sein Tod sie wie ein Keulenschlag traf; kein Wunder auch, daß das Verschwinden seiner Leiche ihr ihre völlige Verlassenheit nur noch grausamer zum Bewußtsein bringt! – Diese Frau weiß um die Wahrheit des Herrenwortes: »In der Welt habt ihr Angst!« [Joh 16,33] Sie weiß, daß ein Leben ohne den Herrn Christus für sie in ihrer Schwachheit und mit ihrer Not einfach nicht zu ertragen ist. – Und so starrt sie in das Grab hinein und findet dort doch nichts als dunkle Trostlosigkeit trotz der hellen Engelsgestalten, von denen der Evangelist schreibt, die vergeblich versuchen, sich ihres Kummers anzunehmen.

Diese Frau nun ist die allererste, die den Trost und die Freude der Osterbotschaft erfährt; ihr zu helfen ist des Auferstandenen erstes Werk.

Das ist überhaupt ein gemeinsamer Zug in all den vielen und im Einzelnen recht verschiedenen Berichten über die Erscheinungen des Auferstandenen, daß es sich da immer um Menschen handelt, die bereits ein inneres Verhältnis zu dem Herrn Christus hatten, daß die Ostergewißheit zu ihnen kommt, während sie selbst in einem Zustand der Trauer oder der Furcht oder gar der Angst stecken. – Die Auferstehung des Herrn ist kein Allerweltsevangelium, das sich jeder zu eigen machen könnte: Wer da meint, mit seinem Leben und

Sterben allein fertig werden zu können, wer mit sich und der Welt zufrieden ist oder sich mit einem Kompromiß abgefunden hat, so daß ihn nichts mehr aus dem Gleichgewicht bringen kann, dem fehlt einfach das Aufnahmeorgan, dem fehlen die Augen, die den auferstandenen Herrn sehen könnten, und dem fehlt das Ohr, seine Stimme zu vernehmen. – Für den aber, der nicht mehr weiter weiß, weil ihm der Menschheit Jammer und der eigene auf der Seele brennt, für den, der von der Gottverlassenheit dieser Welt und seines eigenen Daseins zu Boden gedrückt wird – so wie diese weinende Frau oder wie die Jünger im Bewußtsein ihrer erbärmlichen Feigheit und ihrer krassen Undankbarkeit gegenüber dem Mann, dem sie ihr Bestes, dem sie Alles verdanken –, für solche Menschen gibt es eine Hoffnung; für sie kann es etwas bedeuten, wenn ihnen die Osterbotschaft von der Auferstehung des Gekreuzigten gesagt wird: Auch dies Evangelium gilt den Mühseligen und Beladenen [Mt 11,28], und nur ihnen!

Und so mag es wohl sein, daß es nicht vergeblich war und ist, wenn Gott uns in unserer Lage einen starken Eindruck davon gibt, daß diese Welt im Argen liegt [1 Joh 5,19], wie der Apostel schreibt, daß ohne seine Hilfe uns keine Möglichkeit bleibt, mit dem Leben fertig zu werden, es sei denn um den Preis einer völligen inneren Verhärtung; und das würde ja nur bedeuten, daß nicht wir mit dem Leben fertig geworden sind, sondern daß das Leben mit uns fertig geworden ist. – Ich sage: es mag sein, daß wir diese Eindrücke nicht umsonst empfangen: Denn, wer das Zutrauen, daß alles schon von selbst zurechtkommen werde, verloren hat, wer in seinem Herzen darüber trauert, daß bei uns Menschen die Bosheit triumphiert und die Güte ans Kreuz geschlagen wird, wer verzweifeln möchte, weil er nirgendwo einen Lichtschimmer entdecken kann, der auf einen kommenden neuen und besseren Morgen für uns und die ganze Menschheit hoffen ließe, dem ist der auferstandene Herr vielleicht näher, als er selber es ahnt, wenn er ihn auch noch nicht sieht und seine Stimme noch nicht erkennt!

Jedenfalls geht es der weinenden Frau im Evangelium so: sie weiß nur noch von Kummer und Leid, sie sieht nichts als ein dunkles, leeres Grab, und auf die Frage, was nun aus ihr werden soll ohne ihren Herrn und Meister, hat sie keine Antwort. – Und derweilen steht Jesus selber hinter ihr, und sie ahnt es nicht. – Als sie sich dann aber in ihrer suchenden Ratlosigkeit umschaut und ihn erblickt, da erkennt sie ihn nicht, sondern hält ihn für den Friedhofswärter. – Ja, selbst als er sie anspricht und sie nach ihrem Kummer fragt, geht ihr noch kein Licht auf, sondern nur ein winziges Hoffnungsfünkchen, dieser Mann möchte ihr am Ende sagen können, was mit dem geliebten Toten geschehen ist: »Herr, hast du ihn weggetragen, so sage mir, wo hast du ihn hingelegt, so will ich ihn holen!«

Das eigenartige und seltsame Helldunkel, in dem sich diese Begegnungsszene abspielt, finden wir auch sonst in fast allen österlichen Erscheinungsberichten: die engsten Freunde und Bekannten haben den Auferstandenen nicht gleich erkannt, sondern blieben im Unklaren darüber, wen sie vor sich hatten, bis Christus selber ihnen sagte oder zu verstehen gab: »Ich bin's!«

Die Emmausjünger wanderten und sprachen mit ihm wohl eine Stunde lang oder mehr, und weder seine Gestalt noch seine Stimme verrieten ihnen, wer ihr Mitwanderer war [Lk 24,13-35]; und Thomas kann nicht eher glauben, daß er den auferstandenen Jesus vor sich hat, als bis er die Finger in seine Nägelmale und die Hand in seine Seite gelegt hat. [Joh 20,24-28]

Ein Geheimnis waltet auch über seinem Kommen und Gehen: unvermittelt steht er da, und ebenso unvermittelt entschwindet er wieder; es hat sogar den Anschein, daß er an verschiedenen Orten gleichzeitig gesehen wird.

Bei diesem Sachverhalt ist es begreiflich, daß es einfach unmöglich ist, die verschiedenen Auferstehungs- und Erscheinungsberichte der Apostel und Evangelisten zu einer widerspruchslosen Einheit zusammenzuordnen, was z.B. bei der Leidensgeschichte gar nicht so schwierig ist; die Auferstehung Jesu ist eben im Unterschied zu seinem Leiden und Sterben nicht das, was wir ein »historisches Ereignis« nennen: kein ungläubiges Auge hat den Auferstandenen geschaut, kein kritischer Betrachter hat ihn gesehen, und so ist der Beweis einfach nicht zu führen, daß die Auferstehung des Herrn eine Tatsache ist. – Sie kann nur bezeugt werden, und dann können wir sie im Glauben annehmen oder im Unglauben ablehnen, genau so wie das »für euch zur Vergebung der Sünden«, womit der Herr uns den Sinn seines Sterbens gedeutet hat. – Damit ehrt Gott unsere Freiheit als persönliches Wesen: er vergewaltigt uns nicht und zwingt niemanden zum Glauben und zum Gehorsam, sondern er stellt uns die Entscheidung frei! – Wäre die Auferstehung beweisbar, dann stünden wir unter dem Zwang, sie anerkennen zu müssen; denn dem Beweis gegenüber gibt es kein Nein! – Wir aber sollen uns selber entscheiden, und zu dieser Entscheidung, die unsere ganz persönliche und ganz private Sache bleibt, werden wir durch das Selbstzeugnis Jesu und durch das Zeugnis seiner Jünger und Apostel aufgerufen. – Nun heißt es: glauben oder nicht glauben.

So will es verstanden sein, daß der auferstandene Herr sich nicht unmittelbar zu erkennen gibt, sondern sich nur so weit bezeugt, daß es bei uns zu einer Glaubensentscheidung kommen kann.

Für die trauernde und weinende Maria genügt dazu ein einziges Wort, das Jesus an sie richtet: er ruft sie bei ihrem

Namen »Maria«. – Da fährt die Frau herum; – denn sie hat aus diesem einen Wort alles herausgehört, was ihr zu hören nottut »Ja, ich bin's, sagt ihr diese Stimme, ich kenne dich und habe dich nicht verlassen. – Wohl war ich tot, aber der Tod hat mich nicht von dir und dich nicht von mir trennen können; ich bin da als der Lebendige und lasse dich nicht im Stich; meine Hand wird dich weiter halten und führen, daß alle Teufel dir nichts werden anhaben können; denn du bist und bleibst mein! Glaubst du mir das? Glaubst du an mich?«

Und Maria antwortet, ebenfalls mit einem einzigen Wort: »Rabbuni« – »mein Meister«, und in dem einen Wort liegt ihr ganzes Glaubensbekenntnis: »Jawohl, ich glaube dir, ich glaube deiner Zusage: du hast den Tod überwunden und bist der Lebendige in Ewigkeit. Du bist mir nahe und wirst mich führen, und niemand kann mich aus deiner Hand reißen. [Joh 10,28] – Ich war töricht, zu trauern und zu weinen und den Lebendigen bei den Toten zu suchen; ich war blind und taub, nun aber weiß und glaube ich's, daß mein Erlöser lebt [Hi 19,25], daß du lebst!« – So kommt Maria als erste zum Glauben an den Auferstandenen.

Die Umstände, unter denen wir zur Glaubensentscheidung gerufen werden, sind bunt und mannigfaltig wie das menschliche Leben überhaupt; Gott führt da einen jeden von uns seinen besonderen Weg, um unser Herz für seinen Ruf empfänglich zu machen, den einen in die Stille einer Krankheit, den andern in die Einsamkeit der Gefangenschaft, den einen an ein Grab, den andern vor die rauchenden Trümmer seiner irdischen Habe. – Aber allemal steht der Herr Christus hinter uns, wenn wir nach Hilfe und Trost Umschau halten, und er ruft uns bei unserm Namen wie die Maria und er erinnert uns daran, daß er uns kein Unbekannter ist: »Hast du mich vergessen und bist doch auf meinen Namen getauft?! Ich bin's, der sein Leben am Kreuze dahingab, und siehe, ich bin der

Lebendige, gestern und heute und in alle Ewigkeit derselbige [Hebr 13,8]. – Und ich rede mit dir, jetzt und hier, und ich will dich den rechten Weg führen. Nun steht die Entscheidung bei dir: willst du dich von mir führen, von mir strafen, zurechtweisen, warnen, locken und trösten lassen? Oder willst du dein eigener Herr und Gott sein? – Das aber sollst du wissen: für dich ging ich in den Tod, und für dich bin ich da als der Lebendige!«

Wir können uns diesem Ruf versagen, gezwungen werden wir nicht; wir können zur Antwort geben: »Du bist ja nur ein Mythos und in Wirklichkeit seit zweitausend Jahren tot. – Ich ziehe es vor, meinen eigenen Weg zu gehen!« – Und dann müssen wir eben sehen, wie weit und wohin wir damit kommen. – Aber das ist nun unsere ganz persönliche Entscheidung, die uns niemand abnehmen kann, ob wir wahrhaftig so sprechen können und dürfen, oder ob wir nicht vielmehr bekennen müssen: »Ja, Herr, ich weiß es: dein Wort ist wahr, und der Weg, den du mich führst, ist der rechte. Vergib mir, daß ich eigene Wege gesucht habe und gegangen bin, und nimm mein Leben wieder in deine Hände: Rabbuni, mein Meister, mein Herr und mein Gott!« – Wenn das aus unserm Herzen quillt, wenn wir so sprechen müssen, dann glauben wir an den Herrn Jesus Christus als an den für uns nicht nur Gekreuzigten, sondern auch Auferstandenen. – Wo wir uns aber anders entscheiden und uns von ihm zu uns selber wenden, da bleibt es sich völlig gleich, ob wir glauben, Jesus sei von den Toten auferstanden, oder ob wir meinen, man hätte seine Leiche auf irgend eine Weise beiseite geschafft; das sind dann lediglich Ansichtssachen, die zu keinerlei persönlicher Entscheidung für uns und unser Leben führen.

Der auferstandene Herr begegnet uns in seinem Wort und Sakrament; da tritt er an uns heran und läßt uns seine Stimme vernehmen, da tut er sich uns kund als der Lebendige und bleibt doch zugleich verhüllt, daß wir ihn nicht unmittelbar sehen und erkennen, sondern ihn nur im Glauben finden können. – Da ist es wohl zu verstehen, daß wir manchmal – und zumal in Zeiten besonderer Nöte und Prüfungen – uns nach etwas noch Festerem und Gewisserem sehnen: wir möchten sein Antlitz schauen, wie es ist, und möchten die Hand, die uns führt, in unsrer eigenen Hand spüren.

Etwas Ähnliches scheint auch Maria Magdalena empfunden zu haben, als sie in dem vermeintlichen Gärtner ihren Herrn und Meister erkannt hatte: sie will auf ihn zustürzen, will seine Knie umfassen, will sich überzeugen, so daß kein Zweifel mehr möglich ist, daß er es wirklich ist und daß sie nicht etwa eine Einbildung ihres sehnsuchtskranken Herzens sieht. – Aber sie kommt gar nicht einmal dazu, einen Schritt vorwärts zu tun; der Herr verwehrt es ihr: »Rühre mich nicht an!« – Ein seltsames Wort, wenn wir daran denken, daß derselbe Herr nach dem Bericht desselben Evangelisten seinem Jünger Thomas einen solchen Wunsch erfüllt, ja, ihn ausdrücklich auffordert: »Reiche deinen Finger her und siehe meine Hände, und reiche deine Hand her, und lege sie in meine Seite!« [Joh 20,27] – Und ähnlich lesen wir bei Lukas von der ersten Erscheinung Jesu vor den versammelten Jüngern: sie meinen in ihrem Schrecken, sie sähen ein Gespenst, und da spricht er zu ihnen: »Sehet meine Hände und meine Füße; ich bin's selber. Fühlet mich an und sehet; denn ein Geist hat nicht Fleisch und Bein, wie ihr sehet, daß ich habe!« [Lk 24,39]

Der Herr Christus verfährt ganz individuell, wo er einen Menschen vor die Glaubensfrage stellt: er mutet keinem mehr zu, als er bewältigen kann; er gibt aber auch keinem mehr, als ihm gut und heilsam ist. – Für Maria genügt das eine Wort; nun wird die Kraft ihrer Liebe das Gedächtnis an diese eine Begegnung festhalten und damit auch den

Glauben. – Thomas, der ehrliche Zweifler, hat einen schwereren Weg und bekommt darum auch eine stärkere Hilfe, und ähnlich ist es bei der verschüchterten Jüngerschar, die sich in ihrer Angst vor den Juden nur hinter verschlossenen Türen zu versammeln getraute. – Aber schließlich werden sie alle wieder ganz und gar auf den Glauben gestellt, keinem einzigen bleibt eine handgreifliche und sinnenfällige Gewißheit von der Auferstehung des Herrn: die Erscheinungen hören auf, der Herr Christus kehrt heim zu seinem himmlischen Vater, und erst für die Zeit seines Wiederkommens in Kraft und Herrlichkeit wird seinen Gläubigen die vollkommene Vereinigung mit ihm verheißen, wo dann der Glaube zum Schauen wird, die Hoffnung sich in Erfüllung verwandelt, und nur die Liebe unverändert bleibt in alle Ewigkeit.

Dies »Rühre mich nicht an!«, das Jesus zu der Maria sagt, gilt auch für uns; wir bekommen keine handgreifliche Gewißheit, daß unser Heiland lebt, und mit leiblichen Erscheinungen des Auferstandenen haben wir nicht zu rechnen. Wir sind ganz auf den Glauben gestellt und finden unsern Herrn nur in der verhüllenden Offenbarung von Wort und Sakrament. – Der Herr gibt auch uns nicht mehr, als uns gut ist. Aber auch dessen dürfen wir gewiß sein, daß er uns nicht mehr zumutet, als wir tragen können. – So bleibt in unserm Glauben immer eine Sehnsucht und eine Hoffnung, die vorwärts und aufwärts weisen; aber unsere Sehnsucht ist ohne Furcht und unsre Hoffnung ohne Zweifel; der Auferstandene grüßt uns, die wir an ihn glauben, als seine Brüder, und er läßt uns seinen himmlischen Vater, zu dem er heimkehrt, als unsern Vater verkündigen; und nun ist das die Frucht seines Sterbens und seiner Auferweckung, daß sich vor uns ein Weg auftut, ein Weg heraus aus dieser Erdenwelt der Sünde und des Todes, ein Weg hinein in die ewige Gotteswelt des Friedens und des Lebens: »Gehe hin zu meinen Brüdern und sage ihnen: Ich fahre auf zu meinem Vater und zu eurem Vater, zu meinem Gott und zu eurem Gott.«

Mit diesem Auftrag kehrt Maria Magdalena zu den Jüngern heim. – Sie macht keinen Versuch, den Augenblick des Abschieds noch hinauszuschieben; sie weiß, daß der Herr ihr nahe ist, wo immer sie seiner bedarf, wenn ihre Augen ihn auch nicht sehen; ihre Tränen sind getrocknet, ihre Trauer ist in eine bleibende Freude verkehrt, und so wird sie zur ersten Künderin der Auferstehung. »Ich habe den Herrn gesehen, und solches hat er zu mir gesagt!«

Ein Allerweltsevangelium ist die Osterbotschaft nicht; zunächst und im Grunde ist sie eine ganz persönliche Frage an einen jeden Einzelnen unter uns: Suchst du den Mann, der am Karfreitag sein Leben am Kreuz aushauchte? Brauchst du ihn, um Frieden für dein unruhvolles Herz zu finden? – Dann sei getrost: er liegt nicht im Grabe, sein Grab ist leer; er aber lebt und ist dir nahe, und er will dein Herr und Meister, dein Heiland und König sein, wenn du an ihn glaubst: »er ist auferstanden!« – Aber diese Botschaft bleibt nicht im Verborgenen, sie wird weitergegeben, und wo ihre Verkündigung Glauben findet, offene Ohren und empfängliche Herzen, da entsteht die Gemeinde dieses lebendigen Herrn, und sie ist es, die den Jubelruf weiterträgt: »Der Herr ist auferstanden!« Und diese Gemeinde weiß, daß der Herr Christus, der jetzt ein heimliches und vor der Welt verborgenes Regiment führt, in Wahrheit kommen wird, um alles neu werden zu lassen: »Siehe ich mache alles neu!« [Offb 21,5] – Und es wird der Frühling draußen und alles, was es in dieser Todeswelt noch an Schönheit und Leben gibt, für uns, die wir den Auferstandenen kennen, zum Gleichnis dafür, daß unser Herr lebt und daß wir um seinetwillen eine frohe und lebendige Hoffnung haben:

Du wirst dein herrlich Werk vollenden,
der du der Welten Heil und Richter bist;
du wirst der Menschheit Jammer wenden,
so dunkel jetzt dein Weg, o Heilger, ist.
Drum hört der Glaub nicht auf, zu dir zu flehn:
du tust doch über Bitten und Verstehn!

Amen.

Bericht im Auftrag des Reichsbruderrats

Meine verehrten Herren und Brüder!
Zu den Ausführungen von Herrn Landesbischof D. Wurm darf ich im Auftrag des Reichsbruderrats in diesem Augenblick noch ein Wort hinzufügen, um Ihnen deutlich zu machen, in welchem Geist wir unsere vorbereitenden Verhandlungen in Frankfurt in der vergangenen Woche geführt haben und mit welchen Absichten wir hierher gekommen sind.

Gewiß geht es auch uns darum, daß wir in der Evangelischen Kirche in Deutschland zu einer Einigkeit über Führung und Weg kommen und hier nicht etwa wieder in lauter einzelne Landeskirchen und Gruppen auseinanderfallen; aber freilich wird diese Einigkeit nur möglich sein auf dem Boden einer gemeinsamen Einstellung und Haltung. Weithin sind neue Übergangsleitungen bereits geschaffen, und es ist uns eine Beruhigung und Freude, daß sie im allgemeinen auf der Linie der Barmer Erklärung von 1934 stehen und wirken wollen. Trotzdem wird die Bekennende Kirche sich nicht etwa auflösen, sondern ihr Wächteramt weiterführen, bis durch allgemeine Gemeindewahlen der Weg zu einer endgültigen und bekenntnismäßigen Leitung im ganzen Bereich der Kirche freigeworden ist.

Denn darüber darf in unserer Mitte allerdings kein Zweifel gehen, wie das ja Herr D. Wurm bereits betont hat, daß eine kirchliche Restauration auf der Grundlage der Zustände vor 1933 auf gar keinen Fall das Ergebnis sein darf, wenn nicht die ganzen Kämpfe, Leiden und Opfer der letzten zwölf Jahre umsonst sein sollen. Wir können nicht einfach weiter arbeiten, als ob nichts geschehen wäre, und wir können nicht einfach einen fröhlichen Schritt vorwärts tun, er könnte sonst der direkte Schritt in die Hölle werden. Ehe wir anfangen, haben wir umzukehren auf den rechten Weg.

Ich muß hier einen Ton anschlagen, der in allem, was wir bisher gehört haben, zweifellos zu kurz gekommen ist. Gewiß: wir stehen vor großen drückenden Nöten überall, wir stehen vor dem Chaos und vielfach schon mitten drin. Und wir haben zu fragen, was uns dahin gebracht hat? Die Not geht nicht zurück auf die Tatsache, daß wir den Krieg verloren haben; wer von uns möchte denn wünschen, wir hätten ihn gewonnen; wo würden wir erst stehen, wenn Hitler gesiegt hätte! Es ist ja gar nicht auszudenken, was das erst für eine Katastrophe und für ein Chaos geworden wäre. Unsere heutige Situation ist aber auch nicht in erster Linie die Schuld unseres Volkes und der Nazis; wie hätten sie denn den Weg gehen sollen, den sie nicht kannten; sie haben doch einfach geglaubt, auf dem rechten Weg zu sein! – Nein, die eigentliche Schuld liegt auf der Kirche; denn sie allein wußte, daß der eingeschlagene Weg ins Verderben führte, und sie hat unser Volk nicht gewarnt, sie hat das geschehene Unrecht nicht aufgedeckt oder erst, wenn es zu spät war. Und hier trägt die Bekennende Kirche ein besonders großes Maß von Schuld; denn sie sah am klarsten, was vor sich ging und was sich entwickelte; sie hat sogar dazu gesprochen und ist dann doch müde geworden und hat sich vor Menschen mehr gefürchtet als vor dem lebendigen Gott. So ist die Katastrophe über uns alle hereingebrochen und hat uns mit in ihren Strudel gezogen. Wir aber, die Kirche, haben an unsere Brust zu schlagen und zu bekennen: meine Schuld, meine Schuld, meine übergroße Schuld! – Das haben wir heute unserem Volk und der Christenheit zu sagen, daß wir nicht als die Frommen und Gerechten vor ihnen stehen und zu ihnen kommen, daß wir vielmehr schuldig sind und versuchen wollen, in Zukunft unsere Pflicht recht zu erkennen und treu zu erfüllen. Wir haben jetzt nicht die Nazis anzuklagen, die finden schon ihre

Kläger und Richter, wir haben allein uns selber anzuklagen und daraus die Folgen zu ziehen. – Das ist der Ton, den ich hier und anderwärts bislang vermißt habe, und das ist der Ton, der in Frankfurt von Anbeginn durch unsere Verhandlungen als Reichsbruderrat hindurchgeklungen ist, und der auch der Grundton hier in Treysa sein muß, wenn wir zu einem wirklichen und bleibenden Ergebnis mit unseren Verhandlungen kommen wollen. Es handelt sich ja eben nicht darum, daß wir als Kirche in der Vergangenheit dies und das falsch gemacht haben, es handelt sich nicht um Fehler, sondern wir haben grundsätzlich das uns aufgetragene Amt im Ungehorsam versäumt und sind damit schuldig geworden.

Deshalb haben wir Buße zu tun und umzukehren im rechten Gehorsam, deshalb mit Ernst zu fragen, wie es nun anders, ganz anders werden kann und soll. – Wir sind eine Behördenkirche gewesen, und dieser Umstand hat es uns erleichtert, nur das traditionell Übliche zu tun und nicht weiter zu fragen, was denn eigentlich unsere Verantwortung war; die Kirche der Zukunft wird nie wieder Behördenkirche sein dürfen. Wir haben als Landeskirche in erster Linie unser Augenmerk darauf gerichtet, den Bestand zu wahren, und darüber haben wir den Blick für notwendige Entwicklungen und für die drängenden Aufgaben des Augenblicks verloren. Meine Brüder, wo steht denn geschrieben, daß die Landeskirchen bestehen bleiben müssen mit ihren z.T. unmöglichen Grenzen? – Und wer weiß, wie bald die Landeskirchen unter den gegenwärtigen Erschütterungen und in der hin- und herwogenden Menschen- und Flüchtlingsflut in unserem Vaterland untergehen und zerbrechen werden müssen? – Wir haben offen zu sein für das, was der Herr der Kirche uns als seine Aufgaben sendet, und brauchen dazu eine lebendige Kirche, die fragt und hört. – Wir müssen auch eine ganze Anzahl von Persönlichkeiten aus den Kirchenleitungen loswerden, die zur Führung der Kirche nicht geeignet gewesen sind. – Wenn heute jeder kleine Parteigenosse Amt und Brot verliert, dann ist es unmöglich, daß Männer in den Kirchenleitungen gehalten werden, die sich in Hirtenbriefen oder in gedruckten Äußerungen oder sonst irgendwie so über den Nationalsozialismus und seine Weltanschauung ausgesprochen haben, daß der kleine Mann dadurch das gute christliche Gewissen bekam, sich der Partei anzuschließen. Von den Männern, die selbst Parteigenossen waren, oder denen, die dazugehörten, brauche ich nichts zu sagen. Wenn wir sie halten wollten, würden wir ja damit die Kirche in unserem Volk von vornherein wieder unglaubwürdig machen, und zwar durch neue Schuld! – Wir müssen uns auch trennen von altgewohnten Moden und Methoden in unserer Verkündigung und Unterweisung. Ich sage nichts Neues, wenn ich daran erinnere, wie unglaubwürdig das gesprochene und geschriebene Wort überhaupt unter uns geworden ist; aber leider gilt das im besonderen auch von dem Wort unserer Verkündigung. Wir als Pfarrer wissen es ja, wie oft wir Predigten gehalten haben, bei denen wir uns hinterher ehrlicherweise fragen mußten: Was haben wir eigentlich gesagt? und bei denen die Hörer hinterher gefragt haben mögen: Was hat er eigentlich gesagt? Und um den Schaden Jakobs, um das, wozu wir hätten sprechen müssen, haben wir nichts zu sagen gewußt! – Wir dürfen nicht unter die Hecken säen, sondern haben ein wirklich Neues zu pflügen, wenn wir heute wieder ans Werk gehen wollen; wir fragen nach der Erneuerung der Kirche, nach einer echten und ernsten Reformation.

Damit, daß wir heute eine hierarchische, bischöfliche Leitung bekommen, wird es gewiß nicht anders. Wir wollen eine Kirche aus lebendigen Gemeinden, und daß die Kirche Gemeinde ist, soll auch in ihrem Aufbau und ihrer Organisation zum Ausdruck kommen. Wir wollen Personen in der Leitung der Kirche sehen, denen man es glauben kann, daß es anders und besser werden soll, Personen, denen man es in unserem Volk und in der Kirche glaubt, daß es ihnen um das Evangelium und um das Heil unseres ganzen Volkes zu tun ist. – Gewiß werden zunächst die verschiedensten Hilfswerke unsere Kraft in Anspruch nehmen, und wir müssen alle unsere Möglichkeiten ausschöpfen, um des Chaos Herr zu werden, das über uns hereingebrochen ist. Aber es geht zu gleicher Zeit um den neuen Aufbau, und darin muß es deutlich werden, daß wir von Grund auf ein Neues wollen. Hier muß ich sprechen von dem, was uns in Frankfurt in der letzten Woche besonders beschäftigt und umgetrieben hat, und das ist die öffentliche Verantwortung unserer Kirche. – Aus einem falsch verstandenen Luthertum heraus haben wir gemeint, dem Staat gegenüber keine andere Verantwortung zu tragen, als daß wir ihm gehorchen und die Christenheit zum Gehorsam ermahnen und erziehen, solange der Staat keine offenbare Sünde von uns fordert. Diese Haltung ist falsch, und wir haben uns hier neu auf unseren Auftrag zu besinnen. Was bedeutet die Tatsache, daß das Kreuz Jesu Christi auf Golgatha mitten in dieser Welt gestanden hat? Was meint die Tatsache, daß es inmitten dieser Welt seitdem eine christliche Gemeinde und Kirche gibt, für das Leben der Gemeinschaft und der Völker? – Damit, daß wir den Staat einfach als Heiden betrachten, und damit, daß wir ihm die heiligen zehn Gebote als Richtschnur vorhalten, ist es jedenfalls nicht getan. Wir Christen wissen als einzige darum, daß nicht allein wir, sondern alle Menschen unter der Hülle der Sünde das schöpfungsgemäße Ebenbild Gottes tragen, wir allein wissen darum, daß der christliche und nichtchristliche Bruder an unserer Seite zur Gotteskindschaft berufen sind wie wir selbst. Wir haben deshalb eine andere Stellung zu unseren Mitmenschen; wir wissen, daß sie gleich uns einen Anspruch auf Recht und Freiheit haben, und daß sie darum niemals für uns und für andere zum Gegenstand der Ausbeutung werden sollten. Wenn in dieser Welt die christliche Kirche einen Platz hat und gehört wird, dann haben wir als Kirche ein Interesse und eine Aufgabe, daß den Menschen Recht und Freiheit auch im öffentlichen und staatlichen Leben gegeben werde. Deshalb ist uns aber die Staatsform und deshalb sind uns die Grundsätze, nach denen das öffentliche Leben gestaltet wird, nicht gleichgültig; und deshalb können uns Staatsform und Gesetze nicht einfach als gegebene Tatsachen erscheinen, mit denen wir uns stumm abzufinden haben. Die Demokratie, wie sie in der abendländischen Welt seit dem Eintritt des Christentums in die Geschichte gewachsen ist, hat nun einmal mehr mit dem Christentum zu tun als irgendeine autoritäre Form der Staatsführung, die das Recht und die Freiheit für den einzelnen verneint. Über diese Dinge haben wir uns klar zu werden und für das praktische Verhalten der Kirche wie für unser Reden als Kirche daraus die Folgerungen zu ziehen. Unser Volk wartet auf Wegweisung, die Völker warten auf die Stimme der Kirche in Deutschland, weil wir alle wissen: es geht nun darum, daß ein Neues werde und daß die Kirche, die allein noch etwas in dieser Richtung sagen und beginnen könnte, ihren Mund auftut.

Es geht uns um die Einheit der Evangelischen Kirche in Deutschland; werden wir hier in Treysa sie finden und gestalten können? Wir werden dazu neue Wege zu beschreiten haben, wir werden anders sprechen müssen, als die Kirche bisher gesprochen hat. Gott helfe uns zu einer entschlossenen Umkehr und lege uns das gemeinsam zu sprechende Wort durch seinen Heiligen Geist selber in den Mund!

Der Weg ins Freie

Meine sehr verehrten Damen und Herren!
Das Thema, über das ich am heutigen Nachmittag vor Ihnen hier sprechen soll, ist mir gegeben mit den Worten: »Der Weg ins Freie«. Dieses Thema macht eine stillschweigende Voraussetzung, die Voraussetzung nämlich, daß wir noch nicht hindurchgedrungen sind bis ins Freie, und dabei mag sich nun jeder sein Teil denken. Daß wir kein freies Volk heute sind, daß der Weg bis dahin vielleicht noch sehr, sehr weit ist, daß sich auf diesem Weg vielleicht noch Hindernisse einstellen, die das Ziel immer wieder in die Ferne rücken lassen, wer wollte sich darüber täuschen. Und trotzdem liegt in dieser Feststellung, daß wir noch nicht bis ins Freie durchgedrungen sind, die große Gefahr, daß wir uns täuschen, daß wir die Hindernisse, die uns von der Freiheit trennen, an einem ganz verkehrten Platz suchen, vielleicht verhältnismäßig leicht zu nehmende Hindernisse sehr schwer machen und vielleicht ganz ernste Hindernisse überschauen. Und wenn ich, meine verehrten Anwesenden, als ein Pastor zu diesem Thema sprechen soll, dann kann ich das gar nicht anders tun, als in dem Hinweis auf die Schwere der Hindernisse, die heute vielfach auf die leichte Schulter genommen werden. Wir haben's einmal erlebt nach dem ersten Weltkrieg, daß wir gemeint haben und dann darnach gehandelt haben, als brauchte man nur wieder kräftig Hand ans Werk zu legen, dann würde der Durchbruch durch alle Hindernisse, die uns von der Freiheit trennten, schon gelingen, und doch hat vielleicht gerade in dieser geistigen Haltung von 1918, wenn man nicht noch weiter zurückgehen will, schon wieder der Ansatz gelegen zu dem, was vor unseren Augen und in unseren Tagen über uns gekommen ist.

Der Weg ins Freie. Ja, was gehört nun eigentlich dazu, daß wir ins Freie durchdringen? Wann sind wir denn eigentlich wieder frei? Wenn wir unsere wirtschaftliche, politische, eventuell sogar militärische Selbständigkeit – denn an solche Dinge denken die Menschen heute immer noch zuerst – wieder gewonnen haben werden!? Aber: Waren wir denn in den letzten 12, 13 Jahren *frei*? Liebe Brüder und Schwestern – so darf ich wohl als Pastor sagen –, da liegt's ja gerade, daß man uns vorgeredet hat, und wir haben nur zu leicht geglaubt, man könnte mit dem Anfang, der 1933 gemacht wurde, tatsächlich ein freies deutsches Volk schaffen und bekommen, sichern und behalten. Unsere Unfreiheit ist nicht die Unfreiheit des Zusammenbruchs im Jahre 1945, des Zusammenbruchs, der ja weit schon zurückdatiert vor dieses Datum, sondern diese Unfreiheit hat uns begleitet und hat uns immer mehr in ihren Bann geschlagen, als wir einmal Ja gesagt hatten, wo wir nicht hätten Ja sagen dürfen in einem Augenblick, wo wir meinten, ein altes biblisches Wort hätte für unser deutsches Volk seinen Sinn und seine Mahnung und Warnung verloren, das Wort Jesu von Nazareth: »Was hülfe es dem Menschen, wenn er die ganze Welt gewänne und nähme doch Schaden an seiner Seele?« [Mt 16,26] Denn darum geht es, daß wir gemeint haben, wir könnten einmal unsere Seele verkaufen und darüber die ganze Welt gewinnen und in der gewonnenen Welt als ein freies Volk leben. Aber wer seine Seele verkauft, ist nicht frei. Davon zeugt die christliche Botschaft, davon zeugt der geistige Mensch, der auf dem Boden, da diese Botschaft als Samenkorn ausgestreut wurde, gewachsen ist, bis hin zum deutschen Idealismus. Wo liegt eigentlich der Punkt, an dem man widerstehen muß, wenn man nicht die Freiheit hoffnungslos preisgeben will, die Freiheit, die keine Macht der Welt wieder herstellen kann?

Verehrte Anwesende! Diese Frage läßt sich mit *einem* Wort beantworten. Dieses eine Wort heißt Verantwortung im Sinne letzter *persönlicher* Verantwortung. Wo die persönliche Verantwortung negiert und dahinten gelassen wird, gibt es keine Freiheit mehr. Und wenn wir die persönliche Verantwortung nicht wieder gewinnen, wird sich uns der Weg ins Freie niemals wieder erschließen. Verantwortung, das meint, daß ich mit meinen Ohren und mit meiner Seele einen Ruf höre, der an mich ganz persönlich ergeht, und daß ich ganz persönlich auf diesen Ruf antworte. Dieser Ruf kann von allen möglichen Ecken kommen. Er kommt am unmittelbarsten zu mir in dem Menschen, der als Mensch meinen Weg, meinen Menschenweg kreuzt. Der Bruder Mensch, der in mein Leben tritt, ist eine Frage, auch wenn er keine Fragen stellt, auf die ich zu antworten habe. Und das ist vielleicht der letzte und tiefste Punkt echter Verantwortung. Und wir wissen, was aus dieser Verantwortung bei uns geworden, nein, gemacht worden ist. Ich hab's ja in meiner Praxis erlebt, was man so nennt anständige Leute unter den Wachmannschaften der SS im KZ, Leute, die da ganz gern einmal hie und da von ihrem Zigarettenüberschuß ihren Gefangenen abgaben, und für die doch die Frage nicht mehr hörbar war, auf die sie persönlich hätten antworten müssen, denen es nichts mehr machte, ob sie den Gefangenen, dem sie morgens eine Zigarette gegeben hatten in animalischer Gutmütigkeit, am selben Nachmittag am Galgen aufknüpften. Denn der Mensch war keine Frage mehr an sie. Die Fragen waren ja alle gelöst. Eine persönliche Antwort brauchten sie nicht mehr zu geben. Denn die Antwort war vorweg genommen durch eine andere freiwillig übernommene Autorität, oder sagen wir es in aller Deutlichkeit: in einer freiwillig übernommenen Knechtschaft, und zwar in einer Knechtschaft, die keine Hoffnung auf Freiheit irgendwo mehr ließ. Und da, wo diese persönliche Verantwortung, die der Mitmensch bedeutet, negiert wird, da ist es dann zu Ende, nicht nur mit der Freiheit des einzelnen, da ist es zu Ende mit allen Hoffnungen eines ganzen Volkes, das sich auf diese Wege begeben hat oder hat verführen lassen. Und der Weg ins Freie kann nicht wieder gefunden werden, bis nicht diese Verantwortung wieder gefunden ist.

Was hülfe es dem Menschen, wenn er die ganze Welt gewänne und hörte doch den Ruf nicht mehr, der als ein absoluter Ruf Antwort heischend aus dem Menschen, der seinen Weg kreuzt, zu ihm kommt und auf die er selber antworten muß? Von daher verstehen wir vielleicht in einer ganz neuen Beleuchtung das Wort: »Man muß Gott mehr gehorchen denn den Menschen.« [Apg 5,29] Denn Gottes Ruf, der Gehorsam fordert, kommt zu mir in dem Mitmenschen, der als Frage vor mir steht. Da habe ich zu antworten, und diese Antwort und diesen Gehorsam kann mir kein Mensch abnehmen. Sehen Sie, verehrte Anwesende, um es ganz kurz zu sagen (und ich bin ein einfacher Mann in diesen Dingen und sehe nur *eine* Linie wirklich klar): da liegt der Verlust der Freiheit, daß der Wille eines Menschen oder eines Systems oder sonst etwas bei uns mit unserer Zulassung und zum Teil mit einer fanatischen Anerkennung Herrscher geworden ist über alles, was persönliche Verantwortung heißt. Ich brauche das, was ich da in theoretischen Sätzen gesagt habe, nicht weiter zu illustrieren. Diese Sache illustriert sich hundertfach, ja leider millionenfach von selbst. Und wenn nun diese Knechtschaft, die uns, wenn auch mit eigener Zustimmung, am Anfang von außen aufgedrängt worden ist, hinweggefallen ist, – Freunde, wir haben uns ja nicht selbst befreit; wir sind befreit worden. Aber die eigentliche Befreiung, die uns wieder Hoffnung geben mag für die Zukunft, die Befreiung zur persönlichen Verantwortung, kann uns kein Befreier geben, der von draußen kommt, das muß bei uns selber geschehen. Der Weg ins Freie ist eine ganz persönliche Frage an jeden unter uns: Wie komme ich wieder dahin, daß echte Verantwortung mein Leben regiert?

Als vor 12 Jahren – oder sind's bald 13 – es deutlich wurde, daß das neue System, von dem das deutsche Volk seine Zukunft erhoffte, auf dem Wege war, die Reste echter Verantwortung hinwegzuräumen, da haben sich alle Menschen, die etwas von Besinnung wußten, darüber besonnen: Wie kann man das verhindern? Es sind leider nicht sehr viele Menschen gewesen. Denn Begeisterung und Fanatismus und Hoffnung machen nicht nur die Augen blind, sondern auch die Herzen und den Verstand. Es sind immer nur wenige und kleine Kreise gewesen, und ihnen fehlte das Echo und der Rückhalt. Und trotzdem ist es damals schon am Anfang versucht worden, wieder den Weg ins Freie zu gewinnen. Und wenn ich als Pastor spreche – und anders kann ich ja nicht –, dann darf ich hier daran erinnern, wie gerade in der Christenheit in Deutschland und zunächst gerade in der evangelischen Christenheit in Deutschland damals der Versuch ernsthaft unternommen wurde, den echten Weg ins Freie wieder zu gewinnen. Aber was hat die Christenheit, die Kirche damit zu tun? Nun ja: eben weil echte Verantwortung einen metaphysischen Grund hat, weil echte Verantwortung auf die Länge nur da leben kann, wo sie noch mit der lebendigen Wurzel verbunden ist, wo noch ein Wissen oder ein Ahnen da ist, daß der Mensch an meiner Seite Gottes Frage an mich ist. Und darum waren die Kirchen nicht zu loben, wenn sie zuerst auf die Gefahr aufmerksam wurden und zuerst daran dachten, dieser Gefahr zu begegnen und den Versuch zu machen, den Weg ins Freie wieder zu gewinnen. Es war, wie man so sagt, unsere, d.h. der Christen und Kirchenmenschen verdammte Pflicht und Schuldigkeit, das zu tun und das zu versuchen. Auf kirchlichem Boden mußte sich dieser Kampf um den Weg ins Freie darstellen als der Versuch, die Autorität eines Menschenwillens an die Stelle der lebendigen Verantwortung der Stimme Gottes, die aus dem Mitmenschen an mich herankommt, zu ersetzen, d.h. die Aufgabe war die, diese Autorität nun wieder beiseite zu schieben und deutlich zu machen, daß jedem menschlichen Autoritätsanspruch, der die ganze Verantwortung in sich resümiert, gegenübergestellt werden muß, wenn die Kirche Kirche bleiben und wenn der Christenmensch Christenmensch bleiben will, die letztlich verpflichtende Autorität Gottes. Es gibt keine menschliche Autorität, die einen Mord am Mitmenschen befehlen kann! In der evangelischen Kirche ist der Kampf um die Autorität zunächst darin zum Ausdruck gekommen, daß ein großer Teil der Christenheit selbst den Weg der Sklaverei freiwillig ging, daß ein großer Teil der christlichen Menschen in der evangelischen Kirche die Autorität Adolf Hitlers für das Gesamtgebiet des diesseitigen Lebens und auch als letzte Norm anerkannte und dabei meinte, Christen könnten wir trotzdem bleiben, denn oben drüber schwebe doch noch irgendwo Gott. Er darf uns zwar nicht zu nahe auf die Haut kommen und außerdem: wir brauchen uns nicht Hitlerianer zu nennen, wir können weiter Christen heißen. Denn den Herrn Christus behalten wir auch noch; allerdings: aus dem Diesseits muß er verschwinden. Wenn es einmal ans Sterben geht, wenn ein Kreuzlein aufs Grab gesetzt werden muß, ja, schön und gut, da mag er auch noch sein Plätzchen haben. Das ist nicht eine Auseinandersetzung gewesen zwischen Kirche und Welt, sondern das ist die Auseinandersetzung gewesen, die im sogenannten Kirchenkampf, der dann hingestellt wurde als ein Pfaffengezänk, die ganze evangelische Christenheit in zwei große Lager zerspalten hat. Zwei große Lager? Ein großes Lager und ein recht kleines. Und dieses recht kleine Lager, das hieß, 8 Monate, nachdem die Dinge begonnen hatten, sichtbar zu werden: Bekennende Kirche. Die bekennende Kirche, die mit dem Zeugnis vor die evangelische Christenheit und vor das deutsche Volk hintrat: Neben der Autorität Gottes, die uns in Jesus Christus offenbar ist, gibt es keine irgendwie gleichgeartete menschliche, weltliche Autorität. Das war die

Synode von Barmen, die Bekenntnissynode, eine Synode gegen alles Kirchenrecht und gegen alle kirchenrechtlichen Spielregeln, ein Häuflein von Christen, die in ihrer Not um den Weg der Kirche und des Volkes sich zusammenfanden und die nicht einmal einer einzigen Konfession zugehörten: Lutheraner, Reformierte, Unierte, Leute ohne Kirchenauftrag, ohne gewählt zu sein von der Gemeinde, zusammengeführt in der tödlichen Sorge, daß nun die Freiheit, nicht nur des Evangeliums, sondern auch die Freiheit unseres Volkes in dem Augenblick, da äußerlich ein kometenartiger Aufstieg beginnen sollte, in allerhöchster Gefahr war. »Jesus Christus, wie er in der Heiligen Schrift bezeugt ist, ist das eine Wort Gottes, das wir zu hören, dem wir im Leben und im Sterben zu vertrauen und zu gehorchen haben.« – So sprach damals dieses Häuflein von Menschen und gab damit deutlich zu erkennen, daß hier die letzte Autorität war und bleiben sollte, und daß man nicht anerkennen konnte und wollte und durfte, wenn eine menschlich-irdische Autorität die persönliche Verantwortung vor dem Gott, der sich in Jesus Christus uns geschenkt hat, streitig macht. Die bekennende Kirche ist ihren Weg gegangen, von vielen nicht verstanden in ihrem Bestreben, in ihren Beweggründen, in ihren Zielen, politisch verdächtigt und, als die Gelegenheit günstig wurde, politisch verfolgt. Aber bei dem aufgepflanzten Panier ist sie geblieben. Und wer sehen wollte, konnte es sehen: Deutsches Volk, evangelische Kirche, hier ist der Scheideweg! Entweder Gottes Wille gilt und bindet uns und befreit uns zugleich zur persönlichen Verantwortung, oder der Wille Adolf Hitlers gilt und macht aller persönlichen Verantwortung, damit aber auch grundsätzlich und anfänglich jeder Freiheit ein Ende. Die bekennende Kirche ist zu einem guten Kampf gerufen gewesen. Daß sie diesen guten Kampf nicht hat bis zu Ende durchfechten können, daß nach wenigen Jahren aus der bekennenden Kirche mehr oder weniger eine schweigende Kirche geworden ist – wir Männer der bekennenden Kirche wissen: das war nicht ohne unser Versagen. Wir wissen aber zugleich: Hätte dieser Ruf willige Ohren und offene Herzen gefunden, dann hätte, menschlich geredet, manches anders werden können. Vielleicht ständen wir heute im Jahre 1946 nicht am Anfang des Weges, der uns wieder in die Freiheit führen soll, sondern wir hätten schon ein Stück dieses Weges hinter uns. Wir haben ihn nicht hinter uns. Als wir von außen befreit und von dem Druck, der unser Gewissen knechtete und unsere Verantwortung verneinte und uns die Möglichkeit jeder echten menschlichen Freiheit damit an der Wurzel abschnitt, erlöst wurden, da konnten wir nicht die Ärmel aufkrempeln und sagen: Nun frisch ans Werk! sondern da standen wir da als innerlich unfrei gewordene und immer noch unfrei gebliebene Menschen, als ein innerlich unfrei gewordenes und innerlich unfrei gebliebenes Volk. Inwiefern? Es genügt das eine Wort auszusprechen: »Denunziation« – um zu sehen, daß aufs Große und Ganze bei uns gesehen – ich schließe mich nicht aus, sondern ein – die Verantwortung, die sich als Antwort auf die in dem Mitmenschen an uns ergehende Frage Gottes beweisen mußte, sich als nicht vorhanden erwies. Ich hörte vor ein paar Tagen den Ausspruch und der trifft die Sache haarscharf: »Wir haben nun zwölf Jahre es mit dem Grundsatz versucht, Gemeinnutz geht vor Eigennutz; jetzt probieren wir es einmal umgekehrt mit dem altbekannten System: Jeder ist sich selbst der Nächste. Adolf Hitler kommandiert mich nicht mehr, also kommandiere ich mich selber und also sorge ich nun für mich selber.« In der Schweiz fand ich kürzlich ein Buch mit dem Titel »Hitler in uns selbst«!

Sehen Sie, verehrte Anwesende, das ist die Unfreiheit bei uns, daß wir immer noch kein Ohr wieder bekommen haben dafür, daß der Mensch an unserer Seite eine Frage Gottes an mich ist, auf die ich antworten muß. Das ist die Verantwortung. Wo ich diese Frage höre, und wo ich die Antwort gebe, die Gott von mir erwartet, da bin ich frei und nicht da, wo ich meine Ellenbogen gebrauche und sage: Wenn ich nur ein Pöstchen kriege und nur meinen Beruf erhalte; aus den andern mag werden, was will. Warum ist nach all der schönen und, wiederum sage ich's, ganz natürlichen Gemeinschaft der Bombennächte, in dem Augenblick, da die Bombennächte aufhörten, dieser Kampf aller gegen alle geworden? Verantwortung! Man hat es uns zwölf Jahre vorerzählt, und unsere Jugend ist ohne ihre Schuld in diesem Wahn erzogen worden, als würden irgendwo von oben und außen her unsere Pflichten und Verantwortungen gültig geregelt und wir selber brauchten dabei nichts zu tun, als zu gehorchen. Das geht vom General bis zum letzten Rekruten, aber nicht nur im Militärischen. Das geht vom letzten Arbeiter bis zum Betriebsleiter. Man bekommt Anweisungen und damit ist die Sache ausgestanden. Irgend eine Frage erhebt sich nicht mehr. Das Ganze ist Zwang und Druck. Nun ist der Zwang und Druck weggefallen, nun also einmal die Ellbogen gebraucht! Jetzt einmal die Freiheit praktiziert! Auch diese Freiheit erweist sich als eine Knechtschaft. Wir werden's noch sehen.

Wenn ich von Denunziation sprach, dann steht vor meinem geistigen Auge ein Bild, das mich seit Monaten begleitet, ein Schreckbild, daß unser ganzes Volk heute dasteht oder daliegt und eine Macht, über die es nicht mehr gebietet, tritt vor uns hin, vor unser ganzes Volk, und verlangt die Bezahlung einer Schuld. Und diese Schuld liegt da vor unserem Volk, und jeder guckt sie an und jeder sagt: »Das geht mich nichts an!« Ich sehe dann ein Volk von 40 Millionen im Kreis stehen und in diesem Kreis wird ein Spiel gespielt: »Taler, Taler, du mußt wandern!« So spielten wir als Kinder. Aber keine blanken Silbertaler wandern da, sondern ein Paket, ein Paket mit Rechnungen über alles, was während der Zeit, da wir uns unserer Verantwortung begeben hatten, in unserem Volk und durch unser Volk geschehen ist. Das Spiel besteht darin, daß jeder dieses Paket nur für einen Moment in den Fingern hält, weil es glühend heiß ist und ihm die Hand zu verbrennen droht, und dem Nachbarn weitergibt: »Mich geht das nichts an; nimm du!« Und so geht das weiter im Kreis herum und kommt zuletzt wieder zurück zum Ausgangspunkt, sehr schnell sogar! Wir haben um keine Verantwortung mehr gewußt. Wir werden heute verantwortlich gemacht und wollen doch nicht verantwortlich gemacht werden. Und damit, daß wir uns weigern, uns verantwortlich machen zu lassen, begeben wir uns der Möglichkeit, wieder frei zu werden.

Meine verehrten Anwesenden! Als ich vor einem Jahr aus der Gefangenschaft heimkehrte, habe ich dieses Spiel mitgespielt. Ich kam nach Hause, eigentlich nach den Nöten der allerletzten Wochen und den vielen Enttäuschungen mit sehr viel gutem Gewissen beladen. Ich hatte in meiner Tasche den Ausweis, daß ich vom 1. Juli 1937 bis 24. Juni 1945 als politischer Häftling und persönlicher Gefangener des Führers meiner Freiheit beraubt gewesen sei. Wer will mir denn eigentlich nachweisen, daß die Schuld, die jetzt von meinem Volk eingefordert wird, mich irgend etwas angeht? Schon stand ich in der Reihe und gab das Paket weiter. Ich habe das eine ganze Weile gemacht, kein schönes Spiel, aber ein notwendiges Spiel. Denn wenn man das Paket behält, es verbrennt einem nicht nur die Finger! Und dann ist mir eines Tages etwas widerfahren. Ich bin eines Tages mit meinem Auto in der Nähe von Dachau vorbeigefahren. Meine Frau war dabei und sagte: »Könnte ich nicht einmal die Zelle sehen, wo du in den letzten vier Jahren gesessen hast?« Ich sage: »Ich will sehen, was sich tun läßt.« Und fuhr hin und bekam die Erlaubnis, mit meiner Frau den Zellenbau zu betreten und ihr die Zelle zu zeigen. Da geschah etwas. Als wir wieder herauskamen, führte uns der begleitende amerikanische Offizier eine Mauerwand entlang. An der war ich auch oft entlang gegangen. Drin war ein großes Tor. Das hatte ich nie offen stehen sehen. Diesmal stand es offen. Ich wußte, was dahinter war, und trotzdem trat ich ein. Ich stand mit meiner Frau vor dem Krematorium in Dachau, und an einem Baum vor diesem Gebäude hing ein weißgestrichenes Kistenbrett mit einer schwarzen Inschrift. Diese Inschrift war ein letzter Gruß der Dachauer Häftlinge, die in Dachau zurückgeblieben sind und am Ende dort von den Amerikanern angetroffen und später befreit wurden. Es war ein letzter Gruß dieser Menschen für ihre ihnen im Tod vorangegangenen Kameraden und Brüder, und dort stand zu lesen: »Hier wurden in den Jahren 1933-1945 238 756 Menschen verbrannt.« Als ich es gelesen hatte, nicht laut, merkte ich, daß meine Frau ohnmächtig wurde und an meinem Arm zitternd hinsank. Ich mußte sie stützen und ich merkte zugleich, wie mir ein kalter Schauer über den Rücken lief. Ich glaube, meine Frau wurde ohnmächtig, als sie diese Viertelmillionenzahl las. Die hatte mich nicht bewegt. Denn sie sagte mir nichts Neues. Was mich in diesem Augenblick in einen kalten Fieberschauer jagte, das war etwas anderes. Das waren die anderen zwei Zahlen: »1933-1945«, die da standen. Und ich faßte nach meinem Alibi und wußte, die zwei Zahlen, das ist der Steckbrief des lebendigen Gottes gegen Pastor Niemöller. Mein Alibi reichte vom 1. Juli 1937 bis Mitte 1945. Da stand: »1933-1945«. Adam, wo bist du? [1 Mo 3,9] Mensch, wo bist du gewesen? Ja, ich weiß, Mitte 1937 bis zum Ende hast du dein Alibi. Hier, du wirst gefragt: »Wo warst du 1933 bis zum 1. Juli 1937?« Und ich konnte dieser Frage nicht mehr ausweichen. 1933 war ich ein freier Mann. 1933 – in dem Augenblick, dort im Krematoriumshof fiel es mir ein –, ja 1933, richtig: Hermann Göring rühmte sich öffentlich, daß die kommunistische Gefahr beseitigt ist. Denn alle Kommunisten, die noch nicht um ihrer Verbrechen willen hinter Schloß und Riegel sitzen, sitzen nun hinter dem Stacheldraht der neu gegründeten Konzentrationslager.

Adam, wo bist du? Mensch, Martin Niemöller, wo bist du damals gewesen? so fragte Gott aus diesen beiden Zahlen. Und es fiel mir ein: die ganze Sache hat mir ja gar keinen Eindruck gemacht; irgendwo im Winkel des Herzens habe ich vielleicht gedacht, jedenfalls später habe ich so gedacht: eigentlich sind wir doch auf diese Art und Weise die ganze Gottlosengefahr auf einem billigen Wege losgeworden. Aber daß diese Menschen, die ohne Gesetz, ohne Anklage, ohne Untersuchung, ohne Urteil, ohne vollstreckbares Urteil, einfach ihrem Beruf, ihrer Familie, ihrem Leben weggenommen, der Freiheit beraubt wurden, daß diese Menschen eine Frage Gottes an mich waren, auf die ich im Angesicht Gottes damals hätte antworten müssen, daran habe ich nicht gedacht. Ich war damals kein freier Mensch. Ich hatte mich damals bereits meiner wahren Verantwortung begeben. Und jetzt war der Steckbrief da, und diesem Steckbrief konnte ich nicht mehr ausweichen. Und ich habe an dem Tage, als wir später nach Hause kamen, das Kapitel Matth. 25 mit neuen Augen gelesen: »Ich bin hungrig gewesen und ihr habt mich nicht gespeist; ich bin durstig gewesen und ihr habt mich nicht getränkt; ich bin gefangen und krank gewesen und ihr seid nicht zu mir gekommen.« Als Christ hätte ich 1933 wissen dürfen und wissen müssen, daß aus jedem dieser Menschenbrüder – mochte man sie Kommunisten heißen oder sonstwie – Gott in Jesus Christus mich fragte, ob ich ihm nicht dienen wollte. Und ich habe diesen Dienst verweigert und habe mich meiner Freiheit begeben. Denn ich habe mich meiner Verantwortung begeben. Und ich weiß, auch in späteren Jahren ist manches geschehen, wo ich einmal persönlich ganz anders hätte hinstehen müssen und wo ich – wie schon im Jahre 1933 – mich auch schuldig gemacht habe an meiner eigenen Gemeinde. (Zuruf: Und heute?) Denn damals hätte ich meiner Gemeinde wohl sagen müssen: Was dort geschieht, ist nicht nur gegen alles Recht und Gesetz, das bei uns gilt, sondern was da geschieht, ist ein Anruf Gottes an euch, ob ihr eure Verantwortung sehen wollt oder ob ihr eure Freiheit jetzt preisgeben wollt, ein Anruf Gottes an euch, daß ihr euren kommunistischen Brüdern die von Ihm geforderte und verlangte Antwort nicht schuldig bleibt. Wenn ich damals geschwiegen habe, so weiß ich heute nicht mehr, was aus diesem Schweigen alles vor Gottes sehendem Auge für Folgerungen gewachsen sind. Wie mancher Mensch mag sich darauf berufen: »Ich habe dich predigen hören; du hast mich 1933 und 1934 vor nichts gewarnt und so bin ich in die Partei gegangen, so bin ich SS-Mann geworden; du hast mich nicht gewarnt.«

Meine verehrten Anwesenden! Von daher wollen Sie bitte einmal verstehen, daß ich über die Schuldfrage wesentlich anders denke, als es so in den Zeitungen steht, wesentlich anders, als man es mir immer zuschiebt. Für mich viel schlimmer! Denn ich weiß, daß ich an der Versklavung meines Volkes durch mein Schweigen mitgearbeitet habe, und weiß mich deshalb berufen – und ob man mich Landes- oder Volksverräter oder sonst etwas schilt –, deswegen meinen Beitrag zu leisten dazu, daß der Weg ins Freie, und zwar der richtige, der einzige Weg, ohne den alle andern Wege Nebenwege und Abwege bleiben, gefunden wird.

Und von daher, meine lieben Brüder und Schwestern, mögen Sie dann auch verstehen, was hier im Oktober vorigen Jahres sich in Stuttgart ereignet hat, jenes sogenannte Schuldbekenntnis der evangelischen Kirche, von dem Leute, die es nie gelesen haben, alles mögliche gefolgert haben. Die evangelische Kirche soll von der Alleinschuld Deutschlands am Krieg ein Bekenntnis abgelegt haben und ähnlichen Unsinn mehr.

Was ist damals in Stuttgart gesagt worden von der Kirche? Was mußte damals von ihr gesagt werden? Ich weiß den Satz und zitiere ihn aus dem Kopf: »Wir wissen uns mit unserem deutschen Volk eins nicht nur in der großen Gemeinschaft des Leides, sondern zugleich in der Solidarität der Schuld!« Das bestreite ja niemand, und wenn er es bestreiten wollte: es hilft ihm ja nichts: wir alle müssen die Schuld bezahlen. Die 6 Millionen Judenmorde werden uns nicht geschenkt, sondern hier geht es nach der alttestamentlichen Regel des Lamech oder des Kain: »Kain soll siebenmal gerochen werden, Lamech soll siebenmal siebenzigmal gerächt werden.« [1 Mo 4,24] Und mit 6 Millionen Toten bezahlen wir die 6 Millionen Judenmorde auf höheren Befehl nicht. Wir alle müssen daran bezahlen. Es wird sich keiner drücken können, und ein Pfui über den, der's versucht. – »Aber wir als evangelische Christenheit wissen uns mit unserem Volk nicht nur in der großen Gemeinschaft des Leides, sondern zugleich in der Solidarität der Schuld eins«, d.h. wir tragen nicht widerwillig und mit dem Gedanken: »Eigentlich hätte ich das ja gar nicht nötig an dieser Schuldbezahlung mitzuwirken«, unser Leid, den Teil, den wir nun einmal tragen müssen oder schon getragen haben, sondern wir stellen uns unter die Solidarität der Schuld, d.h. wir geben dieses unheimliche Kreisspiel auf. Wir schieben nicht mehr das Schuldpaket dem Nächsten weiter: »Sieh du zu, wie du damit fertig wirst; ich will nichts mehr damit zu tun haben, wenigstens innerlich nicht.« Nein! Ich weiß es und wir Christen sollten es wissen, und wenn wir es noch nicht wissen, sollten wir es sehen lernen, daß wir keine Ursache haben, uns als die Gerechten vor den Brüdern, die in Schuld gefallen sind, zu distanzieren. Matthäus 25, ich sage es noch einmal: Unter denen, die in die Verdammnis wandern, unter denen, die zur Linken des Herrn Christus stehen beim Jüngsten Gericht, wie er es dort malt, ist keiner, der um seiner bösen Taten willen verdammt wird. Sie alle gehen ins Verderben und in die Verdammnis um des Urteilsspruchs willen: »Was ihr *versäumt* habt an einem unter diesen Geringsten, das habt ihr an mir versäumt.« [Mt 25,45] Die *versäumte*

Verantwortung, die Verantwortung, daß wir nicht haben sehen wollen und nicht haben wahr haben wollen, das ist es, was vor Gott wider uns zeugt und uns in seinen Augen unnütz macht, daß er keinen anderen Raum dafür hat als die Verdammnis und die Hölle.

Dieses Schuldbekenntnis der evangelischen Kirche in Stuttgart meint, daß die evangelische Kirche wenigstens in ihrer Leitung sich selbst wieder als verantwortlich proklamiert: Wir drücken uns nicht mehr um unsere Schuld; wir erkennen die Verantwortung an, die wir versäumt haben, und erkennen damit zugleich die Verantwortung an, der wir nun wieder gerecht werden möchten. Der Stimme Gottes, die in dem Menschen, der auf unserem Wege steht oder über unsern Weg geht, zu uns kommt – wollen wir jetzt nicht wieder die Antwort schuldig bleiben. Das Wort von Stuttgart ist die Freiheits-Charter der Evangelischen Kirche. Wir haben uns mit diesem Schuldbekenntnis wieder zur Verantwortung bekannt, zur Verantwortung für gestern, damit aber auch zur Verantwortung für heute und morgen. Und wenn da ein Zwischenruf war: »Und heute?« – verehrte Anwesende, Sie dürfen glauben, daß die evangelische Kirche in ihren leitenden Körperschaften von morgens bis abends an der Verantwortung für heute und morgen arbeitet. Sie dürfen mir persönlich glauben, daß heute vielleicht zu solcher Verantwortung gerade so viel und noch etwas mehr Mut gehört, als bei der Verantwortung zu bleiben vor 13 oder 14 Jahren. In der evangelischen Kirche ist der Ruf zur Freiheit mit dem Schuldbekenntnis von Stuttgart neu laut geworden. Und damit ist wenigstens an einer Stelle im Leben unseres Volkes an die Stelle von Selbstsucht und Sichselbstbehaupten wieder die echte Verantwortung, d.h. die Gemeinschaft getreten.

Ich weiß es, mit was für Gefühlen im Herzen ich im Juni v.J. nach Hause kam. Ich sah all die Zerstörung und habe immer wieder gedacht: Oh, dieser verdammte Adolf Hitler, diese verfluchte SS! und kann doch heute so nicht mehr sprechen. Verbrechen werden gesühnt. Natürlich sollen sie es auch. Unser Volk braucht die Säuberung, aber nicht eine Säuberung, die irgendwie noch bestimmt ist von dem Gedanken: »Wenn ich nur jetzt mein Mütchen kühlen kann«, – sondern die Säuberung, die unter der Verantwortung der Freiheit steht, die Säuberung, in der die Menschen, die sie durchführen müssen, hören den Ruf Gottes, der sie fragt aus dem Schicksal und Leben des Menschen, der vor sie hintritt.

Der Weg ins Freie. Ja, es ist ein sonderbarer Weg ins Freie, der mit dem Schuldbekenntnis anfängt, und trotzdem ist es der einzige Weg, liebe Freunde, weshalb auch Jesus von Nazareth nichts Besseres zu sagen gewußt hat am Beginn seiner Tätigkeit als: »Tut Buße und glaubt an die frohe Botschaft! Kehrt um und glaubt an die frohe Botschaft!« [Mk 1,15] An welche frohe Botschaft? Daß ihr umkehren könnt, daß ihr umkehren dürft! Man kann heute nicht dem Volk das Evangelium predigen und den Bußruf verschweigen. Man kann heute nicht – weltlich gesprochen – etwa sagen: Die Ärmel aufgekrempelt, die Hosen hoch und voran! Wir liegen drin im Abgrund, und der Ruf zur Buße ist der Ruf, der uns von dem Abgrund weg im letzten Augenblick, der uns vielleicht geschenkt ist, zurückruft zu dem Gott, der uns bei sich wieder haben will, der uns heimruft.

Das ist der Dienst, den heute die evangelische Kirche unserem Volk zu leisten hat, damit der Weg ins Freie wieder gefunden wird. Und dieser Weg, der den alten Adam sehr sauer ankommt, ist ungeachtet dessen der selige Weg, der gute und rechte und einzige Weg. Und dieser Weg, der mit der Verantwortung die Bruderschaft wieder herstellt, ist der Weg, der nun auch die ersten Tore hinein in die Freiheit, in die Weite wieder aufgetan hat.

Es ist bekannt, daß jenes Schuldbekenntnis von Stuttgart in einem ganz besonders geschichtlichen Augenblick gesprochen wurde. Weshalb gerade in dem Augenblick, möchte ich gerne klar machen. Der Rat der evangelischen Kirche in Deutschland wollte sich am 18. Oktober v.J. hier in Stuttgart zu einer ersten Sitzung versammeln, und wir hatten vorgehabt, Fragen der evangelischen Kirche, wie wir sie nun weiter ordnen wollten, in dieser Sitzung zu behandeln. Da kommt kurz vor dieser Tagung – ich weiß nicht, ein oder zwei Tage vorher oder war es gar erst bei der Ankunft hier in Stuttgart – die Nachricht an, daß hier in Stuttgart Vertreter der christlichen Kirchen aus Amerika, England, Holland, Frankreich, aus der Schweiz angekommen waren. Ein Däne sollte noch kommen. Sie tagten mit uns und wollten mit der Leitung der evangelischen Kirche in Deutschland die Fühlung wieder aufnehmen. Ich weiß heute noch, was ich in dem Moment für einen Schrecken bekommen habe. Ich kann es vielleicht deutlich machen, was dieser Schrecken meint, wenn ich ein kleines Erlebnis, das ich dann drei Wochen später in Berlin hatte, berichte. Es tut sich die Türe meines Studierzimmers auf; ein Herr wird hereingeführt, ein Name genannt, den ich nicht recht höre. Ich sitze am Schreibtisch. Ich schreibe den Satz zu Ende und drehe mich um, stehe auf, um dem Herrn entgegenzugehen, und bleibe plötzlich stehen. Denn es war mir zumute, als hätte mir jemand mit einem schweren Brett über den Kopf geschlagen. Der Mann, der vor mir stand, war ein jüdischer Christ aus meiner Gemeinde, den ich 1936/37 zuletzt gesehen hatte und von dem ich wußte, daß meine Frau mir erzählt hatte, daß seine Eltern in Theresienstadt verhungert und seine Schwester vergast worden waren. Der Mann ist wie durch ein Wunder von seiner ganzen Sippe herausgekommen. Und da stand nun ich, und da stand der Mann. Was tut man in solch einer Situation? Die Frage Gottes! Was darauf antworten? Ich bin auf den Mann zugegangen und habe gesagt: »Lieber Bruder,« – ehe ich ihm die Hand gab – »ich weiß, was ich und was mein Volk an Dir und den Deinen gesündigt haben, und ich bitte Dich, wenn du kannst, um Gottes und um Christi willen, vergib!« Und dann haben wir uns die Hand gegeben.

Ich sage, etwas Ähnliches war es mir, als ich hier in Stuttgart hörte, ich solle dem Vertreter der Christenheit aus Holland und Dänemark, aus Frankreich und noch einigen andern Ländern hier entgegentreten. Auch die Frage Gottes! Was hast du diesen Menschen eigentlich zu antworten, die im Namen ihrer Kirche hierher kommen und die Fühlung wieder herstellen wollen? Und da haben wir vor diesen Brüdern im Angesicht Gottes gesagt: »Wir Christenmenschen, wir, die evangelische Kirche in Deutschland, wir stehen mit unserem deutschen Volk nicht nur in der großen Gemeinsamkeit des Leidens, sondern auch in der Solidarität der Schuld. Denn wir klagen uns an, daß wir nicht mutig genug bekannt und nicht treu genug gebetet und nicht fröhlich genug geglaubt und nicht brennend genug geliebt haben!« Das sind die beiden entscheidenden Sätze aus dem Schuldbekenntnis von Stuttgart.

Wir haben die Antwort auf Gottes Frage ins Blaue hinein gesprochen und mußten es Gott überlassen, was er daraus machte, und haben die Antwort zu derselbigen Stunde bekommen, die Antwort, die uns den Weg ins Freie zeigt; als nämlich der holländische Kirchenvertreter, ein Professor der Theologie aus Leyden, antwortete und sprach: »Liebe Brüder, mit dem Wort, das Ihr hier vor Gottes Angesicht und vor unseren Ohren gesprochen habt, ist mir gewiß geworden, daß wir in Jesus Christus Brüder sind und geblieben sind und bleiben werden.« Er war aber noch nicht zu Ende, sondern er fuhr fort: »In Eurem Wort hat aber Gott auch mit mir persönlich noch ein Wort gesprochen. Das habt Ihr nicht gesprochen. Gott hat mich nämlich gefragt: Wo liegt denn *deine* Sünde und wo liegt denn die Schuld *deiner* Kirche und wo liegt denn die Schuld *deines* Volkes, daß es im christlichen Abendland dahin hat kommen können, wohin es gekommen ist?« Ob das ein Weg ins Freie ist, meine verehrten Anwesenden, daß ein Holländer so sprach als Antwort darauf, daß die evangelische Kirche sich mit der Schuld ihres Volkes solidarisch erklärt, ob da etwas von freier Verantwortung neu ans Licht getreten ist?

Und Ähnliches antwortete ein anderer nach einer ganz anderen Richtung hin; ein Amerikaner sagte auch zunächst: »Liebe Brüder, was wir da gehört haben, das zeigt uns, daß wir als Christen Brüder sind. Ich habe aber noch etwas anderes in diesem Augenblick erfahren. Ich weiß jetzt, daß das Band, mit dem Gott uns zusammenbindet, Euch und mich, ein festeres Band ist und stärker bindet als irgend ein Band sonst auf der Welt.«

Der Weg ins Freie! Menschen, die um die Verantwortung vor Gott wissen, nicht als Phrase, sondern um die Verantwortung, die im lebendigen Mitmenschen ihnen gegenübertritt, die bereit sind, auf diese Frage nach bestem Wissen und Gewissen Gott die Antwort nicht schuldig zu bleiben, diese Menschen finden zueinander. Da braucht es kein permit und keinen Paß. Da braucht es keine Staatsverträge und irgend etwas Derartiges. Wo Menschen wieder darum wissen, daß Gott als der fragende Gott im Mitmenschen lebendig ist, wer auch immer dieser Mitmensch sein mag, da wird der Weg frei, nicht nur der Weg, auf dem wir aus unserer Qual wieder herausfinden, sondern der Weg, auf dem wir aus unserem Gefängnis und unserer Isolierung wieder hinüberfinden zum Bruder Mensch.

Am Tage nach der Stuttgarter Erklärung haben diese Vertreter der Ökumene, der Weltchristenheit, uns die Einladung überbracht, daß bei der ersten Zusammenkunft des Weltrats der Kirchen in Genf im Frühjahr d.J. doch auch die evangelische Christenheit in Deutschland vertreten sein möge,

Landesbischof Wurm und ich wurden dazu ausgewählt und hingeschickt, in einer Zeit damals noch, da im ganzen Internationalen Roten Kreuz, dieser humanitären Weltorganisation, in der ungefähr jeder größere Negerstamm vertreten ist, kein Platz für einen deutschen Delegierten war, ganz zu schweigen von der UNO, wo kein Stehplätzchen für einen deutschen Beobachter übrig ist, wenn 350 Sessel gestellt werden. Aber 50 Vertreter der Christenheit kommen in Genf im Frühjahr 1946 zusammen, und sie wollen die Vertreter der Christenheit in Deutschland unter sich haben und meinen, anders ginge das nicht.

Weg ins Freie! Ich bin trotzdem mit einem zitternden Herzen hingefahren. Von drei, vier, fünf Leuten, die dort sein würden, wußte ich, das sind Brüder, die werden mir in Genf genau so die Bruderhand wieder hinstrecken und die Verantwortung für mich und die von mir vertretene Kirche in Deutschland und für das in mir repräsentierte deutsche Volk wirklich als eine Verantwortung vor Gott erkennen und tragen. Aber diese anderen 43 Leute, aus Mexiko, Norwegen, Dänemark, Holland, Frankreich, aus Ungarn, Griechenland, aus Rumänien und Bulgarien, werden die in mir und in Landesbischof D. Wurm wirklich den christlichen Bruder erkennen, werden die so viel Verantwortung haben, so freie Menschen sein in ihrer Verantwortung, daß sie die Bruderschaft mit uns bejahen und exemplifizieren? Ich bin mit all diesen Sorgen maßlos zum Guten enttäuscht worden. Ich habe keinen Augenblick in Genf das Gefühl haben können, ich säße als der Repräsentant einer besiegten Nation unter den Siegern oder ich säße als der arme Sünder, der Buße getan hat, freundlich zugelassen, am reich gedeckten Tisch der Gerechten. Aber ich habe die Erfahrung gespürt und vor Augen gehabt, daß ich hier als Bruder unter Brüdern saß, daß ich hier als Mensch unter Menschen war, und zwar als ein Mensch, der den Weg ins Freie wieder anfing zu gehen, unter Menschen, die um den Weg ins Freie aus Glauben wußten.

Ich darf das in aller Kürze an ein paar kleinen bezeichnenden Beispielen noch erläutern. Als ich nach Genf hin kam, war das erste, daß mir der Generalsekretär des Weltbundes sagte: »Ich bringe Sie in Ihr Quartier. Sie kommen gleich mit zur Kommissionssitzung.« »Zu was für einer Kommissionssitzung?« »Ja, wir müssen doch eine Botschaft an die Welt und an die Kirchen der Welt machen, und da wollen wir Sie dabei haben.« Ich sagte ihm: »Mich? Wer ist denn sonst dabei?« Und dann zählte er sie auf: Viele Bischöfe, Vorsitzender ist Bischof Berggrav von Oslo, dann der Lordbischof von Chichester, ein indischer Theologieprofessor von Madras, der russisch-griechische Archimandrit vom Berg Athos, der Klosterabt vom griechischen Mönchkloster, ein kanadischer Pfarrer, dann der Generalsekretär des Weltbundes der Kirchen und der Pastor Niemöller, acht Menschen: ein Wort, das die Kirchen der Welt gemeinsam an alle Nationen und alle Christenheit in der Welt richten. Und man läßt dieses Wort vom ersten Tag an mitverfaßt sein durch einen Deutschen! Weg ins Freie! Bei der ersten öffentlichen Tagung, die an einem Mittwoch in Genf in einer Kirche stattfand, saßen die 50 Delegierten aus aller Welt in den vorderen Reihen und dahinter die ganze Genfer evangelische Gemeinde, die von der Sache Kenntnis bekommen hatte. Und hier wurden acht Berichte gegeben aus den Kirchen, die in den letzten zwölf Jahren, seitdem zum letztenmal der Ausschuß des Weltbundes beieinander gewesen war, durch besondere Trübsal und Nöte hindurchgegangen waren. Da wurden Berichte gegeben von Mexiko, China, Japan, Dänemark, Norwegen, Holland, von Frankreich und Deutschland, immer 20 Minuten, der eine 20 Minuten, der nächste 20 Minuten und so fort. Zuerst kamen die ungefährlichen Berichte, Mexiko, Indien. Japan sollte berichten. Der japanische Vertreter war nicht da. Es hatte keiner die Pässe gekriegt und es war keine Transportmöglichkeit. Aber es war ein junger amerikanischer Geistlicher da. Er war gerade drei Monate durch Japan gereist und hatte fast sämtliche Christengemeinden in Japan aufgesucht. Er hatte sich bereit erklärt, den Bericht zu liefern, und tat es. Man merkte ihm an, dieser Amerikaner hatte nicht nur den ganzen Kopf voll von dem, was er erlebt und gesehen an Sorgen und Nöten, an Wünschen und Hoffnungen der Christenheit, ihm ging die Sache bis ins innerste Herz. Der Mann kam ins Feuer, als er von den Gemeinden in Japan redete. Und mitten in seine eindrucksvolle Rede hinein klopfte es mit einemmal. Der Präsident sagt: »Ihre zwanzig Minuten sind um, Sie müssen zum Schluß kommen!« Der Mann kam nicht zum Schluß. Er stand da auch wie einer, der ein Brett vor den Kopf gestoßen bekommt, das Gesicht versteinert, der Mund blieb ihm halb offen stehen, die Arme fielen ihm an den Seiten müde herunter und sein Gesicht hatte einen Ausdruck – ich glaube, ich habe niemals in meinem Leben etwas so rührend Hilfloses gesehen. Er wollte ja noch von den Sorgen und Wünschen und Hoffnungen, die er für Japan auf dem Herzen hatte, Zeugnis ablegen. Und nun war ihm das Wort abgeschnitten. In diesem Augenblick: Betretenes Schweigen in der ganzen Kirche! Dann steht in der dritten Reihe ein Herr auf im schwarzen Rock und sagt: »Er kann zehn Minuten von mir haben.« Und dann hat der amerikanische Geistliche von den Wünschen, Sorgen und Hoffnungen der japanischen Christenheit weiter berichtet vor den Vertretern der Weltkirchenöffentlichkeit und den Vertretern der schweizerischen Kirche in der Gemeinde Genf auf Kosten der evang.-lutherischen Kirche in Dänemark. Verantwortung! Der Mann hatte gehört, daß Gott hier eine Frage stellt. Der Weg ins Freie! Vom Bruder zum Bruder, von Kirche zu Kirche, von Volk zu Volk! Ich habe einen sehr häßlichen Gedanken in dem Augenblick gehabt. Ich habe gedacht: »Ja gut, dann kann ja der dänische Bischof nur zehn Minuten reden.« Denn ich hatte Angst davor, was nun kommen würde, wenn diese Männer den Mund auftun würden, der dänische Bischof, der norwegische Bischof, der holländische Professor und der französische Kirchenpräsident. Wenn die nun anfangen, 20 Minuten zu reden. In 20 Minuten kann man viel sagen, wenn man anklagt, wenn man über die Gestapo erzählt und ihre Methoden und das, was sie gemacht haben, und man kann damit allerlei Eindrücke erwecken in einer Weltöffentlichkeit, die in 50 Personen vor einem sitzt. Und nun kam der Däne dran als nächster. Er trat auf die untere Stufe des Altars; er stieg gar nicht bis oben hin, und sagte: »Meine verehrten Anwesenden, von den zehn Minuten, die mir geblieben, kann ich noch weitere sieben Minuten abgeben. Denn, was ich zu sagen habe, das sage ich in drei Sätzen, Erstens: die evangelisch-lutherische Kirche in Dänemark hat die Zeit der Trübsal und der Verfolgung überstanden und sie lebt. Zweitens: daß es so ist, verdanken wir nächst der gnädigen Fügung Gottes dem Vorbild und den Erfahrungen der bekennenden Kirche in Deutschland. Drittens: hätten wir dieses Vorbild und diese Erfahrungen nicht gehabt, dann würde ich jetzt hier nicht gestanden haben.« Sprach's und setzte sich auf seinen Platz, und mir rollte unverdientermaßen ein ganz großer Stein vom Herzen. Denn ich wußte: heute nachmittag werden wir aus Norwegen und aus Holland und aus Frankreich keine Anklagereden gegen das deutsche Volk a conto seiner Regierung zu hören bekommen, sondern wir werden Menschen zu hören bekommen, denen, wenn sie nicht schon vorher in der Freiheit der Verantwortung standen, heute morgen diese Freiheit aufgegangen sein muß. Und wir haben keine Anklage gehört. Ob das etwas bedeutet, liebe Freunde? Daß da, wo man Anklagen erwartet, die Verantwortung die Antwort gibt? Und zwar eine ganz andere Antwort gibt, die Antwort nämlich, die nicht Menschen auseinanderreißt, sondern sie wieder zusammenbindet in der Freiheit der Verantwortung! Was der dänische Bischof von Kopenhagen in jener Stunde getan hat, das ist viele Schiffe Lebensmittel wert, und vielleicht kommt manches Schiff mit Lebensmitteln darum zu uns und zu unserem Volk, weil solch ein Wort in Genf gesprochen werden konnte. Verantwortung! Hier war nicht Sieger und Besiegter, und nicht Gerechter und Ungerechter, sondern hier waren Menschen, die um ihre Verantwortung entweder wußten oder es in jenen Tagen immer mehr erkannten.

Wir haben unser Wort an die Weltöffentlichkeit und an die Kirchen der Welt schließlich fertig bekommen im Entwurf, und am folgenden Tage mittags kommt ein amerikanischer Freund und Bruder zu mir und sagt: »Bruder Niemöller, ich höre, in dem Entwurf eurer Botschaft an die Welt habt ihr gar kein Wort gesagt über die Atomenergie …« Ich sage: »Nein, Bruder C …, das haben wir tatsächlich auch nicht getan; aber es ist ja auch kein Amerikaner in unserer Kommission drin.« »Verstehen Sie nicht: ihr *müßt* doch darüber etwas sagen; ihr könnt uns doch nicht mit dieser Verantwortung allein lassen! Da hat unser Volk diese Erfindung gemacht, und was daraus wird, weiß niemand. Und unser Volk kann die Verantwortung nicht tragen, denn es weiß ja von dieser Verantwortung nichts. Wir Christen sind ja auch in Amerika eine verschwindende Minorität. Aber ihr Christen in Deutschland und anderwärts, ihr müßt uns helfen, diese Verantwortung zu tragen, und deswegen müßt ihr von dieser Verantwortung sprechen, wenn ihr an die Kirchen der Welt Nachricht gebt. Ihr wißt ja, wir Christen in Amerika wollen die Verantwortung, die auf euch gelegt ist, ehrlich mit euch und, soweit wir können, für euch tragen. Aber wir müssen euch bitten, helft uns in unserer Verantwortung, für die wir allein zu schwach sind.« Sieger und Besiegte? Es sah in dem Augenblick beinahe aus, als wäre das Verhältnis umgekehrt. Ich kann aber gleich und muß gleich dazu sagen: Ich habe mich in dieser Rolle sehr häßlich gefühlt, und am Nachmittag haben wir dann doch die Atomenergie mit hineingebracht in die Botschaft, und alle Viertelstunde ungefähr ging die Tür auf, und es kamen Amerikaner einer nach dem anderen zu uns herein, alle mit derselben Bitte. »Ja, nicht wahr, wir sind schon dabei.« Aber sie lassen sich damit noch nicht beruhigen. Sie mußten es immer wieder vor uns ausbreiten, daß sie ihre Verantwortung allein nicht tragen könnten und daß sie uns brauchten, und der letzte, der hereinkam und ganz aufgeregt wurde, sagte: »Wenn unsere Bitten nicht stark genug sind, dann fordern wir von euch, daß ihr die Verantwortung mit uns traget, wir fordern es von euch im Namen Jesu Christi!«

»Der Weg ins Freie« war mir als Thema gestellt. Verehrte Anwesende! Ob etwas an dem, was gesagt wurde und was ich erzählt habe, davon deutlich geworden ist, wo der Weg ins Freie sich für uns und für unser Volk auftut? Ich wünsche es und ich sage dazu: Verantwortung ist immer etwas ganz Persönliches. Hier tritt kein anderer für uns ein. Die Verantwortung ist uns geraubt gewesen und damit ist uns die Freiheit genommen worden, ehe dann unser Volk in Sklavenketten geriet. Um wieder zur Freiheit zu kommen, genügt es nicht, diese oder jene Kette oder Fessel zu zerbrechen. Um die Freiheit wieder zu finden, müssen wir die Verantwortung wieder finden, und zwar die ganz persönliche Verantwortung. Und hier kann man nicht auf bessere Zeiten hoffen. Hier kann man sich nicht damit trösten: es wird alles schon einmal wieder besser werden. Entweder fühlen wir und bejahen wir, daß Gott uns hier ganz persönlich zurückruft auf den Weg ins Freie oder alles, was wir anfassen, ist völlig umsonst.

Darf ich Ihnen zum Schluß noch ein etwas komisch wirkendes Bild dazu sagen. Ich habe einmal eine Predigt vor langen, langen Jahren gehört. Die Predigt war nicht gut. Aber die Einleitung ist mir nie wieder aus dem Gedächtnis gekommen. Da stand der junge Hilfsprediger auf der Kanzel in Münster in Westfalen und sagte zu Anfang: »Mein Talar hat zweiundzwanzig Knöpfe. Ich habe sie eben in der Sakristei noch einmal gezählt. Wenn ich anfange, meinen Talar zuzuknöpfen, und ich knöpfe den zweiten Knopf ins erste Loch und alle anderen ganz gewissenhaft und schön weiter bis zum Knopf zweiundzwanzig, der kriegt dann kein Loch mehr. Dann hilft mir das ganze fleißige Knöpfen nichts. Ich muß alles wieder aufmachen und muß den richtigen Anfang machen.« Das ist unsere Situation heute, daß wir den richtigen Anfang finden, und dieser richtige Anfang liegt da, wo wir uns wieder rufen lassen zu persönlicher Verantwortung, daß der Mensch an unserer Seite wieder das Sprachrohr wird, durch das die Frage Gottes: »Adam, wo bist du?« an uns herangetragen wird. Sage keiner, das mögen die andern tun, sondern hier muß nun jeder sich entscheiden und entschließen. Und Gott – darüber habe ich heut nicht gesprochen; darüber wäre noch viel zu sagen –, Gott muß uns dann in Gnaden den Weg zeigen, wie wir seine Stimme, die durch den Menschen an unserer Seite zu uns spricht, recht hören, um dann auch die rechte Verantwortung zu finden. Und so laßt uns ein jeder an seiner Stelle, wo er steht, genau überlegen, wo der Weg ins Freie geht. Und wo wir dieses Weges dann gewiß sind, ihn wirklich unter die Füße nehmen. Dann mögen wir wirtschaftliche und politische und sonstige Zukunftsfragen auch lösen, die gewiß drängen, an denen auch heute gearbeitet werden muß, die uns aber für sich allein niemals den Weg ins Freie geben können, wenn wir nicht die Freiheit in der persönlichen Verantwortung wieder finden.

Zu meiner Moskau-Reise

Daß die deutsche Öffentlichkeit stärkstens reagiert hat, als sie erfuhr, daß ein evangelischer Kirchenmann auf Einladung des Patriarchen für eine Woche nach Moskau reiste, ist nicht weiter verwunderlich, obwohl es nicht gerade zu erwarten gewesen wäre, daß ausgerechnet der Bundeskanzler sich so dazu äußern würde, wie er es für richtig befunden hat. Überhaupt ist die Art der Kritiken und Anmerkungen, die gemacht wurden, das eigentlich Bedenkliche und Besorgniserregende, so daß nicht zu Unrecht ein namhafter Publizist die Frage aufgeworfen hat, ob wir überhaupt noch unvoreingenommen denken können. Es hat nämlich den Anschein, als gäbe es eine geheime Verschwörung, der zufolge aus der Welt hinter dem Eisernen Vorhang nur noch solche Mitteilungen in die Öffentlichkeit dringen dürfen, die schon den Versuch einer Fühlungnahme als eine Utopie, ja als ein Verbrechen gegen die Menschlichkeit erscheinen lassen. Und dabei wissen wir doch alle, daß ein Krieg mit der östlichen Welt für unser deutsches Volk und wahrscheinlich für alle europäischen Völker den sicheren und völligen Untergang im Gefolge haben muß.

Und bei allen schwachen Versuchen, die heute gemacht werden, um dieser Gefahr zu begegnen, ist es immer wieder die Klage, daß das Haupthindernis für eine friedliche Verständigung der Mangel an gegenseitigem Vertrauen sei. Wie aber darf man dann jeden kleinen Schritt, der vielleicht Vertrauen schaffen könnte, von vornherein in Mißkredit bringen, statt ihm seine – vielleicht sehr geringe – Chance zu lassen? Ich habe es für meine Christenpflicht gehalten, die Menschen in Moskau wissen zu lassen, daß nach meiner Überzeugung nicht nur die westeuropäischen Völker keinen dritten Weltkrieg wollen, sondern daß es auch in Amerika keinen Millionär gibt, der nicht gern sein ganzes Vermögen drangäbe, wenn er durch dieses Opfer die Katastrophe würde verhindern können; und ich werde ebenso in Amerika keinen Hehl daraus machen, daß nach meinen Eindrücken – so kurz mein Aufenthalt in Moskau gewesen ist – niemand drüben einen solchen dritten Weltkrieg wünscht. Man mag darüber lächeln und die Achsel zucken: als Christ und als Mensch will ich das wenige, was von mir heute getan werden kann, um den Großen der Welt zu immer neuen Verständigungsversuchen Mut zu machen, nicht ungetan lassen, *geht es doch um Millionen von Menschenleben und Menschenschicksalen, von denen kein Christ sagen darf: Was geht mich das an?!*

Ich bin als Mann der Kirche nach dem Osten gereist. Seit langem bewegt mich die Frage, ob die Kirche in Rußland eine Kirche ist, mit der die Christenheit bei uns und in der übrigen Welt gemeinsam dafür beten und gemeinsam dafür arbeiten kann, daß der Wille Gottes auf Erden geschehe wie im Himmel [Mt 6,10]. Das ist ja keine Selbstverständlichkeit, wie wir aus eigener, bitterer Erfahrung am besten wissen müßten. – Die Deutsche Evangelische Kirche des Jahres 1933 bezeichnete es durch den Mund ihres damaligen »Reichsbischofs« L. Müller als ihre eigentliche und Hauptaufgabe, »dafür zu sorgen, daß ihre Glieder gute Nationalsozialisten« würden. Sie verstand sich damals als ein Propagandainstrument Adolf Hitlers und bewußtermaßen nicht als Kirche Jesu Christi. – Es wäre durchaus denkbar und nach 34 Jahren sowjetischer Herrschaft kaum zu verwundern, wenn die russische Kirche sich selber als ein Propagandainstrument Josef Stalins und eben nicht als Kirche Jesu Christi betrachten würde, wenn sie also ihre Aufgabe darin sehen würde, ihre Mitglieder zu guten Bolschewisten zu erziehen. – Denn daß diese Kirche nach langen Jahren schwerster Verfolgung heute geduldet ist, könnte ja um einen solchen Preis erkauft worden sein; und dann hätten wir in einer solchen Kirche keinen Bundesgenossen des Gebets und des Wirkens für Gottes Reich auf Erden zu sehen.

Und nun kann ich nicht anders, als wahrheitsgemäß von meinen Eindrücken berichten. Ich weiß, daß ich dabei irren kann, daß die Zeit sehr kurz war, daß die russische Welt eine sehr fremde Welt für uns westliche Menschen ist und bleibt, daß theoretisch sogar die Möglichkeit bewußter Täuschungen nicht ausgeschlossen werden kann. Aber berichten kann ich doch nur, was ich gesehen habe und was sich für mein Verständnis aus dem Gesehenen ergibt; ich muß das sogar tun, weil ich mit vielen Vorbehalten und stärkstem Zweifel an meine Beobachtungen herangegangen bin.

Die Tatsachen als solche sind nicht zu bezweifeln: *die russisch orthodoxe Kirche lebt*, und sie ist – rein äußerlich betrachtet – alles andere als eine »sterbende Kirche«. Sie hat eine unvorstellbar harte Zeit der Verfolgung hinter sich, an deren Ende es in Moskau (vor ca. 20 Jahren) nur noch 21 Kirchen gab, in denen Gottesdienst gehalten wurde. Heute gibt es wieder über 60 solcher Kirchen; und diese Kirchen sind nicht nur an hohen Feiertagen gefüllt, sondern auch in der Woche ständig gut besucht. Es scheint, daß die Jugend fast ganz – abgesehen von den Festtagen – im Gottesdienst fehlt, und die Teilnahme der Männer ist – wie bei uns vielerorts – verhältnismäßig schwach. Aus dem Fehlen der Jugend darf man aber keine voreiligen Schlüsse ziehen; denn die Erwachsenen, die heute die Kirchen füllen, haben auch ihre Jugend im Bolschewismus erlebt und sind trotz der fehlenden Unterweisung in Schule und Kirche Christen geworden. Kinder sieht man zahlreich in den Kirchen. – Die Priester leben wieder – anders als in den 20er Jahren, wenn die damaligen Berichte zuverlässig waren – für ihren Beruf und von ihrem Beruf; die kirchlichen Mittel werden völlig aus freien Beiträgen der Gemeinden aufgebracht, deren es im Patriarchat Moskau rund 20000 gibt. Die Priesterausbildung geschieht in acht Seminaren mit vierjährigen Kursen, in die junge Leute ab 18 Jahren nach einer ziemlich schweren und erhebliche Anforderungen stellenden Prüfung aufgenommen werden. Die Zahl der Kirchen ist immer noch verhältnismäßig gering; immerhin kam ich am Sonntag früh auf der Fahrt nach Zagorsk (10 km von Moskau) durch fünf Kirchdörfer, in denen überall Gottesdienst gehalten wurde. Der Weihnachtsgottesdienst in Moskau in der Nacht zum 1. Januar war von Tausenden besucht, so daß die Menschen vor der Kirche umkehren mußten, und die Gottesdienste der Baptistenkirche zeigten dasselbe Bild. – In keiner Kirche und in keinem Gottesdienst ist mir auch nur der geringste Zweifel daran gekommen, daß hier eine Gemeinde Jesu Christi versammelt war; und ich kann gleich hinzufügen, daß ich bei keinem Geistlichen, vom Patriarchen angefangen bis zum einfachen Mönch im Kloster, den Schatten eines Verdachts gefunden habe, er verstände sich nicht als ein Diener Jesu Christi, sondern als ein Funktionär des politisch-staatlichen Systems. Aber damit bin ich schon bei der Deutung des Gehörten und Gesehenen angelangt.

Offensichtlich ist die Kirche in Rußland eine *geduldete und nicht etwa eine bevorrechtigte Institution*; und wenn es keine akute Verfolgung der Christenheit mehr gibt, wie unmittelbar nach der Revolution und in dem darauf folgenden Jahrzehnt, so wird man doch auf Schritt und Tritt daran erinnert, daß das System eigentlich keinen Raum für die christliche Kirche hat; sie ist und bleibt ein im besten Fall – und der ist heute gegeben – geduldeter Fremdling, den man im Rahmen der allgemeinen Gesetze gewähren läßt. Man sieht das an gelegentlichen Blicken auf der Straße, die dem langen Gewand eines Priesters – halb spöttisch, halb indigniert – gelten. Und naturgemäß ist diese Kirche dem Staat gegenüber nicht wirklich in dem Sinne frei, daß sie in Wahrnehmung ihres prophetischen Auftrages auch der Obrigkeit gegenüber ein offenes Wort der Kritik spräche, wie wir das gewöhnt sind. Eine andere Frage ist die, ob die russische Kirche das selbst als Unfreiheit empfindet, da sie dieses Amt ja schon unter früheren Systemen nicht geübt hat; und persönlich bin ich geneigt, die Frage zu verneinen. Natürlich unterliegt die Christenheit in Rußland den politischen Parolen, mit denen die Öffentlichkeit beeinflußt wird, ebenso und nicht weniger wie die christlichen Kirchen anderwärts in der Welt. Aber wir sind schnell bereit, solche Abhängigkeiten bei andern zu konstatieren und für uns selber zu verneinen. – Und dazu kommt eine grundsätzlich andere Haltung der östlichen Christenheit zur Frage des Verhältnisses der Kirche zur Welt, der man nur das Zeugnis schuldig ist, um daraus entstehende Leiden geduldig zu tragen, nicht aber sie zu bekämpfen. – Insofern ist die russische Kirche auch heute eine leidende Kirche. Und das sieht für uns sehr leicht als eine schweigende Zustimmung zum Tun des Staates aus, während es doch in Wirklichkeit eine Zustimmung zu dem Leidensweg sein will, den Jesus Christus seine Kirche in seiner Nachfolge führt. – Außerdem kommt die menschliche Schwachheit des Geistes wie des Fleisches hinzu, die vor jedem zusätzlichen Leiden zurückschreckt und unbewußt den leichteren Weg sucht. – Das ist für mich eine Erklärung, nicht eine Rechtfertigung; aber zu urteilen vermag ich hier nicht, und erst recht nicht zu verurteilen, weil ich nicht 34 Jahre eines totalitären Systems durchgemacht habe, und ich möchte ausdrücklich davor warnen, hier leichtfertig den Stab zu brechen. – Persönlich kann ich es nur als ein Wunder Gottes betrachten, daß die Kirche in Rußland diese Heimsuchung überstanden hat, und als Kirche Jesu Christi wieder aufgelebt ist.

Wie weit weiß nun diese Kirche um eine *gemeinsame Verantwortung* der Christenheit über ihre eigenen Grenzen hinaus? – Ich habe mit dem Patriarchen selber, mit seinen Mitarbeitern und mit anderen Priestern über diese Fragen zu sprechen versucht und bin dabei auf zwei wesentliche Bedenken gegenüber einer ökumenischen Zusammenarbeit gestoßen. Das eine Bedenken wurde deutlich ausgesprochen, daß nämlich die Ökumene die Emigrationskirchen aufnehme und unterstütze, obgleich diese sich von der Jurisdiktion des Moskauer Patriarchen, d.h. von ihrer rechtmäßigen Kirchenleitung losgesagt haben. – Hierauf mußte ich natürlich antworten, daß die Ökumene nicht über solche »Rechtmäßigkeit« entscheiden könne, und daß der einzig mögliche Weg mir der zu sein scheine, daß die Russisch-orthodoxe Kirche diese Auseinandersetzung selber innerhalb der Ökumene führt. – Das andere Bedenken, das als solches und als Begründung für die Nichtteilnahme an der Ökumene nicht ausgesprochen wurde, aber deutlich zu erspüren war, ist dies, daß man allgemein die Kirchen innerhalb der »westlichen« Welt als Parteigänger der »westlichen Politik« und als kriegsfreundlich beurteilt, während man ehrlich überzeugt zu sein scheint, daß die Politik der Sowjetunion ganz und gar als »friedlich« betrachtet werden muß. Im Blick auf dies Bedenken habe ich wieder und wieder auf die kirchenamtlichen Äußerungen unserer Evangelischen Kirche in Deutschland zur Frage des Friedens sowie auf die Amsterdam-Beschlüsse usw. der Ökumene hinweisen können. –

Daß aber trotz solcher Bedenken eine *wirkliche* ökumenische Verbundenheit und ein Wissen darum in der russischen Christenheit vorhanden ist, dafür habe ich einfach durch die Art meiner Aufnahme und Behandlung überzeugende Beweise erhalten. – Sowohl bei meiner Predigt in der Moskauer Baptistenkirche wie bei meinem Besuch im Kloster Laura bei Zagorsk, wie bei meiner Teilnahme an orthodoxen Gottesdiensten schlug mir eine Welle brüderlicher Sympathie entgegen, nicht nur von seiten der Geistlichen, sondern von der versammelten Gemeinde. Und als mich beim nächtlichen

Weihnachtsgottesdienst in der Kirche des Patriarchen dieser einlud, mit an den Altar hinter der Bilderwand zu treten, wußte ich zunächst gar nicht, was das bedeuten könne, bis mir klar wurde, daß hierdurch ein Bekenntnis zur ökumenischen Verbundenheit abgelegt wurde. Und diese wortlosen Erweise ökumenischer Gemeinschaft sind mir im Rückblick auf die Moskauer Tage besonders wichtig und teuer geworden.

Auf einen Punkt möchte ich noch als besonders wichtig hinweisen: ich war überrascht, in den orthodoxen Kirchen die *Predigt* als eine offenbar ganz normale Einrichtung im Gottesdienst vorzufinden. Tatsächlich ist diese Erscheinung *neu*, da ja die Liturgie lediglich als Handlung, als Drama verstanden und geübt wird. Aber die bolschewistische Revolution hat versucht, den russischen Menschen zu rationalisieren; und wenn das auch nicht völlig gelungen ist, so ist doch das Bedürfnis des menschlichen Geistes, im Gottesdienst ähnlich auf seine Rechnung zu kommen, wie das Auge und das Ohr in Anspruch genommen werden, so stark hervorgetreten, daß es ohne Predigt nicht mehr geht. Es wird also gepredigt; und was wird gepredigt? Hier wird die Entscheidung fallen: wenn das Evangelium gepredigt wird, dann wird eine Gotteskraft, das Dynamit Gottes, in Bewegung gesetzt. Und hier liegt die Zukunft der russischen Christenheit, soweit ich das als ein flüchtiger Besucher von außen glaube beurteilen zu können.

Alles in allem: *ich habe in Moskau eine Kirche gefunden, von der ich überzeugt bin, daß sie in ihren Gemeinden wie in ihren Ämtern Kirche Jesu Christi sein will.* Wir können uns von dieser Kirche nicht lossagen oder auch nur als an ihr desinteressiert erklären; wir werden an sie denken, für sie beten, mit ihr reden und zu ihr hingehen müssen nach dem Apostelwort:

> »So ein Glied leidet, so leiden alle Glieder mit; und so ein Glied wird herrlich gehalten, so freuen sich alle Glieder mit.« (1 Kor. 12, 26)

Denn in solcher Gemeinschaft will Gott die Gemeinde Jesu Christi segnen und durch sie alle Geschlechter auf Erden [1 Mo 12,3; 1 Mo 28,14].

Deutschland zwischen Ost und West

Die Nachkriegspolitik bewegt sich seit 1947 in genau gleichbleibender Linie. Man kann zweifeln, ob sie sich wirklich bewegt; aber daß sie sich auf der Linie zwischen Washington und Moskau befindet, das ist nicht zu bezweifeln und auch niemals ernsthaft in Zweifel gezogen worden. – Seither reden wir von »Ost und West« als von den ausschlaggebenden, bestimmenden Faktoren für jede nur denkbare internationale Politik; und es gilt eigentlich als selbstverständlich, daß jeder politische Faktor sich nach einem dieser Schwerpunkte ausrichten muß, wenn er sich nicht selber aus dem Kräftespiel ausschalten will. Es ist geradezu zum Dogma geworden, daß es nur diese beiden politischen Welten gibt und daß niemand an einem anderen, dritten Ort existieren, leben und wirken kann. Aus Ost und West ist praktisch längst das Ost *oder* West geworden; und wir sehen, wie sich die Kräfte um diese beiden Pole gruppieren: politisch, militärisch, wirtschaftlich und ideologisch, wobei freilich die ideologische Grundlage des Westens noch keine fest fixierbare Größe ist und vielfach mit dem vieldeutigen Wort »Christentum« bezeichnet wird, während der Osten sehr eindeutig auf den dialektischen Materialismus in der jeweils für gültig erklärten Form des Marxismus, Leninismus, Stalinismus festgelegt ist. – Die beiden Welten, die wir mit Ost und West bezeichnen, befinden sich in jeder Hinsicht im Gegensatz, der viele Jahre hindurch eine progressive Tendenz aufwies und die Frage nahelegte, ob diese beiden Welten nebeneinander leben, co-existieren können, ohne daß es zu einer gewaltsamen Entladung, zu einem Entscheidungskampf um die Alleinherrschaft zu kommen braucht. Die Prognose hat eine Zeitlang sehr pessimistisch gelautet; der dritte Weltkrieg hat oft beinahe als unvermeidbar gegolten; und es gilt bis zur Stunde als Zeichen ernster, realpolitischer Klugheit, sich auf diese Eventualität jedenfalls einzustellen und zu rüsten, d.h. vorzubereiten. Die Völker der Erde befinden sich mitten in einem neuen Wettrüsten zwischen Ost und West und haben es immer schwerer, sich herauszuhalten. Sie werden von den beiden Polen angezogen und sehen sich genötigt, eine Entscheidung zu treffen, ob sie wollen oder nicht. – Der Ernst dieser Lage wird dadurch erhöht, daß Ost und West nicht voneinander getrennt werden können. Das ist schon geographisch nicht mehr möglich, weil einfach kein Platz da ist: sie müssen sich vielfach berühren; und an all diesen Berührungsstellen entstehen ebensoviele Gefahrenpunkte, die zu einer feindlichen Auseinandersetzung Anlaß geben können. Es wäre ein wirklicher »Eiserner Vorhang« nötig, um das mit Sicherheit zu verhindern; und diesen wirklichen Eisernen Vorhang gibt es nicht. – Wohl aber gibt es an den Demarkationslinien zwischen Ost und West besonders empfindliche Gefahrenpunkte, nämlich da, wo die Trennungslinie zwischen Ost und West natürliche Zusammenhänge durchschneidet, den Zusammenhang eines Volkes künstlich aufhebt oder ein einheitliches Wirtschaftsgebiet zerreißt. – Wir haben dafür in Korea ein warnendes Zeichen vor Augen. – Immerhin: man könnte diese Gefahren am Ende noch durch etwas wie eine Chinesische Mauer bekämpfen und bannen. Da es aber nicht nur um geographische, politische und wirtschaftliche Gegensätze geht, die man durch Trennung vielleicht entschärfen könnte, sondern auch – und keineswegs zuletzt – um ideologische, die durch keine Mauer unwirksam gemacht werden können, deshalb wird ein schiedlich-friedliches Nebeneinander völlig unmöglich, wenn nicht ein echtes Ko-Existieren, ein Miteinanderleben möglich gemacht wird. – In einer kriegerischen Auseinandersetzung zwischen Ost und West aber – und auch dafür gibt

Korea ein Schulbeispiel ab – wird es nicht nur Krieg, sondern zugleich Bürgerkrieg geben, d.h. der dritte Weltkrieg würde z.B. in Europa wegen dieses ideologischen Einschlags nicht nur ein Krieg zwischen Völkern, sondern ein Krieg innerhalb der Völker selbst werden. – Das muß gesehen werden, wenn man »Ost und West« sagt oder gar die Alternative »Ost oder West« stellt. – Es besteht heutzutage eine weitgehende Übereinstimmung darüber, daß ein Krieg schon als solcher kein Mittel mehr ist, politische Zwecke zu erreichen; wir kennen aus den Erfahrungen dieses Jahrhunderts jedenfalls keinen Krieg, der das fertiggebracht hätte, sondern jeder Krieg hat mehr ungelöste Probleme und Aufgaben hinterlassen, als bei seinem Ausbruch vorlagen oder zu seinem Ausbruch geführt haben. Für den Krieg zwischen Ost und West würde das in unglaublich verstärktem Maße gelten, weil er als ideologischer Krieg zugleich ein allgemeiner Bürgerkrieg werden müßte, so daß ein dritter Weltkrieg heute aller Voraussicht nach den ewigen Krieg bis zur Selbstvernichtung der Menschheit bedeuten würde, selbst wenn es dabei ohne Atomwaffen und bakteriologische Kriegsführung abginge. – Diesen Krieg zu verhüten, ist darum eine unabweisbare Pflicht und Aufgabe aller Menschen (Einstein). Von daher verdienen denn auch die besonderen Gefahrenpunkte besonders sorgfältig beachtet und behandelt zu werden. Und mit einem solchen besonderen Gefahrenpunkt haben wirs zu tun, wenn wir von »Deutschland zwischen Ost und West« sprechen.

Deutschland liegt nun einmal zwischen Ost und West – zunächst geographisch: es grenzt im Norden, Westen, Süden und Südosten an Länder, die eindeutig der »westlichen« Welt angehören; es hat aber auch den Osten zum unmittelbaren Nachbarn in Rußland und mehr oder weniger auch in Polen und der Tschechoslowakei. – Das allein würde schon genügen, um dies Land als möglichen Gefahrenpunkt zu charakterisieren. Dazu kommt aber die Tatsache, daß Deutschland selbst geteilt ist und zwar durch die gleiche Trennungslinie, die Ost und West scheidet. Diese Linie teilt ein Volk, das eine Einheit darstellt, in zwei ungleiche Teile mit 45 bzw. 21 Millionen Menschen; sie zerschneidet ein Wirtschaftsgebiet, dessen Teile aufeinander angewiesen sind; sie zertrennt einen politischen Raum, der seit Jahrhunderten, ja, seit einem Jahrtausend, als solcher bestanden und gelebt hat; und sie amputiert schließlich eine geistig-geistliche Größe zur Wirkungslosigkeit, die zu den wesentlichen formenden Kräften Europas gehörte. – Was westlich dieser Trennungslinie bleibt, gehört heute zum »Westen«, was östlich liegt, zum »Osten«, und zwar nicht auf Grund einer Wahl oder Entscheidung der Bevölkerung, sondern ohne daß diese je gefragt worden wäre. – Sie verstehen hoffentlich recht, ich will damit niemand anklagen, sondern lediglich einen Tatbestand deutlich machen. Wenn wir klagen wollten, dann hätten wir Deutschen uns zunächst selber anzuklagen. Aber der Gefahrenpunkt ist einfach da, und er gefährdet nicht nur uns, sondern den Frieden der Welt, und damit die Zukunft der Menschheit. Denn daß dies Volk zueinander will, daß die Wirtschaft dieses Gebiets funktionieren möchte, daß hier ein deutscher Staat, nicht als Macht, sondern als ordnende Größe ins Dasein drängt und geistig-geistliches Leben leben möchte, das läßt sich weder vermeiden noch unterdrücken. – Hier herrscht also kein status quo, der ein dauerhaftes Gleichgewicht verspricht, sondern ein Zustand, der vielmehr einen Herd der Unruhe zu schaffen droht, weil eine solche Teilung und Zertrennung dessen, was sich als zusammengehörig empfindet, erfahrungsgemäß keine endgültige und bleibende Lösung darstellt. – So wäre dies zerteilte Deutschland in sich schon eine sehr ernst zu nehmende Gefahrenquelle. – Es kommt aber ein weiteres hinzu: in diesem zweigeteilten Deutschland stehen sich nun Ost und West als politische und militärische Größen unmittelbar gegenüber und ziehen den unter ihrer Kontrolle stehenden Teil Deutschlands wie des Volkes und der Wirtschaft in diesen Gegensatz hinein. Innerhalb Deutschlands gibt es einen westlichen und westlich orientierten Staat und ebenso einen östlichen und östlich orientierten Staat. Es gibt 45 Millionen Menschen, die westlich und nur westlich beeinflußt werden, während den übrigen das Entsprechende vom Osten widerfährt. Die Bevölkerung des westlichen Teils wird zur Rüstung des Westens herangezogen mit der Produktion von Gütern wie mit der Gestellung von Menschen zum Waffendienst – darum ging es jetzt bei den vom Bundesparlament in Bonn beschlossenen bzw. angenommenen Verträgen; das gleiche wird – soweit es nicht schon geschieht – in Kürze der Bevölkerung des östlichen Teils, in der DDR auferlegt werden. Dabei wirbt die westliche Regierung der Bundesrepublik mit allen Mitteln der Propaganda für den Westen und gegen den Osten, die östliche Regierung entsprechend für den Osten und gegen den Westen. Tatsächlich gibt es heute kein Deutschland, keinen deutschen Staat und kein deutsches Volk, sondern zwei Länder, zwei Bevölkerungen, zwei Staaten, die aber nicht deutsch sein dürfen oder können, sondern West bzw. Ost sind und immer mehr zu West bzw. Ost werden und gemacht werden. Die deutschen Menschen in diesem gesamten Gebiet, das wir noch immer Deutschland nennen, gehören – auch ihrer eigenen Empfindung nach – zum »Westen«, dessen geschichtliches Werden auch das geschichtliche Werden Deutschlands gewesen ist. Alles Kulturgut, das wirklich lebendig geworden ist im deutschen Volk, ist abendländischen Ursprungs und Charakters. Vom Osten sind wenig Einflüsse wirksam geworden; wohl aber hat der Westen über und durch Deutschland Jahrhunderte hindurch auf den Osten eingewirkt und das nicht nur durch Kolonisation. Wenn das deutsche Volk als Einheit bestünde und gezwungen würde, zwischen Ost und West als einziger Alternative zu optieren, dann wäre die Entscheidung in beiden Teilen und Bevölkerungen absolut klar: unser Platz kann nur beim Westen sein. – Freilich, diese Option wäre praktisch so eine Unmöglichkeit; denn auch ein geeintes und freigegebenes deutsches Volk bleibt an den deutschen Boden gebunden, d.h. es bleibt unmittelbarer Nachbar des Ostens und damit auf ein erträgliches Verhältnis zu diesen Nachbarn angewiesen, um überhaupt leben zu können. Eine wirkliche Option politischer Art für den Westen wird für ein wieder in freier, eigener Entscheidung handelndes deutsches Volk nur dann möglich sein, wenn Ost und West sich nicht als feindliche Größen gegenüberstehen. Ohne einen erträglichen modus vivendi mit dem östlichen Nachbarn kann dies Volk nicht leben, wie es gleichfalls mit der großen Zahl seiner westlichen Nachbarn Frieden braucht, wenn es nicht seine geistig-kulturellen Lebenswurzeln abschneiden will. – Die Realitäten nötigen Deutschland also in eine Mittelstellung, in die Aufgabe, Brücke zu sein, ohne daß es aufhören oder verleugnen dürfte, daß es eine Brücke des Westens nach dem Osten sein muß. Wenn Deutschland das nicht werden kann oder will, dann wird es der Gefahrenpunkt bleiben, selber völlig zugrundegehen oder auch – was dasselbe bedeuten würde – in einem kriegerischen Konflikt das eigentliche Schlachtfeld zwischen Ost und West abgeben; wobei die große Wahrscheinlichkeit, daß dann wohl ganz Europa dies Schicksal wird teilen müssen, keinen Trost gibt.

In der gegenwärtigen politischen Situation wird das ganze Feld von der Angst beherrscht: der Westen hat Angst vor dem Osten, und der Osten hat Angst vor dem Westen. Das ist ein äußerst gefährlicher Tatbestand, und er wird mit steigender Rüstung immer gefährlicher. Wenn sich zwei Menschen im nächtlichen Wald begegnen, die beide Angst haben und in dem anderen ihren Todfeind vermuten, dann braucht das an sich noch keine unmittelbare Gefahr zu bedeuten. Hat aber einer von ihnen oder haben beide einen geladenen Revolver in der Tasche, dann passiert sehr leicht ein Unglück; und es wird sehr schwer festzustellen sein, wer nachher wirklich der »Aggressor« gewesen ist. Und dann wird auch derjenige, der zuerst geschossen hat (also einen Präventivkrieg führte), mit einigem Grund behaupten, er hätte in Notwehr gehandelt (also einen Verteidigungskrieg geführt). Hier werden alle Versuche, Schuld und Unschuld zu konstatieren, scheitern. Und an dieser Aufgabe (die unlösbar ist, wo es um Angst voreinander geht, wie in der heutigen Spannung zwischen Ost und West), werden alle mit solcher Aufgabe betreuten Organe, etwa die Vereinten Nationen, auch nur scheitern können. – Es müßte vielmehr darum gehen, den Leuten die Revolver wegzunehmen, wovon sie sich irrtümlich eine erhöhte Sicherheit versprechen, und ihnen klarzumachen, daß sie selbst mit zwei oder drei Revolvern gar nichts bessern, wenn sie nicht dem Übel an die Wurzel gehen und versuchen, die Angst, die sie voreinander haben, auf ihre Berechtigung hin zu prüfen, sie zu analysieren und die Restbestände in gemeinsamer Anstrengung auszuräumen. Denn das dürfen wir wohl heute annehmen, daß weder der Osten noch der Westen den Krieg will, daß sie aber beide Angst davor haben, der andere könnte zuerst schießen.

Das geteilte Deutschland ist heute in dieser Situation zwischen Ost und West nicht nur ein besonderer Gefahrenpunkt. Das ist es zweifellos, weil sich hier westliche und östliche bewaffnete Kräfte unmittelbar gegenüberstehen und dazu westliche Soldaten deutscher Herkunft östlichen Soldaten deutscher Herkunft, die durch entsprechende Propaganda und ideologische Beeinflussung dahin gebracht werden sollen – und müssen, daß sie im Ernstfall bereit sind, aufeinander zu schießen. Dieses imaginäre Deutschland ist in seinen beiden Teilen zugleich ein Faktor in den Sicherheitsplänen beider Partner, des Westens wie des Ostens. Beide möchten das Zwischengelände mit seinen Hilfsmitteln für die Besserung ihrer

Position, für ihre eigene Verstärkung nutzen und geraten dadurch in noch stärkere Konkurrenz und in noch größeren Gegensatz. Ich muß nun versuchen, das genauer darzulegen und zu konkretisieren. Der Westen – repräsentiert durch die USA, die hier maßgebend sind – kann nicht auf Westdeutschland verzichten und es etwa dem russischen Zugriff überlassen. – Rußland würde dadurch einen solchen Zuwachs in seinem kriegswirtschaftlichen Potential bekommen, daß seine Stahlerzeugung der Erzeugung in der westlichen Welt gleichkäme, der Osten würde auch Menschenmaterial zusätzlich erhalten, das sowohl für die Produktion wie für die Kriegsführung einen erheblichen Vorteil auf Seiten des Ostens bedeuten müßte. In europäischen Verhältnissen aber sind die 45 Millionen Westdeutschlands schon ein Gewicht, dessen Verschiebung von der einen auf die andere Seite erhebliche Folgen haben könnte. – Es käme aber etwas anderes hinzu, das m.E. einfach ausschlaggebend ist und den Westen zwingt, seine Position in Deutschland festzuhalten und möglichst auszubauen. Wenn sich der russische Einfluß bis an die Grenzen der Benelux-Staaten und Frankreichs ausdehnt, dann wird das Gefüge der Vereinten Nationen erschüttert; jedenfalls würden diese Länder nicht mehr so einfach in den Vereinten Nationen die Stellung der USA vertreten können, weil sie dann selbst auf den östlichen Nachbarn Rücksicht nehmen müßten, der dann eben ihr Nachbar wäre. Und das hätte ganz erhebliche Konsequenzen für die Politik der USA, die sich ihrer Rückendeckung durch die UNO beraubt sähen. – Das geht nicht, so hat denn Amerika ein großes Interesse, das Glacis Westdeutschland zu halten und stärkstens an sich und damit an den Westen zu binden. Das geschieht heute durch die bekannten Verträge, die nun freilich noch mehr bedeuten und das Potential der westdeutschen Bevölkerung für die Europaarmee erschließen und dem Westen damit ein nicht unbeträchtliches Mehr an Truppen verschaffen sollen.

Es ist bekannt, daß der Osten bzw. die Sowjetunion stärkstens auf diese Pläne reagiert und sich viel Mühe gegeben hat, ihr Zustandekommen zu verhindern. Daran ist weniger die Absicht beteiligt, dies Reservoir für den Osten zu gewinnen und zu nutzen. Nach meinem Dafürhalten haben die Russen längst erkannt, daß sie Deutschland nicht russisch machen können, weil ihnen das nicht einmal im deutschen Oststaat gelungen ist. Sie fürchten aber die Verschärfung der europäischen Lage an einer Front, an der sie zweifellos keine aggressiven Absichten haben und auch nach Lage der Dinge nicht haben können; denn der Osten hat den europäischen Ländern einschließlich Deutschlands nichts zu bieten, solange hier der Lebensstandard wesentlich über dem russischen liegt. Und sie fürchten – eigentümlicherweise – immer noch den deutschen Soldaten! – Der deutsche Soldat mit amerikanischer Technik: das ist ein Alpdruck für die russische Politik! Und deshalb hält nun Rußland den östlichen Teil Deutschlands, der in seiner Hand ist, erst recht fest, damit die dort befindlichen 21 Millionen nicht auch noch zum militärischen Kräftereservoir des Westens werden. – Sie haben mancherlei von der Wiederbewaffnung im russischen Ostdeutschland gelesen und gehört: tatsächlich ist derartiges im Gange – seit Jahren; aber ich glaube nicht, daß sich der Osten viel von den dort aufgestellten Truppen verspricht: sie werden im Ernstfall keine zuverlässige Hilfe sein. Deshalb möchte wohl auch Rußland das Problem gründlicher anfassen und sich die Angst durch eine Neutralisierung Gesamtdeutschlands vom Halse schaffen. Dies ist wohl der eigentliche Hintergrund für die so oft wiederholten russischen Angebote zu Verhandlungen mit dem Westen über eine Wiedervereinigung und Neutralisierung Deutschlands, die gegenwärtig wieder zwischen Ost und West zur Erwägung stehen. – Wenn sich diese Hoffnungen nicht realisieren, dann steht zu erwarten, daß der ostdeutsche Staat im vollen Sinn zu einem Bestandteil des östlichen

Systems gemacht werden wird, nach dem Beispiel etwa Polens, Ungarns oder der Tschechoslowakei.

Natürlich hofft man im ganzen deutschen Volk auf eine solche, friedliche Lösung der Deutschlandfrage, weil man keine andere Möglichkeit sieht, aus dem gegenwärtigen Notstand herauszukommen. Das gilt insbesondere für Ostdeutschland, das den zunehmenden Druck schmerzlich zu spüren bekommt, wie es ja die eigentliche Not seit 1945 eigentlich allein zu tragen gehabt hat und noch trägt. – Dieser Druck bezieht sich einmal auf das Wirtschaftsleben; man hat keinen Anteil an irgendwelcher Kapitalhilfe von außen gehabt, sondern im Gegenteil sehr drückende Reparationslasten tragen müssen. Man leidet unter dem Mangel an Rohstoffen, vor allem an Eisen und Kohle. – Die Sozialisierung hat viele Existenzen vernichtet, zuerst die Großgrundbesitzer, dann die Unternehmer, ferner die selbständigen Geschäftsleute; jetzt ist die Reihe an den Handwerkern und Gewerbetreibenden und neuerdings an den »Großbauern« mit Betrieben von 20 ha und mehr. – Das ist aber noch nicht das eigentlich Schlimme, sondern viel stärker wird die Zwangsumstellung auf die östliche Ideologie empfunden, die Erziehung der Jugend in Schule und Jugendverbänden zum dialektischen Materialismus, die viele Eltern veranlaßt hat, ihre Kinder, wenn es ging, zur Erziehung nach dem Westen zu schicken, und die jetzt dahin geführt hat, daß ganze Familien flüchteten, um dem Gewissensdruck zu entgehen. So sind – wenn die Zahlen stimmen – seit Anfang 1948 über 2 Millionen Menschen aus Ostdeutschland nach dem Westen gegangen, und diese Bewegung dauert an. Sie wurde eine Zeitlang vom Westen her propagiert; neuerdings aber hat auch der Westen einschließlich Westdeutschlands Sorge bekommen, ob der überfüllte westdeutsche Raum noch weitere Hunderttausende aufnehmen kann. Es ist dabei zu berücksichtigen, daß Westdeutschland schon seit 1946 an die 9 Millionen deutsche Flüchtlinge aus den Ostprovinzen hat aufnehmen müssen, deren Eingliederung in das Wirtschaftsleben noch lange nicht abgeschlossen ist. – Eine Wiedervereinigung würde diese Sorge beheben, und deshalb wird in weiten Kreisen der Bevölkerung im Westen wie im Osten Deutschlands die Wiedervereinigung als das eigentliche Problem und als die vordringliche politische Aufgabe betrachtet.

Dies Verlangen ist so stark, daß auch die Politik des Westens darauf Rücksicht nehmen muß. So wird denn sowohl von der westdeutschen Regierung in Bonn wie auch von den USA betont, daß die Eingliederung Westdeutschlands in das westliche Wirtschafts- und Sicherheitssystem, wie es die Verträge vorsehen, der friedlichen Wiedervereinigung des deutschen Volkes und Landes in einem einheitlichen deutschen Staatswesen im Rahmen des Westens dienen solle und werde. Diese Behauptungen sind indessen wenig glaubhaft und finden auch wenig Glauben, zumal es eine Fülle von Äußerungen politischer Persönlichkeiten – vor allem in den USA, aber auch in Frankreich und England – gibt, die die Eingliederung Westdeutschlands in das westliche System ausdrücklich dahin kommentieren, daß damit auf absehbare Zeit die Frage der Wiedervereinigung vom Programm abgesetzt sei. Der Amerikaner Walter Lippmann dürfte Recht haben, wenn er behauptet, daß die ganze Westpolitik mit den Deutschlandverträgen sich aufbaue auf dem Verzicht auf die Wiedervereinigung. – Für den westlichen Teil Deutschlands würde das zu tragen sein; aber für den östlichen Teil bedeutet es die entsprechende Eingliederung in den Ostblock mit allen Folgen. Und in Ostdeutschland hat man vor diesen Folgen Angst, weil man fürchtet, daß Rußland die ungesicherte Lage in Ostdeutschland nicht mehr lange ertragen wird. Man hat mich z.B. im Osten noch vor wenigen Wochen gefragt, ob ich es für denkbar halte, daß Rußland die ganze Bevölkerung Ostdeutschlands u.U. aus Sicherheitsgründen aussiedeln würde?

Was soll man antworten: Angst ist in ihren Auswirkungen unberechenbar. Jedenfalls wird es nach Durchführung der Verträge kein Deutschland zwischen Ost und West mehr geben, und es ist mehr als zweifelhaft, ob damit der Sicherheit und dem Frieden gedient wäre. Hier erhebt sich die Frage, ob denn das deutsche Volk in Ost und West nicht selber etwas tun kann, um eine andere, bessere Entwicklung einzuleiten? Zweifellos ist das Interesse daran vorhanden; aber man muß klar sehen, daß weder der westdeutsche noch der ostdeutsche Staat heute ein deutscher Staat ist, daß beide Regierungen nicht an das deutsche Volk gebunden sind und daß deshalb eine praktische Initiative politischer Art nicht von ihnen ausgehen kann. Wir können auch nicht ohne ausdrückliche Duldung seitens der Regierungen und d.h. seitens der USA und der UdSSR darangehen, Menschen zu sammeln und ihren Willen geltend zu machen. Wenn wir von Westdeutschland mit Deutschen in Ostdeutschland sprechen und Pläne machen und umgekehrt, so sind wir bereits des Hochverrats verdächtig, ganz zu schweigen davon, daß uns alle Wege zur Öffentlichkeit verschlossen bleiben. – So gibt es heute gesammelte Kreise, die für die Wiedervereinigung eintreten und werben mit dem Ziel einer Neutralisierung des wiedervereinigten Deutschland, wie die GVP des Dr. Heinemann und ähnliche Gruppen, die zum Teil beachtliche Zahlen vorweisen können. Eine Volksbefragung würde zweifellos in beiden Teilen Deutschlands eine überwältigende Mehrheit gegen jede Wiederbewaffnung und für die friedliche Wiedervereinigung und für die Neutralisierung Deutschlands zwischen Ost und West erbringen; aber das wird verboten bzw. nicht erlaubt, weil zwischen Amerika und Rußland ein Einvernehmen fehlt: so geht die amerikanische Politik in Westdeutschland, die russische in Ostdeutschland weiter, und in der Praxis wird die Zerreißung fortgesetzt und die Kluft vertieft. Schon heute müßten nach einer Wiedervereinigung Probleme bewältigt werden, die lange Zeit, viel Geduld und noch mehr Weisheit erfordern würden. Wir haben dann nicht nur verschiedene, sondern entgegengesetzte politische und wirtschaftliche Systeme miteinander in Einklang zu bringen. Kein Mensch kann sagen, wie das Ergebnis aussehen würde. Ein wiedervereinigtes Deutschland würde ohne Zweifel viel sozialistischer aussehen als die westliche Bundesrepublik von heute und sicherlich viel weniger kommunistisch als die jetzige Deutsche Demokratische Republik. Deutschland würde einen westlichen Grundcharakter haben, aber keinen ausschließenden Gegensatz zur östlichen Welt darstellen; es müßte wieder ein eigenes deutsches Wesen entwickeln, aber nicht das des Deutschlands von gestern.

Doch ehe daran zu denken ist, müßten die beiden Mächte West und Ost miteinander verhandeln und sich über die künftige Stellung Deutschlands in der internationalen Politik einigen, vor allem darüber, daß Deutschland sich an keinem Bündnis mit militärischem Charakter beteiligen dürfte, und sie müßten sich diese Neutralität Deutschlands vertraglich garantieren. – Erst damit würde der Weg frei werden für gesamtdeutsche freie Wahlen, die zur Regierungsbildung führen müßten und damit zu einem ersten Schritt der Wiedervereinigung. Danach käme ein Abzug der Besatzungsmächte und -truppen in Frage, der erst mit zunehmender Konsolidierung der inneren Zustände vorgenommen werden könnte, und vermutlich in Etappen. – So *könnten* sich die Dinge entwickeln. Ob sie es tun werden?

Die Lage sieht zur Zeit wieder einmal etwas hoffnungsvoller aus: mit dem Tode Stalins hat sich zwar nichts eigentlich geändert, aber die Weltpolitik ist wieder aus der Stagnation herausgetreten. Man darf ernsthaft fragen, ob das politische Problem mit Ost-West noch richtig bezeichnet wird. – Es treten neue Faktoren auf, die große Bedeutung bekommen können. China gewinnt einen eigenen Platz, vielleicht auch Indien. Die Dinge kommen wieder in Bewegung, und man wird die drängenden Fragen mit mehr Aktivität anfassen müssen als bisher; man wird auch die Beteiligten und ihre Nachbarn mit heranziehen müssen, weil man das Zwei-Mächte-Spiel nicht mehr auf die Länge weitertreiben kann. Vielleicht und hoffentlich gewinnen die Vereinten Nationen eine neue Bedeutung. – Aber ich will nicht ins Phantasieren geraten. Was ich meine, ist dies: es ist gut, wenn wir nicht dem Wahn verfallen, daß das Schicksal der Menschheit und der Völker einfach zwischen Amerika und Rußland entschieden wird; Deutschland zwischen Ost und West wird sich nicht an seinem Schicksal desinteressiert erklären dürfen, sondern bereit sein müssen, seine Aufgabe – so klein sie sein mag – in dem Augenblick wahrzunehmen, wo ihm die Möglichkeit geboten wird. Wir alle werden unseren Beitrag leisten müssen, um ein friedliches Zusammenleben in unserm Winkel zu erleichtern und zu fördern. Denn wir sind ja dazu da, drohende Katastrophen abzuwenden und Politik zu treiben, die um ihre echte Aufgabe weiß und sie zu erfüllen trachtet, nämlich dem Miteinanderleben der Menschen in dieser Welt so zu dienen, daß das Menschenleben sich menschlich in der Gemeinschaft entfalten und erfüllen kann.

Staatsmacht und Gewissensbindung

Mit der beginnenden Wehrgesetzgebung in der Deutschen Bundesrepublik ist auch die Frage nach der Bestimmung des Grundgesetzes Art. 4, Abs. 3 gestellt: »Niemand darf gegen sein Gewissen zum Kriegsdienst mit der Waffe gezwungen werden«. In diesem Satz ist eine konkrete Aussage über das Verhältnis von Staatsmacht und Gewissensbindung gemacht, indem der Staat seinerseits ausdrücklich erklärt, in einer ganz bestimmten Entscheidung – nämlich ob einer seiner Bürger eine Waffe zum Kriegsdienst in die Hand nehmen muß oder nicht – den Vorrang der Gewissensbindung über die Staatsmacht und ihre Zwangs- und Erzwingungsmöglichkeiten anerkennen zu wollen. – Mit dieser Feststellung ist zugleich der Ausnahmecharakter dieser Regelung deutlich gemacht: gegenüber anderen Forderungen der Staatsmacht bleibt die Berufung auf eine Gewissensbindung unwirksam.

So entspricht es dem Wesen und der Aufgabe des Staates als Obrigkeit nach dem Neuen Testament wie nach christlichem Verständnis. – Die 5. These der Theologischen Erklärung von Barmen 1934 sagte darüber, daß »der Staat nach göttlicher Anordnung die Aufgabe hat, in der noch nicht erlösten Welt, in der auch die Kirche steht, nach dem Maß menschlicher Einsicht und menschlichen Vermögens unter Androhung und Ausübung von Gewalt für Recht und Frieden zu sorgen«.

Wollte der Staat mehr tun und der Gewissensbindung einfach und allgemein den Vorrang gegenüber der Staatsmacht einräumen, so würde das zur praktischen Anarchie und zur Auflösung alles geordneten menschlichen Zusammenlebens führen. – Das zeigt sich heute bereits bei den Bemühungen, das Gesetz zu schaffen oder auch erst einen Entwurf fertigzustellen, um den Artikel 4, Abs. 3 des GG praktisch handhaben zu können. Hier stellt sich nämlich heraus, daß die Formulierung »gegen sein Gewissen« in der Praxis nicht festgehalten werden kann, wenn der Staat die Wehrpflicht seiner Bürger gesetzlich einführt. Er sieht sich dann genötigt, doch wieder zwischen solchen Gewissensentscheidungen, die er gelten läßt, und solchen, die er nicht gelten läßt, zu unterscheiden und zu scheiden. – So wie die Dinge im Augenblick stehen, hat es den Anschein, daß unser Staat nur solche Gewissensbindungen anzuerkennen gewillt ist, die aus einer religiösen oder weltanschaulichen Überzeugung folgen, während er alle sogenannten politischen Überzeugungen als gewissensbindend nicht anerkennen wird. Das würde bedeuten: Ein Quäker oder Mennonit, der aus religiösen Grundsätzen den Waffengebrauch ablehnt, darf nicht »gegen sein Gewissen« zum Kriegsdienst mit der Waffe gezwungen werden, ebensowenig ein Mitglied der Deutschen Friedensgesellschaft oder des Bundes der Kriegsdienstgegner, also weltanschaulich überzeugte Pazifisten. – Vielleicht wird auch ein Kriegsdienstverweigerer Anerkennung finden, der den Standpunkt vertritt, daß der »moderne Krieg« wegen seiner Methoden grundsätzlich als Verbrechen oder als Wahnsinn abzulehnen sei. –

Sehr schwierig wird die Frage indessen, wenn der Kriegsdienstpflichtige erklärt: Ich kann um meines Gewissens willen keine Waffe tragen oder bedienen, die sich gegen Deutsche richten wird oder richtet. (Die EKiD hat einmal feierlich erklärt, es müsse undenkbar bleiben, daß Deutsche jemals auf Deutsche schießen!) – Ebenso wird es kritisch, wenn ein Pflichtiger erklären würde: dieser Krieg ist ungerecht, ich kann mich daran nicht beteiligen! – In diesen Fällen scheint der Staat nicht auf seinen Zwang verzichten zu wollen, und es ist klar, daß er das auch gar nicht kann, wenn er wirklich von seinen Bürgern die Erfüllung einer allgemeinen Kriegsdienstpflicht fordern will. (Andererseits ist es anerkannte Kirchenlehre – wohl in allen kirchlichen Gruppen –, daß ein Christ an einem »ungerechten Krieg« nicht teilnehmen darf.) Hier wird das Problem »Staatsmacht und Gewissensbindung« aktuell und gefährlich! –

Ich glaube, wir können den Vätern des Bonner Grundgesetzes nur dankbar dafür sein, daß sie diese Möglichkeit eines ernsten Konfliktes wieder einmal deutlich gemacht haben.

Unsere Generation und unsere Väter haben weithin in dem Irrwahn gelebt, als könne zwischen der Staatsmacht und dem Gewissen ein solcher Konflikt legitimer Weise gar nicht entstehen, als habe sich das Gewissen der höheren Weisheit der »Obrigkeit« zu beugen, wo immer eine Unstimmigkeit droht, da es ja Sache der Staatsmacht sei, gültig darüber zu bestimmen, was Recht und was Unrecht ist. Auf diese Weise hat die Staatsmacht das Gewissen weitgehend ausgeschaltet und privatisiert, d.h. seinen Aktionsradius auf diejenigen Gebiete beschränkt, die nicht durch staatliche Gesetze und Bestimmungen unter die Jurisdiktion und Aufsicht des Staats genommen sind. Und es ist nur die logische Konsequenz der zunehmenden Staatsomnipotenz bis hin zum totalitären Staat, der ja ebenso das Endprodukt einer zur Omnipotenz strebenden »demokratischen« wie einer »diktatorischen« Regierungsform werden kann, daß am Ende dieser Entwicklung die absolute Ausschaltung des Gewissens stehen muß. – Man kann diesen Tatbestand aber auch anders bezeichnen: das Gewissen wird dahin erzogen und geformt, daß es seine Orientierung letztlich von der Autorität der Staatsmacht empfängt und entgegennimmt. Ein General im letzten Weltkrieg, der etwa in Polen Judenerschießungen auf höheren Befehl durchführen ließ, führte u.U. »gewissenhaft« seinen empfangenen Befehl durch. Man kann aber auch sagen: Er handelte ohne Gewissen, gewissenlos! – Wir stehen hier vor dem Phänomen, daß das Gewissen kein Kompaß ist, der sich selber auf einen festen Pol einstellt, sondern ein Richtweiser, der durch ganz verschiedene Faktoren jeweils nach dem Gesetz des Parallelogramms der Kräfte seine Einstellung erfährt. Darum hört jedes Debattieren auf, wenn eine Streitfrage bis zu dem Punkt zurückgeführt ist, wo sie zur Gewissensfrage wird. Denn nun kann nur noch gefragt werden, woher das Gewissen seine Autorität, seine Bindung und seine Orientierung empfängt und nimmt. –

Diese Autorität kann also die Staatsmacht selber sein; und dann ist ein Konflikt eigentlich unmöglich. – Dazu ist zu bemerken, daß dort, wo dies eintritt, das Menschsein des Menschen aufhört: er wird zum Funktionär des Willens der Staatsmacht, woraus deutlich wird, daß wir einer solchen Entwicklung uns entgegenstellen müssen, wenn und solange wir auf das Menschsein des Menschen und der Menschen Wert legen wollen.

In der jüngsten Geschichte unseres Volkes haben wir Beispiele dafür erlebt, daß der Widerstand des Gewissens gegenüber dem Totalitätsanspruch der Staatsmacht bis zum Martyrium durchgehalten hat in zahllosen Fällen, wo das Gewissen sich an eine andere Autorität als an die des Staates gebunden wußte: irgendeine Überzeugung, die sich nicht mehr in Zweifel ziehen läßt, kann solch eine Kraft und Wirkung enthalten. Hier wird dann der Staatsmacht die letzte Autorität praktisch bestritten, so daß kein Zwangsmittel mehr wirkt. Ich denke an die Kommunisten, die im Dritten Reich durch keinerlei Zwangsmittel zum Gehorsam gegen den Staat und zur Verleugnung einer Überzeugung, die ihr Gewissen beherrschte, zu bringen waren; ich denke an die »Ernsten Bibelforscher«, die Märtyrer zu Hunderten gestellt haben, ehe sie sich gegen ihr Gewissen zur Leistung von Kriegsdienst durch den Zwang der Staatsmacht bewegen ließen. – Wir werden das zur Kenntnis nehmen müssen, auch wo wir die Bindung des Gewissens an die kommunistische Idee für einen bedauerlichen oder verderblichen Irrtum halten und wo wir über die »Zeugen Jehovas« und ihre Lehren ein ganz und gar negatives Urteil haben. – Diese Art von gewissensbestimmtem Widerstand gegen die Forderungen und Zwangsmittel der Staatsmacht liefert, wo er geleistet wird, den Beweis dafür, daß Staatsmacht und Gewissensbindung nicht zusammenfallen, daß der Mensch auch im Blick auf die Staatsmacht noch ein verantwortliches Wesen – noch Mensch ist! – Ja, daß sein Menschsein noch so stark ist, daß er es nicht fertig bringt, sich als Mensch preiszugeben. Wir sollten und dürfen für solche Beispiele dankbar sein und ihnen unsere Achtung nicht versagen; diese »Staatsverbrecher aus Gewissensgründen« haben einen tatsächlichen Beitrag zur Rettung des Menschen geleistet, während die Mitläufer, die in ihnen bloß Toren und Narren sahen, sich fragen lassen müssen, ob sie überhaupt wissen, daß sie geschaffen und berufen sind, als Menschen auf dieser Erde zu leben.

Das Problem Staatsmacht und Gewissensbindung kann nicht nur von einem omnipotenten Staat bestritten werden, es kann auch hinfällig werden durch einen hemmungslosen Opportunismus seitens der Staatsbürger. Gewöhnlich ziehen wir die Grenze zwischen Idealismus und Materialismus; diese Grenzziehung trifft aber nicht zu: wir haben »Materialisten« für ihre Menschenwürde sterben sehen! Die Grenze verläuft zwischen Opportunismus und Gewissensbindung. Auch das Gewissen, das eine »falsche« Orientierung, eine von uns nicht anerkannte Bindung hat, bleibt ein Bollwerk gegen die Entmenschlichung des Menschen, ein Anzeichen dafür und eine Erinnerung daran, daß wir Menschen nicht dazu geschaffen und berufen sind, gelebt zu werden, sondern zu leben, mit Gewissen d.h. verantwortlich zu leben! –

Von daher ist es wiederum zu begrüßen, daß in unserem Grundgesetz das Wort »Gewissen« auftaucht, in einer Zeit, wo die Gesellschaft der Vermassung anheimzufallen droht und damit die Möglichkeit zur Staatsomnipotenz ins Ungemessene wächst. – Das ist nämlich auch eine Erinnerung daran und ein Hinweis darauf, daß der omnipotente Staat, wenn er sein Ziel erreicht hat, zugleich sein Ende erreicht. Vom Gipfel der staatlichen Macht führt ein jäher Sturz in das Nichts; wenn der Mensch kein Mensch mehr ist, sondern nur noch ein Molekül in einer amorphen Masse, dann ist auch der Staat kein Staat mehr, kein wirklicher Staat mehr, sondern bestenfalls ein Bienen- oder Ameisenstaat.

Wo das erkannt wird – und ich möchte hoffen, daß das heute – vielleicht unbewußt – erkannt wird, da hat die Staatsgewalt ein echtes Interesse daran, daß dem Opportunismus, dem Schwund an Gewissensbindung Einhalt getan wird und daß nicht nur eine Schonung der Gewissen, sondern geradezu ein Wecken der Gewissen im eigentlichen Staatsinteresse liegt. Ich möchte sogar sagen, daß die Staatsgewalt darauf aus sein müßte, daß wieder Gewissensbindungen entstehen, daß der Staat heute die Partei des Menschen und der Menschen nehmen müßte, wenn er sich selbst und seinen Auftrag wiederfinden soll, wenn er für Recht und Frieden sorgen will. Ein Staat, der die Gewissen nivelliert und gleichschaltet und damit ausschaltet, indem er seine Staatsbürger mit Propaganda gegen das Gewissen immunisiert, bereitet der Willkür und dem hemmungslosen Kampf aller gegen alle den Weg und arbeitet an seinem eigenen Untergang. Und das ist schlimmer als jeder Konflikt zwischen Staatsgewalt und Gewissensbindung, der niemals nur negativ zu beurteilen ist, weil er neue Wege jedenfalls eröffnen kann.

Wir kennen ja die Gefahren aller Gleichschaltungsbestrebungen und haben ihre Folgen am eigenen Leib erfahren. Nur ein beispielhafter Hinweis: je und dann gerät jede demokratisch gemeinte Staatsgewalt in die Versuchung, ihre Schwierigkeiten durch eine »große Koalition« zu überwinden, also durch die Hereinnahme der Opposition in die Regierung. Das Gefährliche daran ist, daß durch Ausschaltung der Opposition die Opposition als Möglichkeit der Korrektur beseitigt wird, daß auf die große Koalition dann nur noch die Diktatur folgen kann. So ähnlich – nur noch viel schlimmer – sind die Folgen, wenn in einer menschlichen Gesellschaft zugunsten der Geschlossenheit der Staatsgewalt die Gewissensbindung verkümmert und vernichtet wird. Und es ist viel besser, entstehende Konflikte in Kauf zu nehmen und soweit irgend möglich zu tragen, als sie um diesen Preis der Gleichschaltung im Interesse der Staatsraison zu vermeiden und auszuschalten.

Ich muß nun auf die Frage der Gewissensbindung selber zu sprechen kommen; ich habe bereits gesagt, daß die Bindung des Gewissens an sehr verschiedene Autoritäten erfolgen kann: an eine Idee oder Ideologie, an ein Prinzip oder ein ganzes System von Grundsätzen. Und ich habe das am Beispiel der Kriegsdienstverweigerung aus Gewissensgründen erläutert. Außerdem ist wohl deutlich geworden, daß jede Gewissensbindung ein Positivum bedeutet gegenüber der Gewissenlosigkeit, die keinerlei Bindung als verpflichtend anerkennt. Die Frage heißt in jedem Fall: wo habe ich mich darüber zu orientieren, was Recht und was Unrecht ist? – Wo ist die Autorität, die mir sagt, was ich tun und was ich lassen muß und darf?

Die Autoritäten sind heute weitgehend verbraucht; und das ist einer der wesentlichen Gründe dafür, daß wir uns heute wieder »christlich« zu orientieren versuchen, daß wir nach der »christlichen« Gewissensbindung fragen. Diese Frage wird verschieden beantwortet: die Quäker und die Mennoniten, auf die ich eingangs hingewiesen habe, sehen die Bindung in gewissen Grundsätzen, wie z.B. im Grundsatz der Gewaltlosigkeit; in der römisch-katholischen Kirche gibt es ein – wenigstens der Idee nach – geschlossenes System von

Morallehre, ein umfassendes Sittengesetz, an das die Gewissen zur rechten Orientierung und Bindung gewiesen werden. – In der christlichen Botschaft nach reformatorischem Verständnis gibt es keinen Grundsatz, der als solcher zum gewissensbindenden Gesetz gemacht werden könnte, und kein Sittengesetz, aus dem eindeutige Weisungen erhoben werden könnten, so daß sie das Gewissen schlechthin binden. – Das Gewissen des Glaubenden ist an Christus gewiesen, an dem Gott durch den Heiligen Geist deutlich macht, was Recht und was Unrecht ist, und vor dem wir unser Tun und Lassen zu verantworten haben. – Auch hier gibt es einen Grundsatz, daß nämlich »die Liebe des Gesetzes Erfüllung ist« [Röm 13,10]. Aber was hier »Liebe« heißt, ist nun eben kein Gesetz, kein Begriff, den wir mit Inhalt zu füllen hätten, sondern diese »Liebe« ist Person, ist Christus selber. Recht ist für das Gewissen, was dieser Liebe entspricht; Unrecht ist, was dieser Liebe widerspricht. Hier ist eine große Freiheit für den persönlichen eigenen Gehorsam; er hat nichts nachzumachen, sondern sich jeweils neu zu entscheiden. Und hier ist eine enge Bindung für jede Entscheidung, denn sie hat nicht zu wählen, sondern zu gehorchen. – Diese Gewissensbindung ist absolut, d.h. sie darf und kann keine Kompromisse eingehen, und wo sie mit der Staatsmacht oder mit irgend einer anderen Autorität in Konflikt gerät, ist ihr die Freiheit der Wahl genommen und verwehrt: »Man muß Gott mehr gehorchen als den Menschen!« [Apg 5,29] Denn das Recht ist bei Gott, der uns in Christus persönlich und verpflichtend begegnet. Und was Gottes ist, soll und muß Gott gegeben werden. Die Freiheit des an Christus gebundenen Gewissens aber besteht darin, daß er diesen Gehorsam im Glauben, d.h. mit Gewißheit und Zuversicht – freiwillig – üben darf. –

Und diese Gewissensbindung ist universal: sie kann sich weder selbst Grenzen setzen, noch sich von anderen Autoritäten Grenzen setzen lassen. Die Liebe, die Christus heißt, gilt der ganzen Welt, gilt allen Menschen, gilt »Freund und Feind«. Wenn die Staatsmacht oder irgendeine andere Autorität befiehlt und verlangt: Du sollst meinen Feind als deinen Feind betrachten und dementsprechend behandeln und hassen!, so sind wir vom Zwang solchen Gehorsams befreit. –

Hier gibt es auch keine exempten Gebiete; hier kann nicht behauptet werden: deine Gewissensbindung gilt nicht für das Gebiet der Politik, da hat dein Gewissen nichts zu suchen; denn da hat es nichts verloren! – Überall, wo es um den Menschen geht, überall, wo der Herr Christus seine Herrschaft aufrichten will, da ist das christliche Gewissen angesprochen und aufgerufen, in Freiheit und Gehorsam zu antworten.

Staatsmacht und Gewissensbindung: das kann zu den schärfsten Gegensätzen führen, wo die Gewissensbindung an Christus vollzogen wird; denn da wird die Staatsmacht jeder Art von Absolutheit entkleidet und in ihrer Relativität, in ihrer Begrenztheit offenbar. Da wird sie zugleich in ihrem Drang nach universaler Geltung bestritten, weil Christus allein universale Geltung beansprucht und hat. – Aber dort, wo die Staatsmacht sich ihrer Begrenzung bewußt wird und sich in diese Begrenzung findet, da wird ihr die christliche Gewissensbindung zum Segen für ihren räumlich und zeitlich begrenzten Auftrag, für Recht und Frieden zu sorgen, auch dann, wenn die christliche Gewissensbindung nur von einer Minorität ihrer Bürger praktiziert wird, weil das »Salz der Erde« [Mt 5,13] in ihrem Machtbereich seine Wirkung tut.

Wir träumen nicht vom christlichen Staat; wir wissen um die Vorläufigkeit der Aufgabe der Obrigkeit in dieser noch unerlösten, von der Sünde gezeichneten Welt; wir wissen aber auch um den Sieg dessen, an den wir Christen mit unseren Gewissen als letzte Instanz und höchste Autorität gebunden sind. Wir werden an ihn gebunden bleiben, auch wenn alle Staatsmächte dieser vergehenden Welt mit ihr vergangen sein werden.

Der Nächste in seiner Bedeutung für das menschliche Zusammenleben

»Zusammenleben« ist die vorgegebene Form menschlicher Existenz überhaupt; menschliche Existenz ist ihrem Wesen nach Ko-Existenz: Mensch sein heißt immer zugleich Mensch unter andern Menschen, Mit-Mensch sein. So entsprach es und so allein entspricht es dem Willen des Schöpfers, der gesagt hat: »Es ist nicht gut, daß der Mensch allein sei.« [1 Mo 2,18] – Dies Zusammenleben ist jedoch nicht einfach eine Naturgegebenheit, sondern – indem es menschliches Zusammenleben ist und sein soll – eine sittliche Aufgabe. Dies Zusammenleben hat es mit Gut und Böse, mit Segen und Fluch zu tun, weil es das Zusammenleben derer ist, die als einzige unter Gottes Geschöpfen nicht wehrlos einem stummen Gesetz unterworfen sind, sondern unter dem persönlichen Anruf Gottes stehen: »Es ist dir gesagt, Mensch, was gut ist und was der Herr von dir fordert, nämlich Gottes Wort halten und Liebe üben und demütig sein vor deinem Gott!« [Mi 6,8] – »Liebe üben«: das heißt, das menschliche Zusammenleben ist von uns Menschen zu gestalten, und zwar nicht auf Grund von inhärenten Gesetzmäßigkeiten, aus denen sich die rechte Ordnung dieses Zusammenlebens zwangsläufig – gewissermaßen automatisch – ergibt (wie das beim Zusammenleben einer Tierherde geschieht), sondern im gehorsamen Hören und im hörenden Gehorsam gegenüber dem ausdrücklichen, klaren Gebot Gottes.

Wo dieses Gebot Gottes außer Kraft gesetzt und gegen ein, auch uns Menschen bindendes, stummes »Naturgesetz« eingetauscht wird, da begeben wir uns der Möglichkeit eines *menschlichen* Zusammenlebens, indem wir den guten und gnädigen Gotteswillen, der uns meint und auf uns zielt, leugnen und verleugnen: »Wo dein Gesetz nicht mein Trost gewesen wäre, so wäre ich vergangen in meinem Elend!« [Ps 119,92] – Es hat gar keinen Sinn, ernsthaft von menschlichem Zusammenleben sprechen zu wollen, wenn wir die Überzeugung mitbringen, daß unser Zusammenleben von dem Naturgesetz des Kampfes ums Dasein, des Kampfes aller gegen alle, regiert wird und regiert werden muß. Denn aus diesem Naturgesetz folgt mit eherner Konsequenz: »Jeder ist sich selbst der Nächste!« – Damit wird aber bestritten, daß es überhaupt so etwas wie einen »Nächsten« geben kann. Aus dem Zusammenleben wird das Gegeneinanderleben; aus dem Gehilfen – »Ich will ihm eine Gehilfin machen!« [1 Mo 2,18] – wird der Konkurrent, aus dem Mit-Menschen der Gegen-Mensch. – Es hieße, den wirklichen Tatbestand verharmlosen, wollten wir uns vor dieser Konsequenz dadurch zu retten suchen, daß wir an die Stelle des eigenen Interesses als letztlich treibender Kraft ein irgendwie geartetes Gruppen-Interesse setzen, daß wir diesen Kampf ums Dasein zunächst einmal im Bündnis mit denen führen, die – angeblich oder wirklich – sich der gleichen Gegner, Konkurrenten und Gegen-Menschen meinen erwehren zu müssen. Die Führung des Kampfes ums Dasein als eines Klassen-, Rassen- oder Völkerkampfes ums Dasein, um den »Platz an der Sonne«, ändert nichts daran, daß ein kollektiver Interessenkampf das menschliche Zusammenleben ebenso grundsätzlich verneint und aufhebt wie der individuelle Existenzkampf des einzelnen gegen die andern. Der »Nächste« ist nicht derjenige, mit dem uns ein gleiches Interesse verbindet, nicht derjenige, den ich deshalb als »Nächsten« gelten lasse, weil er mir die Möglichkeit bietet, mir selbst der »Nächste« zu bleiben!

Wir sollten es allmählich gelernt haben und wissen, daß ein menschliches Zusammenleben auf der Basis eines irgendwie gearteten Kollektiv-Interesses nicht wahrhaft verwirklicht und gesichert werden kann, daß es die Keime der Selbstauflösung in sich trägt und – über kurz oder lang – zur Reife bringt, daß am Ende der nackte Kampf ums Dasein das Menschliche wie das Gemeinsame wie endlich das Leben selbst bedroht und zerstört. – Jedes Zusammenleben von Menschen, das interessenbestimmt und zweckgebunden bleibt, schafft eine Verbundenheit immer nur um den Preis, daß es gleichzeitig Gegensätze schafft und dadurch trennt. Es bedeutet nämlich nichts anderes als die Anerkennung des Naturgesetzes im Gegensatz zur Berufung des Menschen zum Gehorsam gegen seinen Schöpfer und Herrn, der uns gerade nicht unter das Naturgesetz versklavt sehen will, sondern uns zur Freiheit und Gebundenheit der Kinder Gottes beruft: »Du sollst Gott deinen Herrn lieben und deinen Nächsten als dich selbst!« [Lk 10,27]

Unsere natürliche, vorgegebene Ko-Existenz als Menschen in dieser Welt bedeutet also noch keineswegs menschliches Zusammenleben; diese Ko-Existenz wird vielmehr unter der Herrschaft des »Naturgesetzes« automatisch zum Schlachtfeld für den Kampf ums Dasein; und in diesem Kampf bleibt kein Raum für irgendeinen »Nächsten« außer mir selbst. – Erst dort, wo uns in dieser tatsächlichen und notvollen Ko-Existenz das Gebot Gottes verpflichtend trifft, wird die Aufgabe sichtbar, die uns gestellt ist, daß wir nämlich diese Ko-Existenz zum menschlichen Zusammenleben zu gestalten haben. Das heißt: Ich darf mir gar nicht selbst der Nächste sein; vielmehr muß mir jetzt derjenige zum Nächsten werden, der mich zum menschlichen, also zum mit-menschlichen Zusammenleben mit ihm einlädt und nötigt. – Denn dieser andere, der mich so in Anspruch nimmt, macht mich ja erst zum Menschen – nicht zum Menschen an sich und für mich – diesen Menschen gibt es nicht: er bleibt ein Un-Mensch –, sondern zum Menschen an ihm und für ihn, zum Menschen, der Mensch ist, indem er zum Mit-Menschen wird. – Der »Nächste« hat also die Bedeutung für ein menschliches Zusammenleben, daß er dies Zusammenleben als *menschliches* Zusammenleben überhaupt erst ermöglicht.

Hier handelt es sich jeweils um einen Akt der Erlösung, um das Befreitwerden von dem fremden Gesetz, das mich unfähig macht zum rechten, nämlich gottgewollten menschlichen Zusammenleben, indem es mich verführt, nötigt und zwingt, mir selbst und mir allein der »Nächste« zu sein. Diese Erlösung aber ist geschehen, indem Gott in Jesus Christus mein Bruder, mein Mit-Mensch, mein Nächster wurde. Er praktiziert an mir das rechte, gottgewollte menschliche Zusammenleben, indem er nicht sich selbst der Nächste wird und nicht für sich den Kampf ums Dasein kämpft, sondern ganz und gar mein Mit-Mensch und Nächster wird und mich seinen Nächsten und Mit-Menschen sein läßt. – So brauche ich nicht mehr mir selbst der Nächste zu sein; ich bin frei, mich von ihm als sein Nächster in Anspruch nehmen zu lassen. In ihm geschieht es, daß uns das Gebot und Wort Gottes in seiner befreienden und verpflichtenden Vollmacht begegnet. Uns: denn diese Botschaft wendet sich an alle; und von hier aus wissen wir's, daß nun *jeder* Mensch uns zum Nächsten werden kann, ja, daß er uns zum Nächsten wird und werden muß, wo immer *er* unserer Mit-Menschlichkeit bedarf.

Wir haben also nicht eigenmächtig darüber zu befinden, wer unser Nächster sein soll und wer nicht; wir bestimmen nicht darüber, wie weit wir etwa unsere Solidarität, unser menschliches Zusammenleben erstrecken wollen und wo wir ihm Grenzen setzen. Das ist ja die Gefahr, die ein wirklich menschliches Zusammenleben immer wieder in Frage stellt. Und die Versuchung zu solchem Rückfall ist bedrohlich groß; denn es ist die Versuchung zur Rückkehr unter das Gesetz der Selbsterhaltung und damit zum Unglauben, das heißt zu jenem Zustand, wo jeder wieder sich selbst der »Nächste« sein zu müssen glaubt. – So ist es je und wieder geschehen, auch und besonders augenfällig in jener Zeit vor zwei Jahrzehnten, als selbst die »christliche« Kirche – wie sie meinte: um ihrer Sicherheit willen! – den Nächsten und damit ihren Herrn verleugnete, als er unserer Mit-Menschlichkeit am dringendsten bedurfte. – Aber wo immer wir darauf ausgehen, uns selber zu sichern, da wird das menschliche Zusammenleben zerbrochen, weil wir damit zurückkehren in die Knechtschaft, die uns vom Nächsten isoliert und uns mit uns selber allein läßt. – Wir sind aber nicht unsere eigenen Herren und damit dann notwendig auch unsere eigenen Sklaven; sondern: Herr über uns und unser Handeln ist der Nächste; und unsere Ko-Existenz mit ihm wird nur dadurch zum menschlichen Zusammenleben, das heißt zum Mit-ihm- und Für-ihn-Leben, daß wir ihm – dem Nächsten, der unser bedarf – den Platz lassen, den Gott ihm zugewiesen hat dadurch, daß Jesus Christus ihm Nächster wurde und sich mit ihm solidarisch erklärte. Der Nächste wird, indem er unsere Solidarität herausfordert, *unser Herr*: »Was ihr getan habt einem unter diesen Geringsten, das habt ihr mir getan!« [Mt 25,40] – Da steht nichts mehr in unserem freien Belieben, nichts mehr in unserer Willkür! – Hier können wir uns dem menschlichen Zusammenleben, der unbedingten Verantwortung nur noch um den Preis des Glaubens und das heißt: um den Preis unseres eigenen Mensch-Seins versagen!

So bleibt denn unser Zusammenleben als *menschliches* Zusammenleben auf den Nächsten angewiesen und an den Nächsten gebunden. Das darf – gerade deshalb – nicht mit irgendwelcher Humanitätsromantik verwechselt werden. Denn dies Zusammenleben heißt eben nicht, daß »alle Menschen Brüder« werden; das ist eine billige und allzu billige, nämlich zu gar nichts verpflichtende Behauptung: den Nächsten gibt es nur *in concreto*, wie menschliches Zusammenleben ein bloßer Traum bleibt, wo und solange es nicht dadurch konkret wird, daß wir jemandem als Nächstem wirklich begegnen, ihn wirklich ernst nehmen, ihm wirklich als unserem Herrn dienen, weil er den Mit-Menschen, den Bruder braucht.

Niemand ist unser Nächster, weil er die gleichen Interessen vertritt, das gleiche Schicksal trägt, der gleichen Anschauung huldigt, den gleichen Glauben teilt wie wir; und alles das begründet noch kein menschliches Zusammenleben. Denn in dem allem *kann* das erbarmungslose Gesetz des »Jeder ist sich selbst der Nächste!« herrschen. Unser Nächster ist der, der uns als Mit-Menschen nötig hat, und dem es gelingt, unser Mitmensch-Sein wachzurufen, uns zu seinen Nächsten zu machen, so daß es zum menschlichen, mit-menschlichen Zusammenleben kommt, indem von uns der Dienst geschieht, den er von uns braucht. – Das kann tausend Gestalten annehmen, auf die es im Grunde aber nicht ankommt; worauf es ankommt, ist, daß wir in ihm den Nächsten erkennen und anerkennen, das heißt, daß wir über ihm und über dem Dienst, den wir ihm tun, zu Mit-Menschen werden.

Wir sollen wohl auch nicht meinen, daß dadurch nun die Ko-Existenz der Menschheit als menschliches Zusammenleben »in Ordnung« gebracht werden könnte oder »in Ordnung« kommen würde. »Der Glaube ist – tatsächlich – nicht jedermanns Ding!« Und wer darauf wartet, daß wir Menschen uns wirklich eines schönen Tages als Nächste erkennen und dann auf dieser Grundlage ein allgemeines und rechtes »menschliches Zusammenleben« realisieren und organisieren werden, der mag sich hüten, daß er nicht eines bösen Tages der Resignation verfalle. Der Nächste, das heißt der Mensch, der den Mitmenschen braucht, ist zwar überall zu finden; aber er ist ja nicht gefragt! Vielmehr wird die Frage »Wer ist denn mein Nächster?« ja nur deshalb gestellt, um sich dem Nächsten zu entziehen: »Er aber wollte sich selbst rechtfertigen.« [Lk 10,29] – So ist die Bedeutung des Nächsten für das reale menschliche Zusammenleben verhältnismäßig gering. In der Wirklichkeit herrschen nun einmal die Parteien, die verschiedenen Gruppen mit ihren gemeinsamen Interessen, mit ihren gemeinsamen Schicksalen, mit ihren gemeinsamen Weltanschauungen, mit ihren gemeinsamen religiösen und »kirchlichen« Bekenntnissen; und vielfach ahnen sie nicht einmal etwas davon, daß es kein Bekenntnis gibt, um das Gott sich kümmert, wenn es sich nicht als das Bekenntnis zum Mit-Menschen, zum Nächsten aktualisiert: »Was ihr nicht getan habt einem unter diesen Geringsten, das habt ihr mir auch nicht getan!« [Mt 24,45]

Vielleicht ist es aber noch wichtiger, sich das vor Augen zu halten, daß auch der geringe Dienst am Nächsten in Ewigkeit nicht umsonst ist; und dieser Dienst – auch der geringste – am Nächsten ist das wirklich menschliche und darum Gott wohlgefällige Zusammenleben; denn hier geht es tatsächlich um die Gotteskindschaft, um den Glauben. Und hier ist gewiß nichts verloren und nichts umsonst! – Und hier dürfen wir uns daran erinnern lassen, daß Jesus seine Jünger – diesen kleinen und armseligen Haufen – als »Salz der Erde« [Mt 5,13] bezeichnet; und das menschliche Zusammenleben braucht dies Salz, das »Salz« nämlich, daß mitten in allem Kampf ums Dasein der Nächste mit seinem Fragen und Rufen von uns – von mir gehört und erhört wird. Denn so heißt es von Sodom: »Ich will sie nicht verderben um der zehn willen!« [1 Mo 18,32]

Nationalismus – Antisemitismus als Schuld und Bedrohung der Kirche

Es gibt Dinge, von denen spricht man nicht, weil sie auf Grund einer geheimen und geheimnisvollen, stillschweigenden und unverbrüchlichen Abrede von jeder Tagesordnung alsbald wieder abgesetzt werden. In meiner Kindheit gab es auf den Karten in unseren Schul-Atlanten noch erhebliche weiße Flecken. Sie sind inzwischen alle verschwunden, weil die Erdoberfläche keine Geheimnisse mehr vor uns verbirgt; dafür gibt es heute solche »blanks« – künstlich geschaffen und eifersüchtig konserviert – im Wissen um unsere Geschichte und um die jüngste Vergangenheit, aus der wir kommen. Ich bin einer Mitteilung nicht weiter nachgegangen, die mir vor wenigen Tagen bekannt wurde und die besagte, daß in einer Klasse von Zwölfjährigen – wenn ich nicht irre – 80% den Namen Hitler noch niemals mit Bewußtsein gehört hatten. Wenn es Tatsache ist, so überrascht es trotzdem nicht; denn »man spricht nicht davon ...« Das einzige, was aus jenen Jahren noch gewußt werden muß, ist das Faktum, daß unser deutsches Volk einen Krieg verloren hat und daß wir nun alle Anstrengungen machen müssen, um seine nachteiligen Folgen zu überwinden und den »uns gebührenden Platz« inmitten der Völker, vor allem in Wirtschaft und Politik, wieder einzunehmen. – Die Periode der »Entnazifizierung« und der »Re-education« – beides Versuche mit untauglichen Mitteln, aber doch mit einem inzwischen restlos ausgelöschten Wissen und Bewußtsein um das eigentlich Notwendige unternommen – ist versunken, versenkt und ertränkt im Meer der Vergessenheit, wo es am tiefsten ist. Was übrig bleibt, ist die Überzeugung: wir haben Fehler gemacht und Irrtümer begangen, wir haben uns verrechnet. Und die andern haben sich ebenfalls verrechnet und geirrt, es hätte alles so nicht zu kommen brauchen! Wie sagte es Churchill: »We killed the wrong pig!« Jetzt kommt es also darauf an, sich nicht noch einmal zu irren und nicht noch einmal denselben Fehler zu machen und – wenn schon geschlachtet werden muß, dann – diesmal das richtige Schwein zu schlachten. So ganz leicht werden wir auch denselben Irrtum nicht noch einmal begehen. Wir stehen ja nun – wenigstens als Bundesrepublik – auf der richtigen Seite, und die Kosten, die wir dafür einstweilen zahlen müssen, haben sich bereits weitgehend im Wiederaufbau und im deutschen Wirtschaftswunder bezahlt gemacht. Wir stehen unmittelbar vor dem Ziel der vollen Gleichberechtigung und werden bald auch den Rest der Rechnung beglichen haben. Das Signal für die freie Fahrt in die Zukunft steht schon auf »Gelb«; wir können anfahren: gleich wird es »Grün« sein!

Dieser Optimismus ist nur deshalb möglich, weil wir – eben auf Grund jener geheimen Abrede – gewisse Dinge als nichtexistent behandeln, die auf unsern Landkarten nicht verzeichnet, aber darum doch nicht weniger existent sind und tatsächlich den Weg sperren, ob die Signale auch »Grün« zeigen mögen. Unser heutiges Thema weist unmittelbar auf diese Dinge hin, wenn es die Worte Nationalismus–Antisemitismus ausspricht; denn das sind Dinge, über die man eigentlich nicht spricht, die eigentlich ausgelöscht und vergessen sein sollten. Und wo sie einmal wieder in der Diskussion auftauchen, da ist man schnell bei der Hand, ihre Inaktualität nachzuweisen. Wer träumt schon noch den alten nationalistischen Traum? Wir sind doch inzwischen gute Europäer geworden! Und wo gibt es noch eine antisemitische Geisteshaltung? Es gibt ja – für uns jedenfalls – keine Judenfrage mehr! Es hat doch keinen Wert, sich heute noch oder wieder mit den Problemstellungen einer vergangenen oder vergehenden, schnell vergehenden Generation von gestern zu beschweren! – Und so kann ich mir wohl vorstellen, daß auch in unserer Mitte am heutigen Abend eine ganze Anzahl junger und alter Menschen meinen, im Grunde täten wir besser, von anderen Dingen zu reden, nämlich von den wirklichen Lebensfragen unserer Zeit, wie sie in der gegenwärtigen technisch-wirtschaftlich-gesellschaftlichen Revolution ans Tageslicht drängen. Diese Fragen sind allerdings äußerst drängend und bedrängend, so sehr, daß man sie unverzüglich anfassen müßte und muß. Die weltanschauliche Auseinandersetzung – vor allem zwischen dem, was wir »Ost« und »West« nennen – wird immer noch schärfer; der Kampf, der darum geführt wird, verlagert sich zwar vom Militärisch-Machtpolitischen erkenntlich auf das Wirtschaftlich-Machtpolitische, aber auch das scheint schon wieder überholt zu sein, indem die Entscheidung über die Zukunft des Menschengeschlechtes in die Hände derer gerät, die zahlenmäßig das Feld behaupten, und das sind weder die Repräsentanten des sogenannten »Ostens« noch des sogenannten »Westens«, sondern die Völker und Rassen, die, in unheimlichem Wachstum begriffen, in drei Jahrzehnten annähernd dreimal so stark sein werden wie alle weißen Völker in West und Ost zusammengenommen. Was für einen Sinn soll es da haben, wenn wir uns noch mit Nationalismus und Antisemitismus aufhalten, mit diesen erledigten Erscheinungen einer endgültig vergangenen Zeit?

Ich kann die Antwort nicht direkt geben. Gewiß, für den Historiker und für den Geschichtsphilosophen bleiben diese Erscheinungen interessant; aber es ist schwer – wenn nicht unmöglich –, ihre Zukunftsbedeutung, ihr Gewicht für unseren weiteren Weg einsichtig zu machen. Warum soll es eigentlich nicht nützlich und erlaubt sein, Vergangenes vergangen sein zu lassen und das Schweigen des Vergessens darüber zu breiten; warum sollen wir die Akten darüber nicht schließen und ans Archiv abgeben? Es ist doch wirklich an der Zeit, daß wir uns mit allen Kräften, die uns noch verblieben sind, dem Kommenden zuwenden! Hier taucht aber eine andere Frage auf: Welches sind denn die Kräfte, die uns »noch verblieben« sind und mit denen wir noch einmal ein Neues, eine Zukunft zu gestalten uns unterfangen wollen? Es gibt doch wahrhaftig Menschen genug unter uns, die uns unseren endgültigen Bankrott bescheinigen, und diejenigen, die etwas anderes, Gegenteiliges zu behaupten wagen, sind weder überzeugt noch überzeugend. Diese Ratlosigkeit ist so hoch gestiegen, daß man sogar auf alte Hausmittel zurückgreift, die längst zurückgestellt waren bis in die hinterste Reihe der Hausapotheke. Unser Thema spricht von der »Kirche«. Eigentümlich, im wahrsten Sinne überraschend, wie selbstverständlich man heute wieder von der Kirche als von einer Wirklichkeitsgröße spricht, nachdem sie Jahrzehnte hindurch als eine quantité négligeable, als ein längst überflüssig und bedeutungslos gewordenes Requisit betrachtet worden war. Mit einem Mal ist sie wieder da; mit einem Mal erwartet man wieder etwas von ihr; und warum? Zwei Gründe werden wir dafür angeben können: Im Zusammenbruch der geistigen Werte, wie er im Lauf dieses Jahrhunderts offenbar geworden ist, hat die Kirche eine immerhin beachtliche Widerstandskraft gezeigt; sie ist gewissermaßen das letzte Bollwerk gewesen, das sich nicht einfach vom nihilistischen Totalitarismus hat niederwalzen lassen. Das ist der eine Grund; und der andere ist der, daß sie mit ihrer Botschaft die Hoffnung belebt hat, daß es überhaupt noch eine Zukunft gibt, auf die hin es sich lohnen könnte, zu leben und zu wirken. Die »Kirche« und das durch sie repräsentierte »Christentum« sind – gleichsam über Nacht – wieder modern geworden; die Lage ist ähnlich oder vergleichbar der Situation beim Zusammenbruch der alten römischen Welt, als mit dem Kaiserreich auch eine ganze geistige Kultur dahinsank, um nicht wieder aufzuleben. Die christliche Kirche blieb übrig, eine Säule inmitten von

Trümmern und, um diese Säule herum und an ihr orientiert, baute sich eine neue Welt. Wird sich in unserer Zeit diese Geschichte wiederholen, wenn man auch zu sagen pflegt, daß die Geschichte sich nicht wiederholt; sind hier die Kräfte, die uns in einer revolutionären Umwandlung einen neuen Anfang, einen Weg in die Zukunft ermöglichen?

Mancherlei scheint heute in diese Richtung zu deuten. Die Christenheit ist – aufs ganze gesehen – ungewöhnlich mobil geworden; die Kirche steht wieder inmitten eines riesigen Trümmerfeldes als die eine übriggebliebene Säule da, auf die mit Hoffnung und Erwartung geblickt wird, die zahlreichen kirchlichen Gruppen und Gebilde nehmen Fühlung und Verbindung miteinander auf, weil sie sich ihrer gemeinsamen Berufung und Verantwortung bewußt werden; es gibt wieder so etwas wie eine »christliche Welt«. – Ist das ein letztes Aufflammen vor dem Verlöschen oder ist das der erste Schritt zu einem neuen Anfang? – Mit anderen Worten: Kann und wird die Kirche die Hoffnungen erfüllen, mit denen ein verzweifelndes Geschlecht sich heute ihr zuwendet, oder sind auch hier für uns keine Kräfte mehr verblieben, mit denen wir uns an die Aufgabe einer Zukunftsgestaltung heranmachen dürften? –

Es hat nach dem Zusammenbruch von 1945 einen Augenblick gegeben, da sah es so aus, als würde die Kirche den Weg für solch einen Neuanfang freimachen, einen Weg, auf dem die Christenheit den erschütterten Völkern der alten, abendländischen Welt voranschreiten und vorwärtshelfen würde. Es war jener Augenblick, als die Vertreter unserer evangelischen Kirche in Deutschland im Oktober 1945 die Stuttgarter Erklärung abgaben: »Wir klagen uns selber an, daß wir nicht mutiger bekannt, nicht treuer gebetet, nicht fröhlicher geglaubt und nicht brennender geliebt haben!« – Ein Schuldbekenntnis der Kirche selber und zugleich ein Gelöbnis, die alten Wege entschlossen zu verlassen! Und diese alten Wege, die es zu verlassen galt, hatten nun allerdings einiges sehr Wesentliche mit Nationalismus und Antisemitismus zu tun.

Mit dem Aufkommen der Nationalstaaten war die mehr oder weniger natürliche Folge gegeben, daß die Kirche sich ebenfalls national gliederte und organisierte. Das war ein Vorgang, der zunächst keinerlei besondere Besorgnis zu erregen brauchte, auch da noch nicht, als der nationale Charakter anfing, den Charakter der betreffenden Kirchen mit zu prägen. Die Tatsache, daß die christliche Kirche universal, das heißt katholisch ist, bedeutet ja nicht, daß sie auch uniform sein müßte: Die Christen als Glieder der einen Kirche des einen Herrn hören ja nicht auf, Engländer, Franzosen, Russen oder Deutsche zu sein; sie wissen es, gleichwohl, was das Apostelwort sagt: »Ihr seid allzumal einer in Christo.« [Gal 3,28] Auch das bedarf keiner negativen Kritik, daß die Kirche innerhalb einer bestimmten Nation sich in erster Linie und unmittelbar mit ihrem Auftrag an die Menschen eben dieser Nation gewiesen wußte; denn »so jemand die Seinen, sonderlich seine Hausgenossen, nicht versorgt, der hat den Glauben verleugnet.« [1 Tim 5,8] Es gab und es gibt eine Art von »Nationalismus«, den auch die Kirche als Gemeinde Jesu Christi anerkennen muß, und der auch für das Leben und den Dienst der Kirche sein – relatives – Recht hat. Dabei ist es freilich nicht geblieben; sondern der Nationalismus hat sich in Richtung auf ein absolut und total geltendes Prinzip hin entwickelt; er hat dort vor allem, wo er sich mit einer Machtposition verbünden konnte, eine Tendenz zur Totalität bekommen, die ein klares Nein von seiten der Kirche hätte finden müssen. Das Wohl und die Größe der Nation wurde zum obersten Gesetz: »Right or wrong my country!« Bei uns in der deutschen Nation ist diese Entwicklung mit akuter Heftigkeit und mit deutscher Gründlichkeit vonstatten gegangen. Es war nicht erst das Dritte Reich, das einen nationalistischen Nationalismus vertrat, und insofern haben jene Kritiker recht, die nicht erst den Nationalsozialismus mit der Schuld dafür haben belasten wollen, sondern das längst vorher vorhandene und praktisch allgemein anerkannte nationalistische Machtdenken der vorangegangenen Jahrzehnte. Daß die Kirche dieser Entwicklung kein warnendes Halt zugerufen hat, ist eine Tatsache, die nicht abgestritten werden sollte; und gerade das bezeichnet ihre Schuld! Und diese Schuld wird nicht dadurch geringer oder leichter, daß dasselbe in anderen Nationen und von seiten anderer Kirchen ebenfalls geschehen ist. Die Nation – das höchste Gut; ihre Größe – das oberste Gesetz; ihre Macht – das eine Ziel: »Du bist nichts; dein Volk – deine Nation – ist alles!«

Indem sie das unwidersprochen hinnimmt oder gar nachspricht und unterstützt, hört die Kirche auf, Kirche zu sein; denn hier wird die Herrschaft, das Herr-sein Gottes verleugnet und statt seiner die Nation zum Gott gemacht. Nun wird die Kirche zum Diener eines fremden Herrn; nun mißversteht sie ihren Auftrag dahin, einen Abgott großzumachen und den wirklichen, lebendigen Gott zum Götzenknecht zu degradieren. Hierhin gehören alle jene furchtbaren Dinge, angefangen bei der Rekrutenvereidigung und bei der Inschrift auf dem Koppelschloß: »Mit Gott für König und Vaterland!« bis hin zum Segnen von Waffen und Kanonen und zur eigenmächtigen Heiligsprechung derer, die ihr Leben für die Größe und Ehre dieses Abgottes hingeben oder wegwerfen. So mag denn Gottes Gebot außer Kraft gesetzt werden, wenn es das höhere Gebot der Nation verlangt. Das ist das Endstadium eines absoluten Nationalismus, der sich selber, der die Nation auf den Thron Gottes setzt. Und die Kirche, die das unterstützt, ja, die das auch nur stumm geschehen läßt, macht sich der Lästerung Gottes schuldig und gräbt sich das eigene Grab; denn wer soll ihrem Zeugnis noch glauben, wenn sie Gottes Ehre verkündigen will und ihm nichts anderes nachsagen kann, als daß er – nach verlorenem Kriege, wie wir das nun zweimal erlebt haben – ein schlechter Verbündeter gewesen sei. Hier wird Raub an Gottes Ehre getrieben; und wir haben's doch schon mit den Geboten gelernt: »Der Herr wird den nicht ungestraft lassen, der seinen Namen mißbraucht!« [2 Mo 20,7; 5 Mo 5,11] Dem Mißbrauch des göttlichen Namens folgt unausweichlich Gottes Gericht.

Das alles ist einigermaßen klar und einsichtig für den, der Gottes Ruf vernimmt und ihm glaubt: »Ich bin der Herr, dein Gott; du sollst nicht andere Götter haben neben mir!« [2 Mo 20,2f.; 5 Mo 5,6f.] Und es ist eindeutig, daß ein Nationalismus, der die Nation zum Gott macht, die Kirche, die sich ihm zur Verfügung stellt, schuldig werden läßt und mit dem Verderben unter Gottes richtendem Urteil bedroht. Wir haben damals im Jahre 1945 unter diesem Gericht Gottes gestanden; und die Frage ist die, ob wir dies Gericht Gottes angenommen haben: Sind wir mit dieser unserer Vergangenheit fertig; haben wir – wir, die Kirche, – der Abgötterei den Abschied gegeben, so daß wir Gottes Gebot den Vorrang lassen vor den Ansprüchen jener Mächte, die etwa heute den Dienst und die Autorität der Kirche für ihre Zwecke mißbrauchen möchten; oder sind wir schon wieder für solche Absolutheitsansprüche anderer Götter anfällig? Ich kann und will nur andeuten: In den ersten Jahren nach dem Kriege kamen einige klare Worte der Weisung aus dem Munde der Kirche; dazu rechne ich vor allem jenes Wort von Eisenach: »Auf der Gewalt ruht kein Segen.« Heute fragen dieselben Menschen, die damals dies Wort ernsthaft hörten und zu Herzen nahmen: was sagt die Kirche jetzt? Sie schweigt, und wird sie nicht weiter schweigen und vielleicht sogar das Gegenteil sagen, wenn die Mächtigen dieser Welt, die den modernen, übernationalen Nationalismus vertreten, die alte Parole ausgeben: »Das höchste Heil, das letzte liegt im Schwerte!«? Der Nationalismus gehört der Vergangenheit an; aber: ist diese Vergangenheit wirklich bewältigt, überwunden, vergangen? Oder was ist an ihre Stelle getreten?

Unser Thema stellt neben den Nationalismus, anscheinend mit dem gleichen Gewicht, den Antisemitismus. Man kann fragen, und ich selber habe mich gefragt, als mir dies Thema gestellt wurde, ob das nicht eine recht willkürliche Zueinanderordnung sei; denn es ist ja durchaus nicht eindeutig, daß diese beiden Größen so einfach einander zuzuordnen sind. In der Geschichte hat es durchaus auch Antisemitismus gegeben, ohne daß von einem Nationalismus die Rede war, und umgekehrt: es gibt auch Nationalismus, der nicht von Antisemitismus begleitet ist. Aber in unserer Geschichte sind die beiden allerdings unzertrennlich ineinander verwoben; und hier wäre wiederum zunächst einmal festzustellen, daß der Antisemitismus nicht erst als eine Erfindung des Dritten Reiches aufgetreten ist; er war schon vorher da, und er hat die Entwicklung zum absoluten Nationalismus Schritt für Schritt begleitet. Je stärker der Nationalismus wurde, desto stärker wurde auch der Antisemitismus. So klar und einlinig aber die Entwicklung zum Nationalismus zu verfolgen ist, so dunkel und geheimnisvoll ist der Weg des Judenhasses, ebenso dunkel und geheimnisvoll wie der Weg des jüdischen Volkes selber. Wir ahnen – nein, wir haben das gesehen –, daß dieser Haß etwas wesenhaft anderes ist als die Feindschaft zwischen zwei Völkern, die auch in regelrechten Haß ausarten kann. Der Haß gegen ein Volk richtet sich eben gegen das Volk und macht im allgemeinen Halt vor dem einzelnen in seinem Unglück oder Leiden; der Judenhaß meint gerade den einzelnen und erreicht gerade ihm gegenüber seine ganze abgründige Tiefe. Er ist auch noch etwas anderes als der Fremdenhaß, der auch den einzelnen trifft und oft recht grausam trifft. Denn der Judenhaß meint den Juden nicht, weil er ein Fremder ist, sondern weil er ein Jude ist. Er trifft auch den Juden, der sich längst assimiliert hat, der selbst national oder sogar nationalistisch denkt und lebt. Er ist auch nicht aus begreiflichen Mitgefühlen oder dergleichen, vordergründigen Motiven zu erklären. Man kann nach metaphysischen, religiösen Gründen suchen und hat es versucht; man hat die Tötung des Christus durch die Juden für diesen Haß verantwortlich gemacht, um sich selber für diesen Haß gewissermaßen zu entschuldigen. Ich glaube an alle diese Erklärungsversuche nicht. Ich bin gewiß, daß der Antisemitismus daher rührt, daß der Jude von uns allen als ein ständiger Vorwurf empfunden wird, weil er Mensch und nichts anderes als ein Mensch ist, nicht ein besonders guter, nicht ein besonders schlechter, nicht ein besonders frommer, nicht ein besonders gottloser Mensch, sondern ein Mensch, der nichts anderes hat als sein nacktes Menschsein, der nun eben kein Volk und keine Nation hat, in der er sich bergen kann. Er erinnert uns daran, daß alle unsere Versuche, uns in unserer Nation einen Abgott zu verschaffen, der unsere Sicherung übernimmt, zum Scheitern verurteilt sind, daß wir Phantomen nachjagen, wenn wir uns selbst zu salvieren trachten. Der Jude – und zwar gerade der einzelne Jude – bezeugt uns unser absolutes Preisgegebensein, unsere völlige, einsame Hoffnungslosigkeit. Gerade weil er nur Mensch, elender, einsamer Mensch ist, deshalb wird er gehaßt, deshalb wird er uns unerträglich. Und je mehr wir uns im Nationalismus verlieren, in dieser abgöttischen Vergöttlichung des Menschen, der nichts ist und nun, in summa – als Volk, als Nation –, selber alles und selber Gott sein möchte, desto störender empfinden wir dies Bild menschlichen Jammers: er beleidigt uns! Wie oft hat man das hören müssen! Und die Kirche, und die Christenheit? Soweit die Kirche sich in den Sog der nationalen und nationalistischen Hoffnungen, Erwartungen und Bestrebungen hat hineinziehen lassen, so weit ist sie selber für diese Haltung dem Juden gegenüber anfällig geworden. Und weil sie seit langem in diesem Fahrwasser mitfuhr, deshalb hat sie dem Antisemitismus nicht eindeutig gewehrt, wie sie es hätte tun müssen. Jene 6 Millionen Juden stehen deshalb auch auf dem Schuldkonto der Christenheit und der Kirche, und nicht etwa nur auf dem der NS-Partei, der SS oder gar – wie man heute gerne will – jenes Massenmörders allein. Ja, die Schuld ist auf seiten der Kirche am allergrößten, weil sie wissen mußte und wußte, was sie tat, als sie nichts tat. Alle Menschen, die einem Abgott nachjagen, um dem menschlichen Elend zu entgehen, haben eine Entschuldigung, haben gewissermaßen »mildernde Umstände«; die Kirche aber, die diesen Trug durchschaut, der die frohe Botschaft anvertraut ist, daß Gott in dem Juden Jesus diesen armen, elenden, einsamen und verlorenen Menschen liebt, daß seine frohe Botschaft – wie Paulus sagt – dem Juden vornehmlich gilt, diesem – so auserwählten – Volk, das doch kein Volk, keine Nation ist, – diese Kirche trägt ihre ganze Schuld, wenn sie schweigt und damit zuzustimmen scheint, wenn dem Juden, dem Menschen, der nichts hat außer seinem menschlichen Elend, sein Menschentum aberkannt wird. Antisemitismus ist – wenn man der Sache so auf den Grund geht – Antichristentum; eine antisemitische Kirche wäre eine antichristliche Kirche, also ein Widerspruch in sich selbst. Der Antisemitismus ist die akute Bedrohung der Kirche als Kirche. Und von daher hätten wir hier wiederum die Frage zu stellen, ob die Kirche diese ihre schulderfüllte Vergangenheit bewältigt hat, ob sie damit fertig geworden ist, oder ob wir einer neuen Versuchung in der gleichen Richtung, daß wir menschlichen Idealen und Ideen zuliebe den Menschen verleugnen, zum Opfer fallen könnten oder würden. Die Kirche, wenn sie Kirche ist, wenn sie Gottes Freudenbotschaft treibt, hat einen Weg zu zeigen, der aus jeder Not und Tiefe ins Freie führt; aber sie darf Gottes Ehre nicht einem Abgott geben, und sie darf den Menschen nicht einem Götzen opfern. Sie soll Jesus als Gottes Wort und Antwort verkündigen; dann wird sie sich von keinem Nationalismus und keinem Äquivalent dafür, und auch von keinem Antisemitismus in die Irre führen lassen; denn Jesus verkündigen das heißt: in ihm empfängt Gott die ihm vom Menschen geschuldete Ehre; in ihm erhält der Mensch die ihm vor Gott eignende Würde. Und das ist die Zukunft, für die es lohnt, zu leben und zu wirken; das ist der neue Himmel und die neue Erde, darinnen Gerechtigkeit wohnt [2 Petr 3,13].

Wir und die farbige Welt
(Unsere Verantwortung vor der farbigen Welt)

Genau genommen bedarf das Thema des heutigen Abends einer Korrektur; es müßte heißen »Wir und die andersfarbige Welt«; denn für jede einzelne, andersfarbige Rasse gehören wir – d.h. die weißen Menschen – ja auch zu den »Farbigen«, was wir gerne vergessen oder übersehen. Und so mögen wir uns zuallererst daran erinnern lassen, daß wir mit allen »Farbigen« eine große und grundlegende Gemeinsamkeit haben, daß wir nämlich Menschen sind, die nach Gottes Ebenbild geschaffen, einander zu lieben, also beizustehen berufen und bestimmt sind; und es ist gut, wenn wir uns dessen bewußt werden und damit jeden Gedanken von einem letzten Wertunterschied fahren lassen: »Er hat gemacht – nämlich Gott –, daß von einem Blut aller Menschen Geschlechter auf dem ganzen Erdboden wohnen« [Apg 17,26], so wird diese Wahrheit vom Apostel Paulus zum Ausdruck gebracht. – Vor Gott sind wir alle gleichen Wertes; und Gott hat es sich gleichviel kosten lassen, seine schwarzen und gelben Kinder wieder zu sich zu holen wie seine weißen; denn Jesus Christus ist für sie und für jeden einzelnen von ihnen ebenso an sein Kreuz gegangen wie für irgendeinen von uns: »hier ist nicht Jude noch Grieche«. [Gal 3,28] –

Aber wir Menschen weißer Hautfarbe sind einen besonderen Weg durch die Menschheitsgeschichte der letzten 2000 Jahre gegangen. Was unseren religiösen Glauben angeht, so sind wir – im Unterschied von den Andersfarbigen – alle christianisiert worden, so daß Weiß und Christlich im Bewußtsein der andern zusammengehören oder sogar dasselbe sind. – Wir tragen daher als Weiße zugleich eine christliche

Verantwortung ihnen gegenüber. – Was unsere politische Entwicklung angeht, so sind wir Weißen alle Erben des alten römischen Weltreichs, das seine Aufgabe darin sah, durch seine Macht den Völkern der Erde Frieden zu bringen und zu erhalten. – Wir wissen uns diesem Erbe heute noch verpflichtet, auch gegenüber denen, die nicht zur weißen Rasse gehören. – Und schließlich haben die weißen Völker die moderne technische Entwicklung bestritten und die Kräfte der Natur weitgehend gebändigt und in den Dienst menschlicher Zwecke und Ziele gestellt, so daß wir auch mit diesen Errungenschaften eine besondere Verantwortung für das Ganze der Völkerwelt übernommen haben. – Christentum, Macht und Fortschritt: das sind unsere besonderen Merkmale gegenüber der andersfarbigen Menschenwelt; und sie bezeichnen zugleich unsere besondere Verantwortung für diese nicht-weiße Menschheit und die zu ihr gehörenden Völker.

Es ist von daher durchaus erklärlich, daß die weißen Völker in der Erkenntnis ihrer religiösen, politischen und technischen Fähigkeiten ein starkes Überlegenheitsgefühl entwickelt haben, daß sie sich als die eigentliche »Herrenrasse« empfanden, dazu bestimmt, die ganze Völkerwelt zu beherrschen, zu bevormunden, zu beglücken. Und so haben die letzten 500 Jahre Weltgeschichte zur Weltherrschaft der weißen Rasse geführt, die ihren stärksten Ausdruck vielleicht am Ende des 2. Weltkriegs erreichte, als mit dem Besitz der Atombombe das amerikanische Volk der unbestrittene Gebieter der ganzen Menschheit geworden war. – Das war jedoch nur das Schlußkapitel einer jahrhundertealten Entwicklung. – Seitdem weiße Völker im ausgehenden 15. Jahrhundert den Seeweg nach Indien fanden und den amerikanischen Kontinent entdeckten, haben nur sie – zunächst Spanier und Portugiesen, später Engländer und andere – Weltherrschaft erstrebt und ausgeübt, und kein andersfarbiges Volk hat ihnen jemals mehr diese Herrschaft streitig gemacht. – Es galt als eine ausgemachte

Sache, daß die andersfarbigen Völker, Staaten und Rassen uns – den Weißen – Knechtsdienste zu leisten hätten; und es blieb den weißen Nationen überlassen, es unter sich auszumachen, wie die Herrschaft über die farbige Welt unter ihnen aufzuteilen wäre. – Das koloniale Zeitalter hatte begonnen und beherrschte die nachfolgenden Jahrhunderte. – Wir sind überzeugt – oder muß ich sagen: unsere Väter waren überzeugt –, daß die Herrschaft des weißen Mannes den farbigen »Eingeborenen« der kolonialen Gebiete ihre Dienste angemessen entlohnte, erhielten sie doch Anteil an den »Segnungen« europäischer weißer Kultur und Zivilisation, und das nicht nur auf dem Gebiet technischen Fortschritts, wie in der Medizin und Hygiene, in Ackerbau und Handel, sondern auch im eigentlich Kulturell-Geistigen durch die christliche Mission und ihre Schulen bis hin zu der Möglichkeit, sich das Bildungsgut des weißen Mannes – in Einzelfällen freilich nur – auf den Hochschulen und Universitäten der weißen Welt anzueignen. – Freilich, was mit solcher Kolonialherrschaft an Bedrückung und Ausbeutung verbunden war (und z.T. ja auch heute noch ist), davon erfuhren wir wenig; und daß es noch nicht hundert Jahre her ist, daß der weiße, christliche Herrenmensch Farbige als Eigentum, als Sklaven einfing, verkaufte und kaufte, wissen wir kaum; und als ich vor 10 Jahren Tasmanien besuchte, fuhr ich erschreckt zusammen, als ich auf die Frage nach den Resten der eingeborenen Bevölkerung die Antwort erhielt, daß man die letzten von ihnen genau 100 Jahre zuvor auf einer Treibjagd erlegt hätte. Das mag ein Einzelfall gewesen sein; aber im Endeffekt hat eine ganze Reihe von menschlichen Völkerschaften das gleiche Schicksal unter der Kolonialen Vorherrschaft der weißen, christlichen Welt ereilt: die Australneger ebenso wie die Indianer Nordamerikas; die Azteken und Inkas des spanischen Kolonialreichs nicht zu vergessen. – Es ist gut, wenn wir das nicht vergessen, damit wir nicht gar so schnell mit dem

Sprüchlein bei der Hand sind: »Was geht uns das an? da siehe du zu!« [Mt 27,4] –

Das Koloniale Zeitalter ist vorüber; seine letzten Spuren schwinden in diesen, unseren Tagen schnell dahin, und in wenigen Jahren wird man sie vergebens aufzufinden suchen; dann wird der weiße Mann in Asien wie in Afrika nur noch als geduldeter Gast anzutreffen sein – wenn überhaupt! – Wir müssen wohl fragen, wie das Ergebnis, die Bilanz dieses halben Jahrtausends denn eigentlich aussieht?

Der Weiße ist in der farbigen Welt von heute unbeliebt, und man scheut sich auch nicht, ihn das merken zu lassen. Nicht, als ob er heute unbeliebter wäre als vor einem halben Jahrhundert etwa; aber die Furcht vor ihm, dem Mächtigen und Überlegenen, der Mythus, der ihn umgab, ist schnell im Schwinden. – Das hat gewiß sehr viele und sehr unterschiedliche Gründe und Ursachen: man hat den weißen Mann in seiner Selbsterniedrigung während zweier Weltkriege kennengelernt; man glaubt ihm seine Überlegenheit nicht mehr, und zwar trotz seiner Macht und trotz seiner Technik nicht mehr; denn die Technik wird eben in diesen Jahren zum Allgemeingut: Neger, Japaner, Chinesen und Inder beherrschen ihre Methoden wie ein Weißer auch, bauen Flugzeuge und fliegen sie; sie werden auch – davon sind sie überzeugt – in ein paar Jahren ihre eigenen Atomreaktoren und – falls sie es für sinnvoll halten – auch ihre eigenen nuklearen Bomben bauen. Der weiße Mann ist, was Macht und Fortschritt angeht, nicht mehr der unerreichbar Überlegene, sondern der Ausbeuter, von dem man sich aber schon heute nichts mehr gefallen läßt, weil man weiß, daß man sich morgen von ihm nichts mehr gefallen zu lassen braucht! – Dahinter aber steht ein in stürmischem Tempo wachsendes Selbstbewußtsein, daß man vor allen Dingen bei den Schwarzen Afrikas wie Nordamerikas antrifft; und dies Selbstbewußtsein hat sehr reale Hintergründe: Der technische Fortschritt hat gerade in den letzten Jahrzehnten ein sprunghaftes Anwachsen der Bevölkerung im Gefolge gehabt, zunächst in der weißen Welt, dann aber auch und gerade innerhalb der farbigen Völker. – Die Errungenschaften der modernen Medizin und Hygiene haben die Säuglings- und Kindersterblichkeit auf ein Minimum heruntergedrückt und damit die Bevölkerungszunahme phantastisch gesteigert in Verbindung mit der planmäßigen Verbesserung der Ernährungslage. Für Indien – ein Land von bald 400 Millionen Einwohnern – sieht das ungefähr so aus: Einer indischen Ehe werden im Durchschnitt 6 Kinder geboren. Früher überlebten von diesen 6 Kindern vielleicht 2, die andern 4 starben im Kindesalter an Krankheiten oder in den periodisch wiederkehrenden Hungerjahren: die Bevölkerung blieb etwa stabil; heute aber wachsen von den 6 Kindern vielleicht 4 heran, und die Bevölkerung nimmt entsprechend zu. –

Im Jahre 1953 zählte die Menschheit rund 2800 Millionen Menschen; davon waren 1200 Millionen Weiße gegenüber 1600 Millionen »Farbigen«. Gegen Ende dieses Jahrhunderts rechnen die Experten mit rund 7000 Millionen insgesamt, von denen nur 1800 Millionen der weißen, dagegen 5200 Millionen andersfarbigen Rassen oder Völkern angehören werden. – Es ist schwer, wenn nicht unmöglich, sich vorzustellen, daß in 40 Jahren von der Vorherrschaft der Weißen und ihrer – heute immer noch vorhandenen – Macht noch etwas übrig sein wird. – Dazu kommt jedoch ein Zweites: es wird behauptet und nicht bestritten, daß über die Hälfte der heute lebenden Menschen Hungers leiden und sich Abend für Abend hungrig zur Ruhe legen. – Das ist glaubhaft genug: denn im Jahre 1953 betrug das Durchschnittseinkommen pro Kopf der Bevölkerung in den USA über 2000 Dollar; im gleichen Jahr stand es in der Republik Indien bei 43 Dollar – im Jahr! und in der Volksrepublik China (nach amerikanischen Schätzungen) bei höchstens 16 Dollar. – Eine neuere Aufstellung über

75 Länder mit insgesamt 1150 Millionen Einwohnern gibt an, daß 12 von diesen technisch noch nicht durchentwickelten Ländern ein Durchschnittsjahreseinkommen von 200 bis 600 Dollar pro Kopf, 21 Länder ein solches von 100 bis 200 Dollar und 42 Länder – also die große Mehrheit – unter 100 bzw. unter 50 Dollar zu verzeichnen hatten, daß die letzteren also ständig am Rande des Verhungerns dahinleben. – Eben diese Bevölkerungen sind es aber, die sich in zahlenmäßig schnellem Wachstum befinden, was naturgemäß die Angst und Sorge vor einer katastrophalen Hungersituation wachhält und erhöht. –

Ich erinnere mich aus dem Jahre 1952 eines mehrstündigen Gesprächs mit dem Redaktionsstab einer kommunistischen Zeitung in Südindien. – Die jungen Männer – ihrem Glaubensbekenntnis nach »Christen« – hatten mich um dies Gespräch gebeten, und ich versuchte, hinter die Motive zu kommen, die sie zum Kommunismus geführt hatten. Zu meiner Überraschung ging es ihnen weder um die klassenlose Gesellschaft als Ziel noch auch um den Klassenkampf als Mittel, dies oder ein anderes Ziel zu erreichen. Und als ich schließlich fragte: »Weshalb sind Sie denn eigentlich Kommunisten?«, erhielt ich die Antwort: »Wir sind überzeugt, daß für uns das russische Wirtschaftssystem die einzige Möglichkeit darstellt, unsere wachsende Bevölkerung ausreichend zu ernähren!« – Klaus Mehnert stellt fest (in seinem Buch »Asien, Moskau und wir«), daß das Sozialprodukt des nichtkommunistischen Asiens pro Kopf der Bevölkerung nur 1/10 dessen ausmacht, was entsprechend in Europa und Amerika produziert wird. – Es ist schwer vorstellbar, daß es auf die Dauer dabei sein Bewenden haben wird, daß diese farbige Welt ruhig und geduldig ihr Los ertragen und sich damit abfinden wird, daß sie von den Gütern der Erde so gut wie ausgeschlossen bleibt.

So naht der Zeitpunkt mit Riesenschritten, an dem wir – die weiße Rasse – unsere hegemoniale Führerstellung in der Welt verlieren werden. Der Ausgang der Nachhutkämpfe, wie sie im Augenblick noch im Orient, in Teilen Asiens und in Afrika geführt werden, kann nicht zweifelhaft sein. – Es sieht heute noch so aus, als ginge es um die Vormachtstellung des weißen Mannes, es wird bald jedem klar sein, daß es um etwas viel Ernsteres geht, nämlich um die Frage, ob der weiße Mann überhaupt noch von den Farbigen geduldet wird. Denn die Entscheidung darüber wird nicht in Washington oder Moskau, sondern in Peking, Neu-Delhi und Johannesburg getroffen werden; dort wird man darüber bestimmen, wieviel Kalorien wir pro Tag bekommen werden; und das ist keine ferne Zukunftsmusik, sondern die Lebensfrage für unsere Kinder und Enkel. –

Hierhin gehört nun wohl ein Wort der Besinnung; denn der geschilderte Sachverhalt ist ja nicht schicksalhaft, als ein unabwendbares Naturgeschehen über uns gekommen; er ist vielmehr das Ergebnis der sich über mehrere Jahrhunderte erstreckenden Haushalterschaft der weißen Völker über den Erdball, seine Menschen und Güter. – Und dies Resultat ist erschütternd; und es ist um so bedrückender für uns, als es – jedenfalls in den Augen der Andersfarbigen – das Werk der Völker gewesen ist, die sich ausdrücklich als »christlich« bezeichnet haben und die zugleich mit ihrer Herrschaft auch ihren Glauben, ihre Religion über die ganze Welt hin verbreitet haben. – Es ist deshalb schwer für die farbigen Christen von heute, von ihren Volks- und Rassegenossen anders angesehen zu werden denn als Kollaborateure und Verräter, die dies Elend mitverschuldet haben, ganz abgesehen davon, daß mit dem Ende der weißen Kolonialherrschaft nun auch das Ende weißer Missionsarbeit entweder schon gekommen ist oder zu kommen im Begriff steht. Die alten Volksreligionen gewinnen neuen Einfluß, und der Anteil der Christen geht prozentual ständig zurück mit dem Anwachsen der farbigen Bevölkerung. Für die Kirchen und für uns Christen in der weißen Welt ist das ein wirklicher Ruf zu wirklicher Einkehr und Umkehr; denn wir sind ja heute angeredet, wenn wir das Wort hören: »Um euretwillen wird mein Name geschmäht unter den Heiden!« [Jes 52,5; Rö 2,24] – Und so haben wir ernstlich zu fragen, was denn jetzt zu tun ist?!

Die Einkehr und Umkehr fängt bei uns an, gerade bei uns Christen: wir sollten nämlich darum gewußt haben, daß Menschen – auch Farbige – eben Menschen, berufene Gotteskinder sind, und daß wir kein Recht haben, uns über sie zu erheben. »Was hast du, das du nicht empfangen hast?« [1 Kor 4,7] – Aber wir haben ja schon den Juden gegenüber versagt, und es ist leider nicht überzeugend deutlich geworden, daß wir unser Schuldbekenntnis selber ernst genommen hätten: »Wir haben nicht brennend genug geliebt!« Deshalb sind die Anzeichen eines wiederauflebenden Antisemitismus so beunruhigend, ebenso beunruhigend wie die nicht zu leugnende Rückkehr zum Machtdenken, gerade innerhalb der »christlichen« weißen Welt. – Und dabei ist uns der Weg, den wir gehen sollten, in Jesus Christus so unmißverständlich vor die Augen gestellt. – Darum glaubt man uns nicht, und darum kann man uns nicht glauben. – Ein Dekan meiner Kirche kam vor einigen Monaten aus Japan zurück und erschreckte mich tief, als er berichtete, daß man ihm gegenüber in nicht-christlichen Kreisen ganz harmlos und ohne Arg von der Hiroshimabombe als von der »christlichen« Bombe gesprochen habe. So sieht man heute in der farbigen Welt das »Christentum«!

Die Zeit ist kurz: es geht nicht um die Wiedergewinnung der weißen Vorherrschaft; sie war im Ansatz schon falsch und unchristlich, dem Geiste Jesu widerstreitend; es kann nur darum gehen, daß wir uns um das friedliche Zusammenleben der Menschen, Völker und Rassen ehrlich und mit den uns gegebenen und bis heute noch belassenen Mitteln bemühen. Dieselbe weiße Rasse, die den heutigen Zustand mit der selbstsüchtigen Ausnutzung ihrer Intelligenz heraufgeführt hat, ist es der Menschheit schuldig, auch den Weg zu finden und zu zeigen, wie dieser Zustand so gemeistert werden kann, daß er nicht zur allgemeinen Katastrophe führt. Mit anderen Worten: wir müssen dazu helfen, daß die farbigen Völker, die im Zuge dieser Entwicklung in eine ungeheure Krise geraten sind oder in nächster Zukunft geraten müssen, diese Krise bestehen können. – Wir verschwenden zur Zeit unsere Kräfte an den Rüstungswettlauf zwischen Ost und West, obgleich er längst sinnlos geworden ist, und machen andererseits ohnmächtige, aber sehr kostspielige Versuche, das koloniale Zeitalter noch festzuhalten, obgleich es vorüber ist und vorüber sein muß; ich sage: »wir«; denn auch wir sind ja daran tatsächlich beteiligt. Und wir dürfen doch gar nichts anderes wollen, als unsere Möglichkeiten für die leidende und hungernde Menschheit zu nutzen, damit das tägliche Brot für alle reicht. – Auch wenn wir demnächst die ungeheure Menge von 7000 Millionen Menschen auf unserer Erde haben werden, bleibt das Dichterwort noch in Kraft: »Raum für alle hat die Erde«; die Frage bleibt nur, ob wir bereit sein werden, miteinander zu schaffen und füreinander zu arbeiten, statt gegeneinander zu streiten und zu versuchen, voneinander zu leben. –

Der Christenheit wird man in der farbigen Welt nicht mehr glauben, solange ihr Verhalten im offenbaren Widerspruch zu der Botschaft steht, die sie verkündet. – Die Aufgabe, die Botschaft von Jesus in der farbigen Welt weiterzusagen und zu vertreten, fällt heute den farbigen Christen, den »jungen Kirchen« zu, und wir, die wir an ihrer schwierigen Situation ein gerüttelt Maß von Schuld tragen, können nichts Besseres tun, als nun unsere Opfer für sie zu verdoppeln und Gott zu bitten, daß er sie unsere Untreue nicht entgelten lasse. Wir können nur noch Hilfestellung geben, den schweigenden Dienst des Arztes und der Pflegerin unter ihnen tun und ihnen das Rüstzeug zum Lehren und Verkündigen bereitstellen. Das bedeutet eine tiefgreifende Umstellung christlicher Mission in der farbigen Welt. Wir haben gemeint – ja auch wir Christen der weißen Welt haben gemeint –, es ginge nicht ohne unsere Führung, Leitung und Aufsicht. Jetzt heißt es: entweder geht es ohne unsere Führung, Leitung und Aufsicht, oder es geht überhaupt nicht! Eine Christengemeinde von Negern ist nicht ärmer oder schwächer als wir, und doch haben wir das in unserm weißen, unchristlichen Hochmut gemeint und mit hinein genommen in unseren christlichen Missionsdienst, statt nach dem Vorbild der Apostel die jungen Gemeinden der Leitung des heiligen Geistes nach der Verheißung Jesu Christi zu befehlen und sie damit in die Freiheit zu stellen.

Und hier müßte es bei uns wohl grundlegend anders werden: wir sind heute in besonderer Weise verantwortlich gemacht für das, was die weiße Welt und Menschheit, für das, was unser eigenes Volk, unser eigener Staat tun oder nicht tun. Und wir sollten nicht müde werden, alle unsere christlichen Mitbürger daran zu erinnern, daß keiner von uns ein Recht hat, Jesus Christus seinen Herrn zu nennen, wenn er nicht bereit ist zu tun, was er sagt, ja daß es – nun mit der Barmer Erklärung von 1934 zu sprechen – keinen Bereich in unserem Leben gibt, in dem wir auf einen andern Herrn zu hören oder einem andern Herrn zu gehorchen hätten als ihm allein! – An der farbigen Welt von heute wird es klar, daß die weiße, christliche Welt mit ihrem Streben nach Macht und Herrschaft ihrem Herrn einen bösen Dienst getan hat, daß sie dem einen jener beiden Brüder gleich geworden ist, der dem Vater antwortete: Ja! und doch nicht tat, was er sollte! [Mt 21,28-31] – An der farbigen Welt von heute wird es ebenso deutlich, daß der Vater heute noch einmal spricht! »Gehe hin und arbeite heute in meinem Weinberg!« – Die Zeit ist kurz; es sieht nicht so aus, als würde der Vater, wenn wir jetzt nicht hören, noch einmal rufen. Für die weiße, christliche Welt ist die Zeit zum Dienen gekommen und damit die Zeit, sich in der Nachfolge ihres Herrn, zu diesem ihrem wahren Herrn, zu bekennen. –

Denn sie wissen, was sie tun!

Meine Damen und Herren, liebe Freunde!
Denn sie wissen, was sie tun [Lk 23,24]. Das ist das Wort, das über dieser Feierstunde ungeschrieben stehen soll. Und ich denke, aus dem, was wir von Herrn Professor Hagemann gehört haben, bleibt die Frage quälend übrig: Wissen sie wirklich, was sie tun? Ich erinnere mich an eine kleine Geschichte, die bei uns im Konzentrationslager während des Krieges erzählt wurde. Ein Vater steht mit seinem kleinen, fünfjährigen Töchterchen vor dem Globus und das Töchterchen hat einiges gehört und fragt nun an dem Globus: »Vater, wo ist Deutschland?« *[Der Vater zeigt ihr Deutschland, das kleine Fleckchen auf dem Globus, und dann – auf weiteres Fragen – das englische Empire, Rußland und die Vereinigten Staaten. Darauf das Kind, ganz erstaunt: »Du, Vater, weiß denn der Führer das?« – Ich denke, wir stehen unter einem ähnlichen Eindruck nach dem, was wir heute abend gehört haben über die Entwicklung der nuklearen Massenvernichtungsmittel: Wissen die Führer das? – Wir sind doch alle über diese Frage unruhig geworden, nachdem hier die Katastrophen von Hiroshima und Nagasaki mit ihren furchtbaren Auswirkungen] schon wieder einmal aus dem Dunkel der Vergangenheit für unser Bewußtsein hervorgeholt worden sind. Und die Verantwortung, die auf den Führern von heute liegt, steht vor unseren Augen riesengroß da. Meine Freunde, wichtiger ist die Frage, andringender ist die Frage: Wissen wir, was wir tun? Wissen wir, was wir in dieser Situation tun? Wir, ja, die wir heute abend unter der Marke stehen: »Christen gegen

* Zur Passage in eckigen Klammern siehe S. 342.

Atomgefahren.« Wissen wir wahrhaft, was wir tun? Wir tun ja gar nichts. Wir geben alle paar Jahre einmal unseren Stimmzettel ab, und vielleicht gehen wir auch noch mal das eine oder andere Mal in eine Versammlung wie die, die am heutigen Abend stattfindet. Und was machen wir dann weiter, und was machen unsere Kinder, unsere heranwachsenden Söhne? Wie geht eigentlich das alles weiter? Oder sind wir wahrhaftig Leute, die gar nichts tun? Schafe, die zur Schlachtbank geführt werden, weil sie sich zur Schlachtbank führen lassen, obgleich sie nicht den Strick um den Hals zu haben brauchten? Der Christ und der Krieg – das ist doch das geheime Thema, das hinter dem allen steht. Wie stehen wir als Christ zu dem Krieg, ja, von dem wir jetzt endlich wissen, wie er im Endeffekt aussieht? Ich brauche nicht noch einmal zurückzukommen auf das, was Professor Hagemann gesagt hat, denn die theologische Theorie sieht ja in der evangelischen Christenheit ganz genau so aus wie in der katholischen Kirche. Um die Frage der Rechtfertigung aus dem Glauben, um die Frage nach der Bedeutung der Werke im Leben für das Leben des Christen, jawohl, *da* gibt's die tiefen Unterschiede. Aber in den Dingen, die uns ans Leben greifen, unmittelbar ans Leben greifen, und damit an unsere Verantwortung für die, deren Leben mehr oder weniger in unsere Hände gelegt wird, da gehen wir den alten Trott; da ist Martin Luther der gelehrige Schüler des heiligen Augustin und der mittelalterlichen Scholastik und des Scholastizismus; da ist die Rede vom gerechten Krieg und vom ungerechten Krieg; aber den ungerechten Krieg, wer will den heutzutage noch feststellen, wenn jede Obrigkeit behauptet: Der Krieg, den wir führen, ist gerecht? Und da gibt es dann kein Ausweichen mehr, denn das hat sich ja alles gegenüber dem 16. Jahrhundert derartig gewandelt und geändert, daß heute schon die Kirche ganz offiziell den Rat gibt: Zerbrich dir den Kopf nicht! Wenn dein Vaterland und dein Volk und deine Obrigkeit einen Krieg führen und du kannst es nicht herauskriegen, weshalb und weswegen, dann bist du am sichersten, wenn du dem Ruf und dem Befehl der Obrigkeit folgst! – Man weiß es heute wirklich nicht mehr, nicht wahr, denn inzwischen hat sich die Diplomatie ja dazwischengehängt. Professor Hagemann sprach von der Propaganda. Wer weiß denn noch, was wirklich geschieht? Wer weiß denn in Kassel, was vorgestern Nacht tatsächlich in der Justizdebatte im Bundestag vorgegangen ist? Es ist leider nicht mit Radio verbreitet worden, sonst würden wir heute abend hier sitzen mit dicken und roten Köpfen, daß eine Regierung kein Wort mehr antworten kann, wenn der leitende Minister der auswärtigen Angelegenheiten angeklagt wird vor den gewählten Volksvertretern, daß er eine berechtigte Klage eines seiner Untergebenen, die er jahrelang hingehalten hat, so abzudrehen versucht, daß er diesem Untergebenen nicht nur einen, sondern drei Botschafterposten zur Auswahl anbietet, wenn er bloß seine Klage zurückzieht! Freunde, wo sind wir eigentlich hingeraten? Das sage ich nicht als Politiker, ich bin keiner, sondern das sage ich als ein Mensch, der als Christenmensch gewisse Begriffe von Anstand und Sitte und Sittlichkeit mitbekommen hat. Ich habe mal einen Kameraden gehabt, das ist nun allerdings in der »verfluchten« alten Zeit gewesen vor 1914, dessen Vater hatte Militärlieferungen gehabt, und irgendetwas war anscheinend nicht ganz klar. Der Sohn war Offizier, der Sohn mußte verschwinden, denn das ging nicht, daß auch nur der Schein eines Verdachtes auf jemandem ruhte, der im Namen des Volkes ein Amt zu verwalten hatte. Und wenn man schon um solche Dinge solche Sachen macht, was wird man dann erst machen, um einen Krieg, den man führen will, als gerechten Krieg zu deklarieren? Keine Regierung hat seit 300 Jahren einen ungerechten Krieg geführt. Erst *nach* dem Kriege wurde festgestellt, daß der Besiegte natürlich im Unrecht gewesen war. – Vor 300 Jahren, da gab es auch noch keinen Wehrzwang. Wir reden von der Wehrpflicht. Über die Wehrpflicht läßt sich streiten, denn das ist ein Problem, wie weit ein Staat das Recht hat, seine Bürger dazu zu zwingen, andere Leute zu töten. Ein echtes Problem! Aber jedenfalls, wir haben nun seit 150 Jahren den Zwang, daß jeder, der dazu nicht bereit ist, nun, wenn's gnädig abgeht, im Frieden ins Gefängnis oder im 3. Reich ins Konzentrationslager oder im Krieg aber an die Wand geschickt und gestellt wird. Und das ist auch eine Frage, die mitspricht bei der Frage, ob wir wissen, was wir tun, und ob wir's wohl wissen *wollen*, was wir eigentlich tun. Wenn ich Unrecht tue unter Zwang, dann *will* ich ja gar nicht wissen, daß ich Unrecht tue, sonst wär's ja nicht auszuhalten. – Hier war die Rede von den gerechten *Mitteln*, die im Kriege angewandt werden müssen. Nun, wir haben dieser Theorie längst den Abschied gegeben, seitdem der General Ludendorff uns im ersten Weltkrieg den totalen Krieg vordemonstriert und dann aufgenötigt hat; und da sind eben die Mittel total, d.h. jedes Mittel ist recht, *catch as catch can*. Jedes Mittel, womit man seinen Gegner kleinkriegen kann, kann angewendet werden. Und darum ist heute die Ausbildung zum Soldaten, die Ausbildung der Kommandos im zweiten Weltkrieg, die Hohe Schule für Berufsverbrecher. Mütter und Väter sollen wissen, was sie tun, wenn sie ihren Sohn Soldat werden lassen. Sie lassen ihn zum Verbrecher ausbilden. – Und die Kriegsführung als solche hat sich geändert. Es bedeutete mal der Krieg: Wir wissen nicht, wer in dieser Streitfrage nachgeben müßte, und damit wir das feststellen, stellen wir mal fest, wer der Schwächere ist. Und wenn man festgestellt hatte in einem Feldzug, wer der Schwächere war, dann wurde der Feldzug mit Friedensverhandlungen beendet, und der Schwächere, der Unterlegene, mußte nachgeben. Wie weit, nun darüber sprach man mit ihm, und wenn er nicht ganz so weit nachgeben wollte wie der Sieger, es ist mehrfach passiert, es ist uns 1870 so passiert, dann wurde der Kampf noch einmal wieder aufgenommen, um endgültig festzustellen, wer der Schwächere ist. Davon ist heutzutage keine Rede mehr. Der Krieg selber ist ja total geworden, in seiner *Ziel*setzung. Man will ja gar nicht *feststellen*, wer der Schwächere ist, sondern man will den, der sich als der Schwächere erweist, umbringen und ausrotten. Es soll ja um die Existenzfrage gehen. Wenn Amerika und Rußland miteinander Krieg führen würden – sie werden's nicht tun, Gott sei es gedankt –, dann hat der Krieg ja bloß einen Sinn, wenn nach dem Kriege bloß noch die Amerikaner oder bloß noch die Russen da sind, sonst hat der Krieg ja seinen Zweck verfehlt und hat die Koexistenzfrage nicht gelöst, und dann ist nach dem Kriege gar nichts besser, als es vorher war. – Wissen wir, was wir tun, wir Christen, wenn wir uns an der Vorbereitung, an der Rüstung zum Kriege beteiligen, wenn wir heutzutage noch Soldat spielen oder mit uns Soldat spielen lassen? Heute, wo wir wissen: Die kirchliche Lehre ist eine reine Theorie, und die Bücher, in denen sie dargeboten wird, sind nicht mal mehr wert, aufgeschlagen zu werden. Wissen wir, was wir tun? 1914 – ich denke an jene Zeit, ich war damals 22jähriger junger Berufsoffizier, als wir mit Begeisterung damals im August an unser Kriegswerk gingen, weil wir noch daran glaubten, daß das höchste Heil und das Letzte im Schwerte läge und daß die Verteidigung des Vaterlandes und die Ehre der Nation es erforderten, daß man sein Leben dafür einsetzte; 1939 war's schon anders. Da war jedenfalls von der Begeisterung, die wir 1914 gekannt hatten, für den Betrachter nicht mehr sehr viel zu merken, oder man mußte schon nicht begeistert, sondern fanatisiert sein. Immerhin, damals haben sich Christen Gedanken gemacht, liebe Freunde. Es gab eine Bekennende Kirche, die im Jahre 1938 in der Tschechenkrise alle Pfarrer im Lande bat, sie möchten öffentlich sonntags im Gottesdienst doch Fürbitte halten für die Erhaltung des Friedens. Und sie wurden, natürlich wurden sie, und bald wird es wieder bei uns so sein, als potentielle Kriegsverbrecher, nämlich als Landesverräter, hingestellt, und die evangelischen Bischöfe sagten sich von den Pastoren, die das machten, feierlich los. Aber dann hat es kaum noch ein Gebet für den Sieg gegeben. Wir stehen nach dem zweiten Weltkrieg und nach dem, was seither bei uns geschehen ist und geschieht, eigentlich alle in der Haltung: Wir können unsere Stimme abgeben bei einer Wahl, weiter können wir gar nichts tun, und im übrigen müssen wir hinnehmen, was kommt. Im Ernstfall kann man sich solch einer Geschichte, auch wenn es Krieg gibt, natürlich nicht entziehen. Wir sind alle die Leidtragenden, und wenn wir gemustert werden, dann müssen wir halt mit, und dann müssen wir, auch wenn es uns nicht gefällt, mit den Wölfen heulen. – Meine Freunde, es ist wohl Zeit für uns Christenmenschen, daß wir uns wecken lassen. Denn in bezug auf den Krieg haben wir tatsächlich nicht nur während des ersten Weltkrieges und die 300 Jahre vorher, sondern auch noch im zweiten und auch noch jetzt in der Pause, in der wir gerade drinstehen, geschlafen. Wir beruhigen uns und haben unsere Opiate, die Pillen, die wir zu unserer Beruhigung und Einschläferung nehmen. Wir sagen uns: Wir leben in einer Welt der Sünde, wir *machen* ja den Krieg gar nicht. Aber eines Tages ist er da. Und was soll man dann tun, wenn der Krieg da ist? Dann kann man sich ja dieser Geschichte gar nicht entziehen. Vielleicht sagen wir noch: Jawohl, mitmachen wäre Sünde, aber wäre nichtmitmachen dann nicht eine noch schlimmere Sünde? Und was die Kirche gesagt hat seit 1945, hat ja uns alles nicht viel weitergeholfen. Auch was die evangelischen Kirchen gesagt haben. Etwa auf der Weltkirchenkonferenz von Amsterdam im Jahre 1948: »Krieg ist gegen den Willen Gottes.« Nun ja, das ist viel gesagt und ist gar nichts gesagt. Mord ist auch gegen den Willen Gottes. Aber damit, daß ich das feststelle und Morde nicht verhindere, habe ich eben noch gar nichts getan. – Oder Eisenach im Jahre 1948, als die Evangelische

Kirche in Deutschland zum ersten Male wieder zusammenkam mit ihrer Synode nach dem Kriege: »Auf der Gewalt ruht kein Segen«! einstimmig angenommen! Und ich weiß nicht, wieviel Leute, die in Eisenach dabei waren, haben nicht nur im Bundestag für die Aufrüstung mit der Bundeswehr, sondern auch für die atomare Aufrüstung im vergangenen März ihre Stimme abgegeben. »Auf der Gewalt ruht kein Segen«: aber her mit der Gewalt, wir brauchen keinen Segen! Sehen Sie, liebe Freunde: Wissen wir eigentlich, was wir tun und was wir tun sollten? Und die Dinge sind ja zugespitzt in unseren Tagen, in einer besonderen Weise, zu all dem, was wir früher gekannt haben, auch noch Hiroshima und was darauf folgte, bis zum Jahre – ja, bis zum Jahre 1954, gilt ja heute so nicht mehr. Und vielleicht darf ich hier ein paar Dinge noch ergänzen oder schärfer unterstreichen, als wir sie von Professor Hagemann heute abend vorgesetzt bekommen haben. Zwei Dinge sind hinzugekommen; das eine habe ich schon genannt: Wenn heute ein Krieg losbricht, dann geht es nicht darum, wer der Schwächere oder Stärkere ist, damit man sich hinterher vergleicht und einen Friedensvertrag macht. Wenn Amerika gegen Rußland kämpft, will Amerika nicht einen Friedensvertrag mit Rußland haben. Und umgekehrt. Sondern dann will man, daß der andere verschwindet. Dann hat man das totale Kriegsziel, d.h. dieser Krieg hat bloß noch einen Sinn, in den wir hineinsteigen und hineingestürzt werden, wenn er damit endet, daß entweder der Kapitalismus und die dementsprechende sogenannte christliche Weltanschauung weg ist, oder aber, daß der Sozialismus mit der bolschewistischen Weltanschauung weg ist. Sonst hat der ganze Krieg überhaupt keinen Sinn, keinen denkbaren Sinn. Das wußten wir schon eine Weile; das hat sich schon seit 1947 sehr deutlich gezeigt, als der eigentliche Gegensatz aktiviert wurde zwischen den beiden verbleibenden Großmächten. Und dann kam ein Jahr, und, meine Freunde, dieses Jahr, davon werden die Menschen reden, solange es eine Menschheit auf dem Globus gibt, das ist nämlich das Jahr 1954, das Jahr, wo auf beiden Seiten dieses Gegensatzes die erste Wasserstoffbombe detonierte. Das Jahr, in dem der Mensch plötzlich vor der Tatsache stand, daß er etwas kann, woran vor 1954, solange es Menschen auf der Erde gegeben hat, Millionen von Jahren, noch niemals ein Mensch als eine Möglichkeit gedacht hat. Seit 1954 können Menschen nicht nur andere Menschen umbringen; das konnten die Menschen immer, solange es Menschen gab; seit 1954 können Menschen *das* Leben auf der Erdoberfläche umbringen. Das heißt, seit 1954 können die Menschen die Erde so machen, wie es in 1. Moses 1, Vers 1, geschrieben steht: Und die Erde war wüst und leer. Das können wir. Und das ist keine Theorie, an der jetzt noch die Techniker arbeiten müßten, um sie in die Praxis zu übersetzen, sondern Professor Linus Pauling, der im vergangenen Sommer uns ja in Essen besucht hat und dort vor der IdK einen Abendvortrag gehalten hat, der Nobelpreisträger aus Pasadena, von der Universität von Californien, er hat es uns bescheinigt, daß die nuklearen Explosivstoffe, die heute im Westen und im Osten, d.h. in Amerika und in Rußland, vorhanden sind, schon viermal ausreichend sind, um alles Leben auf der Erdoberfläche zum Erliegen zu bringen. Und von daher ist es ja alles Spiegelfechterei, wenn man davon redet, man müßte das Gleichgewicht der Abschreckung, das Gleichgewicht der Kräfte zwischen Ost und West aufrechterhalten. Das Gleichgewicht der Kräfte ist seit 1954 oder 55 da. Das war nämlich da in dem Augenblick, wo sowohl Amerika wie auch die Russen die Möglichkeit hatten, alles Leben zu vernichten. Professor Hahn hat es uns gesagt, Anfang 1955: Zehn Kobaltbomben, Wasserstoffbomben mit Kobalt-60-Mantel, die tun das Geschäft. Also, wenn die Amerikaner 10 solcher Dinger haben und die Russen auch, dann ist alles weitere Rüsten im Grunde ein Unsinn und ein Wahnsinn, denn mehr als *das* Leben auf der Erde vernichten kann man mit allem weiteren Rüsten nun tatsächlich nicht mehr. Wissen wir, was wir tun? Und hier fragen wir wieder: Wissen die denn, was sie tun? Ich persönlich bezweifele, daß sie's wissen, was sie tun. Ist doch bloß zu erklären, wenn man sich vorstellt, daß bei denen, vorübergehend mal, aber eine außerordentlich wirksame Mattscheibe eingetreten ist. Aber Mattscheiben sind gefährliche Dinge, wenn sie mitten im Verkehr passieren. Und dann kann es leicht Karambolage und Zusammenstoß und alldergleichen Dinge geben, und so eine Mattscheibe hat gewöhnlich auch ihre Ursache. Professor Hagemann hat hier etwas von Rüstungskapitalismus und Rüstungsindustrie gesagt. Ich brauche das nur anzudeuten, ich brauche gar nicht weiterzufahren. Vor vier Jahren hat man mir in Amerika gesagt: Wir können ja gar nicht aufhören zu rüsten, wo soll man mit den Arbeitslosen denn bleiben? Das ist hinter unserem Wirtschaftswunder. Meine Freunde, wissen wir, was wir tun? Und jetzt könnte ich meine alte Platte wieder auflegen und könnte davon reden, welche unvorstellbaren Summen heute in die Rüstung gesteckt werden – die NATO-Kosten wurden uns heute abend ja mal ad oculos demonstriert – und dann haben wir über die Hälfte der Menschheit, die hungert und die nicht genug Kapital hat, um ihre Agrikultur und ihre Industrie so auszubauen, daß sie den allernotwendigsten Lebensbedürfnissen für ein Existenzminimum wirklich Genüge tut, und wir nennen uns »christliche Welt«! Wir wissen heute: Der Krieg ist Wahnsinn; und er wird immer Wahnsinn bleiben; auch das hat uns Professor Hagemann ja gesagt. Man kann ja nicht mit der sogenannten abgestuften Abschreckung arbeiten, denn im Augenblick, wo einer von den beiden Kontrahenten sich als unterlegen erkennt, stuft er ja *auf*, und selbstverständlich stuft er auf. Und wenn es heißt, man darf bloß Bomben verwenden in der Größe derer von Hiroshima und Nagasaki, und einer merkt, jetzt geht's mir aber ans Leben, nun schön, dann baut er eben die Wasserstoffbombe, damit's dem andern auch ans Leben geht. Ganz abgesehen davon, daß er die 10 Kobaltbomben für alle Fälle im Keller liegen hat, damit er, wenn er schon Selbstmord begehen muß, diesen Selbstmord nicht allein zu bestreiten hat, sondern dann den Rest dieser – wie ein Philosoph gesagt hat – »verdammten Rasse« auch noch mit sich nehmen kann. Es gibt kein Zurück mehr, liebe Freunde. Wissen wir, was wir tun? Augenblicklich wird verhandelt; es ist gut, wenn verhandelt wird. Verhandeln ist sogar das einzige, worauf wir augenblicklich hoffen können; denn solange verhandelt wird, wird nicht geschossen. Aber herauskommen kann bei dem Verhandeln gar nichts. Die Experimente werden eingestellt. Jawohl, sie werden es mit Verhandlungen oder ohne Verhandlungen – irgendwo wird das Maximum erreicht dessen, was die menschlichen Versuchskaninchen an Radioaktivität ertragen können. Sie hören von allein auf. Der atomare Krieg wird nicht kommen. Aber die atomare Drohung ist da. Es liegen da 30 Kobaltbomben in Amerika fertig und 10 oder 12 in Rußland. Die Russen sind nämlich klug genug, nicht mehr zu bauen, als nötig ist. Alles das ist da. Und nun können die Verhandlungen dahin führen, daß man sagt: Schön, internationale Kontrolle. Alle atomaren Waffen werden wieder in ihre Urbestandteile zurückzerlegt. Das ist gar nicht so einfach. Es ist manchmal leichter, so eine Bombe zu konstruieren, als sie wieder zu demontieren. Wie's manchmal leichter ist, einen Blindgänger zu werfen, als den Blindgänger hinterher loszuwerden. Also, eins wird die Menschheit ja nie wieder los, und das wird gerne von den Illusionisten von heute übersehen: Wir Menschen werden die Kenntnis, daß wir nämlich ein Vernichtungsmittel bauen können, womit wir die ganze Welt vom Leben befreien können, nicht los. Und diese Kenntnis ist auch keine Geheimwissenschaft. Und die Chinesen werden, ob die Russen ihnen die Dinger geben oder nicht, in fünf Jahren so weit sein, daß sie ihre eigenen Wasserstoffbomben bauen, auch wenn die westlichen und östlichen Mächte das gar nicht wollen. Das heißt, die Sache ist sehr viel ernster im Grunde, als wir sie so in den Zeitungen sehen. Wir meinen, wenn die Russen und die Amerikaner sich einigen, dann wäre alles in Ordnung. Und auf diese ganze Art und Weise, daß man abbaut, abbaut, abbaut, kommt man auch nicht in Ordnung, denn davon kommt die Menschheit nicht in Ordnung. Und darum geht es. Und darum geht es ja gerade für uns Christen. Wissen wir denn, was wir tun? Der Krieg ist in jedem Fall Wahnsinn geworden. Weil in jedem Krieg, in verhältnismäßig naher Zukunft, eben diese alles zerstörenden Dinge auftauchen werden, weil wir die Formel nicht los werden können und weil die kleinen Kriege zu großen Kriegen werden müssen, weil ja Krieg schließlich geführt wird, um einen Schwächeren kleiner zu machen, und weil der Schwächere dann zu den schärferen Abwehrmitteln greift, naturnotwendig greift, das heißt: Die Lösung wird faktisch immer schwieriger. Der Friede wird schwer. – Also, seit 54 können wir etwas. Meine Freunde, *seit dem Jahre 1954* hat die Menschheit etwas, was als Wolke über ihrem ganzen ferneren Lebensweg, wie lang der immer sein mag, hängen wird. Wir können *das* Leben vernichten. Das Leben, alles Leben schlechthin. Und mit dem Jahre 1954 hat sich infolgedessen die Welt verändert. So verändert, ja, wie das uns Menschen erst langsam eingeht. Alles das, was wir früher in Zusammenhang mit Gewaltanwendung gedacht haben, gilt nicht mehr. Als der Steinzeitmensch sich vor seine Höhle stellte, um seine Frau und Kinder und das, was er in der Höhle etwa an Beute oder an Werkzeugen als sein Eigentum hatte, gegen einen Angreifer zu verteidigen, und der nun einen Stein vom Boden aufhob, um seiner Faust, wenn sie die Schädeldecke des Angreifers traf, größere Durchschlagskraft zu verleihen – das war ja die erste Waffe –, da hat dieser Steinzeitmensch über Verteidigung, über Waffe, über Krieg und über Frieden genau das gleiche gedacht, was wir alle darüber gedacht haben. Bis zum Jahre 1954. Verteidigung, das hieß: Ich stelle mich vor die Meinen und vor mein Eigentum, ich stelle mich vor mein Volk und vor mein Land und lasse den Angreifer nicht rein. Nur über meine Leiche! Das war Verteidigung bis 1954. Gibt's nicht mehr. Ist nichts zu verteidigen. Wenn einer 10 Kobaltbomben hochgehen läßt, wird niemand gefragt, was er verteidigen will dagegen. Und wie er das machen will. – Bis zum Jahre 1954 haben alle Menschen durch Jahrmillionen das gleiche gemeint, wenn sie das Wort und den Begriff Waffe verwendeten. Seit 1954 gibt's das auch nicht mehr. Denn diese Waffe, die 10 Kobaltbomben, sind keine Waffen mehr. Sie richtet sich nicht und läßt sich nicht richten gegen den Feind. Sie richtet sich immer auch gegen den, der sie gebraucht, und gegen alle anderen. Wir bekommen den Vorgeschmack davon durch die Bombenexperimente, an denen deutlich wird, daß das, was sich der Höhlenzeitmensch unter Frieden vorgestellt hat und was sich der Mensch bis zum Jahre 1954 unter Frieden vorgestellt hat, auch nicht mehr stimmt. Friede ist kein Friede mehr. Professor Pauling hat uns berichtet, daß jede Wasserstoffbombenversuchsexplosion 15 000 Menschenleben kostet und außerdem 15 000 Mißgeburten in der gegenwärtigen Generation. Professor Bechert hat uns wenige Wochen später mit der Nachricht überrascht, daß die Einwirkungen auf die Erbmasse der Menschen und die Vererbung an Kinder und Enkel, daß diese Einwirkungen, diese Erbschäden, sich progressiv weiterentwickeln durch die Zeiten und daß sie ihren Höhepunkt erst erreichen in 30 oder 40, nicht etwa Jahren – Generationen! Wir haben gemeint, die Hiroshimabombe hätte den zweiten Weltkrieg beendet. Stimmt gar nicht. Sondern für die Leute von Hiroshima und für die Leute von Nagasaki geht der Weltkrieg 800 bis 1000 Jahre weiter, wenn da noch Nachkommen von den Bewohnern von Hiroshima und Nagasaki da sind. Kein Mensch kann das abbremsen. Wir nennen das Frieden. Aber der Frieden ist kein Frieden mehr. Sondern der Frieden ist, ja, Krieg gegen Unbekannt. Aber das ist ja auch kein Krieg mehr, sondern das ist ja nun wirklich Massenmord und Massenselbstmord; d.h. wir müssen unser ganzes Denkkostüm umwenden. Außen nach innen und innen nach außen. Soweit Verteidigung und Waffe und Frieden und Krieg in Frage kommen, haben Menschen Millionen von Jahren sich darunter dasselbe vorgestellt, und alles das stimmt nicht mehr. Sie wissen, was sie tun. Nein, ich glaube eben, ich sprach von einer Mattscheibe, ich hab ja selbst eine, mir sind diese Dinge vom Jahre 54 erst im Jahre 57 wirklich deutlich geworden. Und ich glaube, wir brauchen uns dessen auch nicht zu schämen, daß es schwer ist für uns, Denkgewohnheiten abzulegen, die durch Hunderttausende von Generationen in unseren Vorvätern normal und natürlich gewesen sind, und das ist meine leise Hoffnung. Bei dem einen geht's langsam und beim andern geht's ein bißchen schneller. Aber so groß sind diese Unterschiede nun wirklich nicht, und es ist immer noch Hoffnung da. Bloß, wenn einer nicht umlernen *will*, dann wird's gefährlich. Wenn man die Wirklichkeit nicht sehen *will*, dann wird es schlimm. Sie wissen, was sie tun? Ich gebe auch unseren Politikern, ich gebe auch unserem Verteidigungsminister im Bund immer noch, ja, diesen Vorschuß an Vertrauen, daß sie sehen *wollen*, was ist, auch wenn sie's heute noch nicht sehen *können*. Nicht wahr, denn ein Mann wie der Verteidigungsminister, nun ja, das war ein hochbegabter Schüler, und dann hat er etwas studiert, und dann kam der Krieg, und dann wurde er begeisterter Offizier und ist niemals etwas anderes gewesen. Nachher, bei der Besatzungsmacht dann wurde er Landrat, ist ihm alles gelungen und geglückt; wie soll der auf die Idee kommen, so plötzlich, daß diese ganze schöne Welt, die für ihn so gerade gelaufen ist bis zum heutigen Tage, daß die irgendwo ganz tief innen den Holzwurm hat, der das Gebälk zerfrißt? Sich an den Gedanken zu gewöhnen, ja, dazu gehört dann mehr Aufgeschlossenheit, als ein junger Mann mit seinem, ja, mit seinem Optimismus so ohne weiteres aufbringt. Aber wir wollen ja nicht daran verzweifeln, sondern wollen darauf hoffen, daß auch die Leute, die uns augenblicklich führen, noch dazulernen können. Und das meine ich auch von unserem Bundeskanzler. Denn man wird nie so alt, daß man nicht noch dazulernen dürfte und müßte. Ja, ich bin oft gefragt worden, liebe Freunde, ich sage das mit Bedacht: Sie sind ein ganz charakterloser Mensch, Sie sind ja früher Militarist gewesen und Nationalist gewesen, und jetzt sind Sie Pazifist und womöglich auch noch Sozialist oder so etwas! Ich kann darauf nur antworten: In eine Partei bin ich nicht reingegangen. Mein Beruf als Pastor hat mich eigentlich daran gehindert, aber, daß ich meine Überzeugung in meinem Leben geändert habe – ich glaube nicht aus Charakterlosigkeit, sondern weil ich was dazugelernt habe –, dessen schäme ich mich nicht. Wir sind eben an einem Ende angelangt, das Jahr 1954 bedeutet irgendwo ein Ende. Und das zu begreifen, sich das einzugestehen, ist einmal ein Stück Denkarbeit und zweitens ein Stück Selbstüberwindung. Und das geht uns Christen ja wohl in erster Linie eigentlich an, daß wir zu dieser Selbstüberwindung willig sind und werden. Aber eine Überlegung, liebe Freunde, und mit der will ich schließen, eine Überlegung, die unser Christsein in der Tiefe angeht: Ich sprach von dem Höhlenmenschen, der den Stein aufhebt, die erste Waffe. Und ich sprach vom Jahre 1954 und den 10 Kobaltbomben, die ausreichen, um alles menschliche und alles übrige Leben auf der Oberfläche unseres kleinen Planeten nun zu begraben. Von dem Stein in der Hand des Höhlenmenschen bis zu 10 Kobaltbomben im Pentagon-Keller oder im Kreml-Keller von heute ist doch wohl ein ständiger Weg, der Schritt für Schritt in ein und derselben Richtung zielsicher gegangen worden ist. Die erste Waffe trug in sich schon die Frage:

Kannst du mich nicht noch wirksamer gestalten? Und der Höhlenmensch erfand seine Schleuder und konnte den Stein mit der Schleuder wirksamer machen, als wenn er bloß den Stein in die Faust nahm. Und die Geschichte des technischen Fortschritts ist, wie wir alle wissen, die Geschichte der Waffentechnik, und zwar von den Urzeiten menschlicher Zivilisation an. Und diese Waffentechnik, die unter der Frage stand: Wie kann ich mir eine wirksamere Waffe für den Fall, daß ich einen Feind habe, mit dem ich zum gewaltsamen Auseinandersetzen komme, wie kann ich mir eine möglichst wirksame Waffe verschaffen? Diese Frage hat die Waffentechnik entwickelt und regiert. Und das Ende heißt: 10 oder 40 Kobaltbomben. Der Anfang heißt: Wie kann ich mein Leben sichern gegenüber meinem Feind?, und das Ende heißt: Ich kann mit meinem Feind nur fertig werden, indem ich mich selber auch fertig mache, und den Rest dazu! Meine Freunde, wenn das die logische Folge der Gewaltanwendung unter Gottes Menschengeschöpfen ist – und das *ist* die logische Folge, das muß man einfach zugeben, denn wo hätte's sonst hingehen sollen, der Mensch wäre ja nie zufrieden gewesen, bis er ein Zerstörungsmittel hatte, mit dem er alles kaputtmachen kann –, wenn das das Ergebnis ist, dann werden wir Christen, und jetzt darf ich mal so sprechen, wir Christen – und ich meine auch nicht nur die evangelischen, ich meine auch die katholischen unter uns – doch wohl die Frage an uns selber richten: Wenn dies das Ende ist, ist dann der Weg zu diesem Ende hin ein richtiger, ein rechter Weg gewesen? Oder ist nicht der ganze Weg falsch gewesen, weil er nämlich zu diesem Ende führt? Ich habe mir diese Frage vor 2½ Jahren sehr ernsthaft vorgelegt und bin dadurch bewogen worden, mein Neues Testament noch einmal sehr gründlich anzusehen auf die Frage hin: Wie soll sich eigentlich der Mensch gegen seine Feinde und sein Volk gegen die Feinde des Volkes wehren? Ich bin aufgewachsen als Nationalist und als Militarist, das war damals anständig, das galt als christlich, und dabei hatte man ein gutes Gewissen. Nicht wahr, die Papua auf Neu-Guinea haben kein gutes Gewissen, solange sie nicht den ersten Skalp und Schädel des ersten von ihnen erlegten Gegners am Gürtel tragen? Das Gewissen kann sonderbare Inhalte haben. Die Christenheit hat seit dem Kaiser Konstantin bis zum ersten Weltkrieg, bis zum zweiten Weltkrieg und vielfach bis heute mit einem guten Gewissen gelebt. Das Vaterland ist in Gefahr, da ist es gar keine Frage: Jetzt wird zur Waffe gegriffen, und das Vaterland wird verteidigt. Was man sich darunter vorgestellt haben mag, na ja, hinterher heißt es Heldentafel. Und wenn man den ganzen Dreck gesehen hat, dann weiß man, wie der Mensch sich in der Gewaltanwendung zwischen Menschen selber geschändet hat, noch und noch, und daß das bloß aus der Entfernung nachher dann besser aussieht, wenn dies schöne Dokument kommt: Ihr Sohn ist auf dem Felde der Ehre gefallen! Liebe Freunde, wir Christen haben gemeint, das wäre alles in Ordnung. Und es hat zwei Weltkriege gebraucht, und jetzt braucht es den Schock des Jahres 1954, um selbst einen Theologen, und ich bin ja einer inzwischen geworden, einen Theologen mal endlich auf die Fährte zu setzen, daß er sich fragen muß, nicht: Was sagt der heilige Augustin?, und nicht: Was sagen die mittelalterlichen Scholastiker?, und auch nicht: Was sagt der gute Vater Martin Luther? – denn der ist auch nicht unfehlbar –, sondern daß wir fragen: Was sagt denn eigentlich Gott, und zwar der lebendige Gott, der lebendige Gott, der der Vater Jesu Christi ist, denn das ist ja der einzige lebendige Gott, den wir kennen? Deshalb wird Gott ja Mensch in Jesus Christus, damit wir ihn kennenlernen, ohne den kennen wir ihn ja gar nicht. Was sagt also Gott in diesem Propheten von Nazareth, von dem hinterher deutlich wird, daß er nicht *einer* von den Propheten ist, sondern daß er *der* geliebte Sohn des Vaters ist? Was sagt der darüber? Und mir ist jetzt erst, und dessen schäme ich mich, und zugleich bin ich dankbar dafür – schämen tue ich mich, daß es so spät kam, und dankbar bin ich dafür, daß es nicht zu spät kam, daß ich's noch mitgekriegt habe –, daß dieser Jesus ja mit der Gewaltanwendung zwischen Menschen nichts zu tun haben will und daß dieser Jesus sein Erlösungswerk ja nicht dadurch betreibt, daß er seine Feinde mit Gewalt annimmt und übermag, sie überwältigt, sondern ja gerade so, daß er sich von ihrer Feindschaft und von ihrem Haß überwältigen und umbringen läßt, ohne sich dadurch selbst zur Feindschaft und zum Haß bewegen zu lassen. Wenn Jesus spricht: Seid getrost, ich habe die Welt überwunden [Joh 16,33] – der Mann, der ans Kreuz geht, hat die Welt überwunden, nicht mit Gewalt und nicht mit Waffen und nicht so, wie wir uns die Überwältigung der Welt vorstellen und vorgestellt haben, sondern dadurch, daß er die Menschen, die von der Welt überwunden waren, mit seiner vergebenden Liebe überwunden hat. Das Böse mit Gutem überwinden [Rö 12,21], das ist eigentlich das, was uns Christen von anderen Menschen unterscheidet oder unterscheiden sollte. Und gerade auf dem Gebiet der Gewaltanwendung haben wir die Wahrheit Gottes, die uns in Jesus Christus vor die Augen gestellt ist und in seinem Kreuz und in seiner Auferstehung, einfach verleugnet. Wir haben tatsächlich so getan, als ob wir privatim Christen sein könnten und als ob wir dann in der Politik und im Völkerleben uns wie die Heiden und wie die Verbrecher benehmen dürften und müßten, und daß das dann sogar eine lobenswerte Angelegenheit wäre. – Meine Freunde, wir sind in einer Mahnstunde und der Zweck dieser Stunde ist es ja wohl, daß wir uns selber zur Ordnung rufen. Daß wir uns selber zur Ordnung rufen, das heißt, daß wir uns von dem, der unser Herr ist, zur Ordnung rufen und von ihm mahnen lassen. Ich denke an das Wort: »Ihr wißt, daß die weltlichen Fürsten herrschen und brauchen Gewalt, so soll es unter euch gerade nicht sein.« [Mt 20,25] Wir haben gelebt, als stünde in der Bergpredigt eine Seligpreisung, die da aber nicht steht und nach der man vergeblich die ganze Bibel durchblättern kann, nämlich: Selig sind die Starken und Gewaltigen, denn sie werden die Erde erobern. Das gibt es nicht. Sondern da heißt es: Selig sind, die auf Gewalt verzichten; nämlich die Sanftmütigen, denn sie werden nun, nicht das Himmelreich ererben, sie werden das Erdreich ererben. [Mt 5,5] So steht's in der Bergpredigt. So hat der Mann aus Nazareth das gesagt und so hat er's auch wirklich gemeint, und das hat er ja mit seinem Kreuzessterben und mit seinem Gebet »Vater, vergib ihnen, sie wissen ja doch im Grunde nicht, was sie tun« besiegelt. So hat er die Welt überwunden. So hat er seinen Sieg erfochten. Und auf diese Bahn hat er uns gerufen: So mir jemand nachfolgen will als mein Jünger, der meinen Namen tragen will als ein Christ, der nehme sein Kreuz auf sich und folge mir auch tatsächlich nach und verleugne sich selbst! [Mt 16,24] Sie wissen, was sie tun? Gott gebe, daß sie's noch nicht wissen. Gott gebe, daß sie es noch zu wissen bekommen. Wissen wir, was wir tun? Gott gebe, daß wir's zu wissen bekommen, was wir tun sollten, solange wir den Christennamen tragen; und das heißt ja nun tatsächlich wohl – nicht wahr, wir haben so ja verfahren mit unseren Kriegsdienstverweigerern, die müssen nämlich nachweisen, daß sie tatsächlich aus Gewissensgründen nun keinen Kriegsdienst leisten können oder wollen und werden. Für uns Christen gilt das im Grunde nicht, wir sollten wissen, jeder Mensch, der Gewalt anwendet, der muß sich für die Gewaltanwendung, aber nicht für die Verweigerung der Gewaltanwendung vor dem Herrn Jesus Christus als vor seinem Herrn verantworten. Das ist auch für uns, liebe junge Freunde, die wir Christen sein wollen, in der Frage Kriegsdienstverweigerung die entscheidende Frage: Nicht, was da bei dem Untersuchungsausschuß oder dem Prüfungsausschuß passiert, sondern was vorher passiert, ob wir von dem Herrn Jesus tatsächlich das grüne Licht bekommen, den Weg zu gehen, den eine Obrigkeit meint von uns fordern zu können; eine Obrigkeit, die, Gott gebe es, nicht weiß, was sie tut. Wenn sie wüßte, was sie tut, dann dürfte man allerdings nur noch von der Demokratischen Union und ihrer Regierung, aber nicht von einer Christlich-Demokratischen Union und ihrer Regierung sprechen. Das »christlich« in dem Parteinamen, und wir haben vorhin von Herrn Hagemann gehört, nicht wahr, durch die Bank ohne Ausnahme haben die christlich sich nennenden Abgeordneten für die Atomrüstung gestimmt! Sie wissen nicht, was sie tun. Das hoffe ich zu Gott. Wüßten sie's, dann müßten sie das Wort »christlich« streichen. Wissen wir, was wir tun? Dürfen wir das Wort »christlich« führen?, das ist die Frage, die aus dieser Mahnstunde mit uns gehen soll.

Du sollst nicht töten!

Meine Damen und Herren,
man macht uns Pazifisten, und insbesondere den Christen unter uns, den Vorwurf, daß wir aus den Geboten Gottes bzw. aus den Grundregeln für das menschliche Leben und Zusammenleben in dieser Welt ein Gebot, einen Grundsatz ungebührlich betonen und überbetonen: »Du sollst nicht töten!« Wir seien einseitig festgelegt mit unserm Denken und Wollen und verlören darüber den Blick für die bunte, mannigfaltige Wirklichkeit und würden darüber zu törichten Fanatikern. In Wahrheit hätten alle Grundsätze doch ihre Grenze an den tatsächlichen Lebensbedingungen, und die gelte es, so zu nutzen und so zu gestalten, daß wir selber unsere Existenz bis zum äußersten festhalten und sichern. Alle Regeln, Grundsätze und Gebote – so auch das Gebot »Du sollst nicht töten!« [2 Mo 2,13; 5 Mo 5,17] – hätten ihre unbedingte Schranke dort, wo sie in Widerspruch zu dem obersten Gebot, eben dem Gebot der Selbsterhaltung, geraten. – In der Praxis sieht das – ganz primitiv ausgedrückt – etwa so aus: »Ich möchte ja – wir möchten ja – mit unserm Nachbarn gerne in Frieden leben; aber er bedeutet eine Gefahr für mein Dasein; ich stehe ihm und seinen Zielen im Wege und er will mich früher oder später beseitigen, oder aber er hindert mich daran, das zu erreichen, was ich haben muß und will, also: ehe er mich tötet, werde ich ihn töten; ehe er mich aus dem Wege räumt, werde ich ihn beseitigen.« So sieht er nun einmal aus, der »Kampf ums Dasein«. Hier ist das Töten schlechterdings ein Mittel, gewiß das alleräußerste Mittel, aber eben auch ein unentbehrliches Mittel, um den andern in Angst zu halten und so unserm Wollen gefügig zu machen. –

Im sogenannten Privatleben hat sich freilich dies äußerste Mittel in allen Völkern längst überlebt, nicht weil die Menschen »besser« geworden wären, sondern weil dies Mittel, den »Konkurrenten« oder »Feind« aus dem Wege zu schaffen, sich selbst *ad absurdum* geführt hat, weil es sich als ein im Endeffekt selbstmörderisches Mittel erwiesen hat. – Das alte Bibelwort: »Wer Menschenblut vergießt, des Blut soll auch durch Menschen vergossen werden« [1 Mo 9,6] hat sich als nur zu wahr herausgestellt; und die endlose Kette der Blutrache hat dahin geführt, daß die Gemeinschaft sich das Recht zu töten vorbehalten mußte und vorbehielt, um nicht durch Mord und Gegenmord sich selber umzubringen. Das Töten wird dem Einzelnen entzogen und in die Regie der Gesamtheit und ihres Rechtes übernommen. – Soweit ist man sich heute innerhalb der ganzen organisierten Völkerwelt und der ganzen zivilisierten Menschheit einig: kein einzelner Mensch, auch keine Gruppe von Menschen hat das Recht zu töten d.h. einen Menschen ums Leben zu bringen; das Recht setzt die Grenzen fest, die im Daseinskampf der Einzelnen wie der Gruppen nicht überschritten werden dürfen; diese Grenzen sind durchaus verschiebbar, sie enden aber allemal vor dem Leben des andern. Wer den andern tötet, wissentlich und willentlich tötet, der begeht damit ein Verbrechen, der bricht das Recht, der verläßt damit die Gemeinschaft, die ihn schützt, der »mordet«. – Der Mörder steht gewissermaßen draußen; er schließt sich aus und wird ausgeschlossen, indem man ihn des Landes verweist, ihm die Freiheit nimmt oder die Blutrache der Gesamtheit an ihm vollzieht, die »Todesstrafe«. – Ich will jetzt nicht davon sprechen, ob diese letztere zu rechtfertigen ist oder nicht; hier genügt es, die Tatsachen zu nennen; und die Tatsachen lauten – auf einen Nenner gebracht: der Einzelne darf sich im Kampf ums Dasein des letzten Mittels, seinen Gegner zu töten, nicht bedienen; für ihn heißt töten – morden. »Du sollst nicht morden!« –

Seit der Abschaffung der Blutrache haben sich die Träger des Rechts dies äußerste Mittel im Daseinskampf selbst vorbehalten, also die Obrigkeiten; und sie wenden es an, um die Gesamtheit, die ihrem Schutz untersteht, zu sichern und Feinde abzuwehren, die ihr gefährlich werden oder auch gefährlich werden könnten. – Die allgemeine Überzeugung geht dahin, daß dies in Ordnung sei oder aber, daß dieser Zustand dem vorangegangenen gegenüber einen Fortschritt, ja – einen entscheidenden Fortschritt darstellt. Und es dürfte niemand geben, der zu dem früheren Zustand zurückkehren möchte. – Es wird jedoch – und gerade in unseren Tagen – deutlich, daß auch diese Ordnung der Dinge keine endgültige Lösung gebracht hat, daß vielmehr die Gefahr des allgemeinen Selbstmordes für das Menschengeschlecht schon wieder in greifbare, unmittelbare Nähe gerückt ist. – Obrigkeiten und Staaten haben sich bis heute das Recht reserviert, das äußerste Mittel, das Töten von Menschen, anzuwenden, und sie haben davon in der Bekämpfung innerer und äußerer Feinde mehr oder weniger zögernd, mehr oder weniger unbedenklich Gebrauch gemacht. Jedenfalls haben sie das »Du sollst nicht töten!« nicht als für sich verbindlich anerkannt. – Sie handeln – ebenso wie es der Einzelne tut oder tun möchte – nach dem Grundsatz, daß die Selbsterhaltung das unbestreitbare oberste Gebot sei, und wenden zu seiner Durchsetzung auch das äußerste Mittel an, nach innen wie nach außen. Wir denken mit Schrecken zurück an die Menschentötungen in der hinter uns liegenden Zeit des sogenannten Dritten Reiches: alles, was der Selbsterhaltung im Wege stand oder im Wege zu stehen schien, wurde getötet, ob es die Juden waren oder die Kommunisten, ob die Zeugen Jehovas oder die Schwachsinnigen oder die Krüppel oder die Alten. Der Staat wurde zum Mörder, die Justiz zum Henker, das Volk beging Selbstmord. – Es wäre eine gar zu billige Auskunft, das alles einfach auf einen Mann und seinen Wahnsinn abschieben zu wollen und so zu tun, als sei dies Fieber verflogen und hätte keine schlimmen Folgen hinterlassen. Die Rede vom »lebensunwerten« Leben, das zwar nicht vom Einzelnen, wohl aber vom Staat als Träger des Rechts getötet werden dürfe, ja getötet werden sollte, war keine Erfindung Hitlers oder seiner Helfershelfer, und diese Rede ist auch nicht mit ihnen verschwunden. Es gibt heute in der ganzen Welt, des weißen Mannes zum mindesten, Befürworter dieses Verfahrens: der Staat soll töten, um das Volk zu erhalten. – Am Tage vor Pfingsten erhielt ich aus den USA einen gedruckten Vortrag, den ein Herr Eustace Mullins am 14. Oktober 1958 vor einem Studentenforum der University of Illinois gehalten hatte mit dem Titel: »Der neue Mensch nach unserem Bilde«. Er kommt darin zu dem Schluß: »Wir Weißen sind die Herrenrasse, die überleben und sich weiterentwickeln muß. Unsere Existenz ist durch das bedrohliche Wachsen der farbigen Rassen bedroht. Wir haben die Mittel, diese Bedrohung zu beseitigen, indem wir sie ausrotten. Es ist unsere historische Pflicht, das zu tun, solange wir's noch können.« – Wörtlich: Wir wollen ein neues Kapitel in dem Heldenepos unserer Gattung (*homo sapiens*) schreiben, denn Geschichte wird immer geschrieben von den Mördern (*slayers*), niemals von den Gemordeten (*slain*). – *»We will write a new chapter in the saga of our species, for history is always written by the slayers, never by the slain«*. Dazu ein wilder Ausbruch gegen Albert Schweitzer und »die schmierigen Dinge, die dieser Hohepriester aus Liberalismus betreibt, der lieber die Wundkrusten von schwarzen Hinterteilen in Afrika behandelt als Bach in den europäischen Domen zu spielen.« – Man greift es hier förmlich, wie Töten zugleich Selbstmord – Selbstmord des Menschen und der Menschheit – ist und werden muß, weil der Mensch, der zum Töten rät oder sich zum Töten entschließt, zuvor den Menschen in sich zerschlagen muß, auch wenn er gar nicht daran denkt, dies Töten selber zu besorgen, sondern es dem Staat oder der Obrigkeit oder einem anderen Anonymus – also hier der weißen Rasse – zuschiebt! – Und was Herr Mullins denkt und so ausgesprochen hat, das wird ja nun als Versuchung und Frage in Kürze vor allen Menschen weißer Hautfarbe stehen, wenn wir einfach sehen müssen, was heute erst von wenigen zur Kenntnis genommen wird, wie die Farbigen das entscheidende Übergewicht innerhalb der Erdbevölkerung bekommen und ihre Ansprüche gegenüber den Privilegien der Weißen anmelden! – Was sollen die Obrigkeiten, die Staaten tun? Gilt hier, daß sie töten dürfen, oder ist solches Töten auch Mord und heißt solches Töten nicht auch Selbstmord: Ende des Menschengeschlechts? – Die überlebenden Weißen wären keine Menschen mehr, und wenn sie die ganze Welt gewönnen! –

Gewiß: man soll und darf solche Einzelfälle und Einzelausbrüche nicht verallgemeinern; aber die Frage werden wir ja stellen müssen: sind wir solchem Denken gegenüber wirklich immun, oder sind wir nicht tief im Innern unseres Menschenwesens angefressen und krank, solange wir mit dem Töten derer rechnen, die uns so oder so im Wege sind?

Der Krieg zwischen Obrigkeiten und Staaten gilt seit Jahrtausenden als ein erlaubtes, ja als ein unvermeidliches Mittel der Selbsterhaltung; man hat ihm geradezu eine Rechtsgrundlage und eine rechtliche Ordnung gegeben. – Hier ist – wenn die rechtlichen, völkerrechtlichen Bestimmungen dabei innegehalten werden – das Töten erlaubt, ja geboten. Der Soldat ist, wenn er tötet, kein Verbrecher, kein Mörder; er tut seine Pflicht und ist darin gegen alle etwaige Bestrafung geschützt. Auch der Staat und seine verantwortlichen Leiter können nicht wegen des Tötens, das auf ihre Verantwortung hin geschieht, zur Rechenschaft gezogen werden. Man hat sich gewissermaßen international darauf geeinigt, daß für den Krieg als legitimes Mittel der Politik das Gebot: Du sollst nicht töten! außer Kraft gesetzt ist. – Aber diese Vereinbarung erweist sich gerade in unsern Tagen als brüchig; sie war nur so lange haltbar, als man den Unterschied zwischen Morden und Töten glaubte festhalten zu können. – Dieser Unterschied wurde bis zuletzt darin gesehen, daß ein Soldat zwar tötete, aber nicht mordete, wenn er einen gegnerischen Soldaten umbrachte, daß er aber – auch als Soldat — mordete und ein Verbrechen beging, wenn er sich am Leben eines Nicht-Soldaten vergriff. – Heute ist es unmöglich geworden, diese Unterscheidung noch zu vollziehen; die Entwicklung der Waffen, der zum Töten des Kriegsgegners benutzten Mittel hat dahin geführt, daß sie zwar immer wirksamer, d.h. immer tödlicher geworden sind, daß sie zugleich damit aber auch den Unterschied zwischen Soldat und Nicht-Soldat, zwischen Kämpfer und Nicht-Kämpfer aufgehoben haben. Die Atomwaffen fragen nicht, ob ihr Opfer Soldat ist oder Säugling oder Weib oder Greis. Sie töten nicht nur, sie morden. Noch die vom Flugzeug geworfene Bombe konnte auf ein sogenanntes militärisches Objekt geworfen werden; ihr Abwurf auf Städte war immer ein Verbrechen im Sinne des Völkerrechts. Wenn man wollte, konnte man mit solchen Bomben töten, ohne zu morden. Mit den modernen Waffen kann man nur noch töten, wenn man zugleich bereit ist zu morden. Der Krieg hat damit einen verbrecherischen Charakter angenommen. Wohlgemerkt: ich will damit nicht sagen, daß der Krieg vordem keinen verbrecherischen Charakter gehabt habe, sondern lediglich, daß der heutige Krieg, d.h. der atomare Krieg – auch nach völkerrechtlichem Verständnis – ohne allen Zweifel verbrecherische Züge trägt. Denn das Völkerrecht sah das Töten im Kriege nicht als Verbrechen an, wohl aber das Morden. Und jetzt sind Töten und Morden im Kriege nicht mehr voneinander zu trennen. – Damit ist dann auch die lange Debatte beendet, ob das Gebot nicht richtiger lauten müsse: »Du sollst nicht morden!« statt: »Du sollst nicht töten!« – Schon im vergangenen Krieg sind – nach völkerrechtlichem Verständnis – von den 60 Millionen Toten mehr Menschen gemordet als Soldaten getötet worden. – Und in einem künftigen Krieg würde das erst recht der Fall sein: In den USA rechnet man bekanntlich – man sollte das wirklich wissen – für den Fall eines atomaren Angriffs auf das nordamerikanische Festland mit 160 Millionen Toten. – Die Zeitschrift »U. S. News and World Report« bringt in ihrer Ausgabe vom 6.4.1959 folgende Notiz: »Harold McMillan, britischer Premierminister, erschütterte sowohl Präsident Eisenhower wie auch Präsident de Gaulle mit dieser Äußerung: ›Wenn Krieg sein soll, so entscheiden Sie sich jetzt, so daß ich unsere britischen Kinder nach Kanada schicken kann, um unsere Familien zu erhalten. Meine Fachleute sagen mir, daß ein nuklearer Krieg 20 Millionen Tote in Großbritannien bedeuten wird.‹« – Dabei haben die Fachleute gewiß nicht übertrieben. –

Hier vollzieht sich das, was frühere Generationen veranlaßte, das Töten aus der Hand des Einzelnen in die Regie einer Obrigkeit zu überführen, um der Selbstvernichtung des Menschengeschlechts zu wehren, weil sich das Bibelwort grausig bewahrheitete: »Wer Menschenblut vergießt, des Blut soll auch durch Menschen vergossen werden.« – Auch der Krieg als völkerrechtlich sanktioniertes Töten unterliegt dem gleichen Gesetz: er läßt sich nicht bändigen, sondern muß mit der Selbstvernichtung der Menschheit enden, wenn ihm nicht ein Ende gesetzt wird. – Wir sind diesem Selbstmord heute ganz nahe; denn ein atomarer Krieg zwischen »Ost« und »West« – und dieser Krieg kann nur noch ein atomarer Krieg sein – wird mit diesem Selbstmord enden, weil beide Gegner in der Lage sind, im Falle ihres Unterliegens die ganze Menschheit in ihren Untergang und Selbstmord hineinzuziehen. Und wenn heute bereits zwei Staaten in der Lage sind, das Leben der Menschheit zu beenden, und wenn sie sogar die fünffache Menge an nuklearen Sprengstoffen besitzen, die dazu erforderlich wäre, so werden es in wenigen Jahren oder

Jahrzehnten ein ganzes Dutzend oder mehr sein. – Das heißt aber für jeden, der Augen hat zu sehen, daß sich in unseren Tagen auch der Krieg – genau so wie einst die Blutrache – selbst *ad absurdum* geführt, selbst unmöglich gemacht hat. – Auch hier gilt das Gebot: »Du sollst nicht töten«: denn das Ende ist der Selbstmord und kann nichts andres sein! –

Bislang, meine Damen und Herren, habe ich lediglich Tatbestände klargestellt: ich habe nicht versucht, Ihnen zu suggerieren, was nun wohl »Gut« oder »Böse« ist, was »moralisch« oder »unmoralisch« genannt werden sollte. Ich wollte nur zeigen, daß Töten als ein Mittel zur Selbsterhaltung in der Selbstzerstörung endet und enden muß, und daß wir in unserer Generation das Endprodukt vor Augen sehen, daß es also vernünftig ist, ebenso mit dem Gedanken an den Krieg als ein Mittel zur Selbsterhaltung Schluß zu machen, wie unsere Vorväter dem Mord als einem Mittel im Kampf ums Dasein entsagt haben. Das ist nur vernünftig, und wer heute den Krieg als ein solches Mittel festhalten will, handelt auf jeden Fall unvernünftig. Wir sollten uns deshalb vor solchen Leuten hüten und ihnen auf keinen Fall Gelegenheit geben, Einfluß zu gewinnen und Positionen innezuhaben, in denen sie mit ihrer Unvernunft Unheil anrichten können, was nicht wieder gut gemacht werden könnte. Das Gebot »Du sollst nicht töten!« ist heute einfach und klar das Gebot der Selbsterhaltung.

Ich habe zu Anfang davon gesprochen, daß man uns Pazifisten den Vorwurf macht, wir seien wirklichkeitsfremde Schwärmer; und gewöhnlich bleibt es ja nicht einmal dabei, sondern wir müssen es uns obendrein gefallen lassen, als Volksfeinde, Verräter, potentielle Kriegsverbrecher und dgl. bezeichnet zu werden. Das ist nicht nur unangenehm; das tut auch weh, wenn man im Grunde doch nur das Beste für seine Mitmenschen erstrebt und sie vor einem, in seiner Fruchtbarkeit nicht auszudenkenden Schicksal bewahrt sehen möchte. Wir sollen und wollen uns aber durch solche Beschimpfungen nicht irremachen lassen; es gibt eine schöne Redensart, die sehr tröstlich ist: »Wer schimpft, hat unrecht!« – Und überdies befinden wir uns in einer recht guten Gesellschaft, deren wir uns wahrhaftig nicht zu schämen brauchen. – Ich deutete oben schon einmal an, wie ein Albert Schweitzer heute behandelt wird: man hat ihn hofiert und gepriesen wegen seiner selbstlosen Hingabe im Dienst seiner leidenden schwarzen Brüder; seine Lehre von der »Ehrfurcht vor dem Leben« wurde zur Salon- und Modeanschauung, solange man nach dem letzten Kriege das Töten und Morden leid war. Aber seit er den Mut hatte, als Träger des Friedens-Nobelpreises die Möglichkeit des norwegischen Rundfunks zu benutzen, um alle Welt vor der Fortsetzung des atomaren Experiments zu warnen, seitdem ist es aus: »schmierige Dinge, die dieser Hohepriester des Liberalismus betreibt«! – Er wagt es heute noch, das Verbot des Tötens ernstzunehmen, wo doch die Hohenpriester der Gewaltanwendung wieder obenauf sind und nach den modernsten Waffen rufen, weil sie anders mit ihrer Angst nicht meinen fertig werden zu können. – Wo wollen wir stehen; wo müssen wir als Menschen eigentlich stehen? – Als ich vor 10 Jahren die Insel Tasmanien bereiste, fragte ich den dortigen englischen Bischof, ob es noch Reste der Urbevölkerung gäbe? Da umwölkte sich seine Stirn und die Antwort kam nur zögernd und gequält über seine Lippen: »Das ist ein dunkles Kapitel: genau vor 100 Jahren – 1849 – wurden die letzten auf einer Treibjagd im Innern erlegt!« – Ob das nicht doch etwas mit »Gut« und »Böse« zu tun hat? Ob das einfach abgetan werden kann mit dem Hinweis auf das »Recht des Stärkeren« oder auf den »Kampf ums Dasein«? – Sind wir Menschen wirklich nur höher entwickelte Raubtiere, die ihr Dasein damit rechtfertigen und erfüllen, daß sie einzeln oder gemeinsam sich von den Schwächeren nähren? – Es sieht heute beinahe so aus, wie es ein Bundestagsabgeordneter vor zwei Jahren einmal zornig aussprach: »Viel verdienen; Soldaten, die es verteidigen, und Kirchen, die beides segnen!« – Gibt es nicht doch so etwas wie »Gut« und »Böse«; heißt darum Mensch sein nicht doch noch etwas ganz anderes als ein höchstentwickeltes Tier sein? – Wir wissen um eine Verantwortung, die sich nicht damit erschöpft, daß wir uns und unsere Art zu erhalten trachten! – Und ist das Gebot: »Du sollst nicht töten!« nicht auch dann noch gültig, wenn seine Befolgung uns Nachteile und wirklichen Schaden bringt? – Wäre ein Adolf Hitler gerechtfertigt in unseren Augen, wenn er Erfolg gehabt hätte, oder wissen wir etwas von Menschenwürde und Menschenwert, die uns das Töten von Menschen als einen grausigen Irrtum, ja als ein Verbrechen auch dann erkennen lassen, wenn es Vorteile zu bringen verspricht? – Ich sagte, wir seien in guter Gesellschaft: Albert Schweitzer ist nicht der einzige, der hier zu nennen wäre; es gab und gibt eine Fülle von Menschen, die seinen Weg gegangen sind; und es gibt viele, die eher ihr eigenes Leben verlieren, als einem andern das Leben zu nehmen, weil sie es für böse, für menschenunwürdig, für unmenschlich ansehen, etwas derartiges zu tun. Und ich meine, unser Gewissen muß ihnen rechtgeben. Das Gebot »Du sollst nicht töten!« ist mehr als eine Klugheitsregel; es sagt nicht nur: hüte dich, am Ende bringt der dich selber um; denn »wer das Schwert nimmt, wird durch das Schwert umkommen«! [Mt 26,52] Er sagt: du bist kein Mensch mehr, wenn du Menschen tötest! – Das ist der tiefste Grund dafür, daß es Kriegsdienstverweigerer »aus Gewissensgründen« gibt; sie wissen: es ist Verrat an unserm Menschsein, wenn wir töten oder morden; wir tun damit etwas, was wir nicht verantworten können. – Gewiß, man kann dafür Vernunft- und Verstandesgründe anführen: töten heißt nun einmal, etwas tun, was nicht mehr wieder gutgemacht werden kann; was derjenige, der es tut, ruhelos sein Leben lang mit sich schleppen muß wie der erste Mörder und Brudermörder Kain in der biblischen Geschichte [1 Mo 4,1-16]. Und wer einen Menschen tötet, ist immer ein Brudermörder. – Er ist aber immer zugleich auch ein Selbstmörder, der sich selber den Weg zurück ins Leben verbaut; er trägt ein unauslöschliches Zeichen der Selbstschändung. Im 3. Reich sprach man vom »Untermenschentum« und man meinte damit die Menschen zweiten und dritten oder gar keines Ranges: Juden, Kommunisten, Asoziale. Aber die wirklichen Untermenschen waren gerade jene, die andere als Untermenschen betrachteten oder behandelten, statt in ihnen den Bruder zu erkennen, für dessen Leben und menschenwürdige Behandlung sie verantwortlich waren. – »Gut« und »Böse« sind Wirklichkeiten, nicht Einbildungen, »gut« ist »menschlich«, und »böse« ist »unmenschlich«. Meine Freunde, so lernen wir es bei dem, bei dem wir in der denkbar besten Gesellschaft sind, bei dem, der ganz und wahrhaft menschlich, ganz und wahrhaft gut ist, und von dem der irdische Richter sagt: »Sehet, welch ein Mensch!« [Joh 19,5] – Kann sich irgendeiner, der ihn kennt, den Jesus von Nazareth, diesen Menschensohn mit einer Mordwaffe oder Kriegswaffe vorstellen, ihn, der nach seinem eigenen Wort nicht gekommen ist, der Menschen Leben zu verderben, sondern zu erhalten [Joh 12,47], er, der schließlich lieber mit seinem eigenen Leben zahlt, statt anderer Leben zu zerstören? – Er hat in seiner Bergpredigt auch das Gebot angeführt: »Du sollst nicht töten!«; aber nicht, um es zu erweichen im Sinne unserer überklugen »christlichen« Theologen: »Du sollst nicht morden«; aber töten auf Befehl, oder aus Notwehr, oder zur Verteidigung, das kannst du ruhig tun; dein Gott und Schöpfer hat nichts dagegen! Nein, er hat das Gebot in seiner ganzen Heiligkeit ausgelegt: »Ich aber sage euch: wer seinen Bruder haßt, der ist – schon – ein Mörder!« [Mt 5,22; 1 Joh 3,15] – Kein Wort aus seinem Munde, das zur Gewaltanwendung riefe; wohl aber die Seligpreisung, derer, die der Gewalt absagen, der Sanftmütigen; denn »sie werden das Erdreich ererben!« [Mt 5,5] – Und als der ganz

Gewaltlose, als der für seine Mörder Betende hat er sein Werk vollbracht und den Sieg errungen, der ihn sprechen läßt: »Mir – dem Sanftmütigen und Gewaltlosen; mir – dem seinen Feinden Vergebenden; mir – dem für die andern Sterbenden – ist gegeben alle Gewalt im Himmel und auf Erden!« [Mt 28,18] – Und er ruft Menschen in seine Nachfolge, damit wir nicht töten, sondern leben, nicht Menschen umbringen in dem Wahn, dadurch unser Leben erhalten zu können, sondern des Menschen Leben erhalten in dem Wissen, daß wir damit sein Werk fortsetzen und treiben. – Gott will, daß wir Menschen seien; Gott will nicht, daß wir Unmenschen werden; als Menschen gilt uns seine Verheißung, als Unmenschen droht uns sein Gericht. – Und mit dem Gebot: »Du sollst nicht töten!«, das zugleich heißt: »Du sollst deinem Mitmenschen und deinen Mitmenschen zum Menschsein helfen, indem du ihr Menschenbruder wirst.« – mit diesem Gebot sind wir heute unüberhörbar gefordert. Wir tun gut zu hören und zu gehorchen; denn die Zeit ist kurz und schreit nach denen, die Frieden bringen! –

Christ und Krieg?

Das Thema »Christ und Krieg?« weist auf ein Problem hin, das wir in dieser Weise durch Jahrzehnte hindurch gar nicht gekannt oder nicht wahrgenommen haben. Es ist die Frage: Wie muß der Christ *als Christ* zum Kriege stehen?

Wir haben durch Jahrzehnte dies Problem so gar nicht gesehen, weil für uns der Krieg ein Ereignis war, mit dem man sich abfand in dem Augenblick, in dem es geschah, und man versuchte ihm – optimistisch wie das vergangene Jahrhundert war und wie wir immer noch zum Teil bis heute sind – die beste Seite abzugewinnen. Wir wissen davon, nicht wahr: die hohe Schule der Bewährung des Volkes und seiner Menschen, Mut, Geduld, Ausdauer, Opferbereitschaft, Kameradschaft, und was all diese schönen und guten Seiten einer solchen Situation sein mochten; und man verschwieg ängstlich – um sich in seinem Optimismus nicht zu stören – die andere Seite, wo man hätte von Feigheit reden müssen gegenüber dem Mut, von der Berechnung im Gegensatz zur Opferbereitschaft, von der Grausamkeit im Gegensatz zur Kameradschaft, der Rücksichtslosigkeit und was derlei Dinge mehr sind.

Auch für den Christen ist das alles im Grunde kein Problem gewesen; auch in christlichen Häusern und in einer sich als christlich empfindenden Gesellschaft war die Verteidigung des Vaterlandes die große Selbstverständlichkeit. Das ging so weit – und ich will das gewiß nicht lächerlich machen –, daß die Namen derer, die im Kriege umkamen, nun mit einer Glo-riole umgeben in den christlichen Kirchen erschienen, nicht selten mit dem Wort aus dem Johannes-Evangelium: »Niemand hat größere Liebe denn die, daß er sein Leben läßt für seine Freunde.« [Joh 15,13] – Heutzutage eine furchtbare

Vorstellung, daß das mit der Person, mit dem Werk, mit der Kirche, mit der Gemeinde des Nazareners in Zusammenhang gebracht wurde! – Das Problem hieß damals ganz einfach nur: Wie hat sich der Christ im Krieg zu verhalten? Und das war im Grunde gar kein Problem, sondern die Antworten lagen fertig vor: Der Christ hat selbstverständlich (als das Ergebnis eines mißverstandenen Textes aus dem Römerbrief) dem Staat sein Leben zur Verfügung zu stellen, denn der Staat verfügt als letzte Instanz auch über sein Leben.

Gilt das 5. Gebot nur im Frieden?

Hier fängt das Mißverständnis an, und hier liegt das eigentliche Problem, das wir heute wieder spüren, daß man nämlich gesagt hat: »Der Christ hat im Dienste, im Auftrag und auf Befehl seiner staatlichen Obrigkeit anderen Menschen das Leben zu nehmen! Das 5. Gebot – Du sollst nicht töten! [2 Mo 20,13; 5 Mo 5,17] – gilt im Kriege nicht!« Das war eine selbstverständliche Annahme, die durch das ganze sogenannte konstantinische Zeitalter, d.h. 1650 Jahre hindurch, so gut wie unbestritten in den christlichen Kirchen gegolten hat, auch und gerade im »christlichen« Staat und in der »christlichen« Gesellschaft.

Es hat immer kleine Gruppen in der Christenheit gegeben (auch nachdem im Jahre 312 die christliche Kirche ihren Frieden, nein: ihr Verteidigungs- und Angriffsbündnis mit dem römischen Kaiser machte), die das waren, was wir heute mit dem gängigen Ausdruck »Pazifisten« nennen; Pazifisten aus christlicher Überzeugung, aus Glauben. Wir haben die sogenannten »historischen Friedenskirchen«, d.h. jene christlichen Gemeinschaften und Gruppierungen, die eine Teilnahme am Kriege für den Christen radikal ablehnen. Aus der Reformationszeit bis heute übriggeblieben und uns gerade nach dem letzten Weltkriege wohl bekanntgeworden ist die Kirche der Mennoniten. Schon früher war bei uns bekanntgeworden – nach dem ersten Weltkrieg – durch ihre Liebestätigkeit, Hilfsbereitschaft und allgemeine Menschenfreundlichkeit die Gruppe der Quäker. Man hat diese kleinen Gruppen getragen mit mehr oder weniger Wohlwollen. Es war eine verschwindende Minorität, die man mitlaufen lassen konnte; und es ist ja beispielsweise bekannt, daß gerade diese Gruppen, vorab Mennoniten, in einem Lande, wo von Toleranz eigentlich wenig zu spüren und zu erhoffen war, in Rußland, bis in den zweiten Weltkrieg hinein ungehindert als kriegsdienstverweigernde pazifistische Gruppen haben ihres Glaubens leben können.

Aber abgesehen von diesen kleinen Gruppen hatte die große Menge der Christenheit ein gutes Gewissen. Wenn der Ruf erging: »Das Vaterland, der Staat und das Volk sind in Not und müssen verteidigt werden!« – »Der König rief und alle, alle kamen« – so waren die Skrupel, die sich dagegen melden wollten, sehr schnell zum Verstummen gebracht. Man könnte sagen, daß die Literatur und Poesie seit der Zeit der Befreiungskriege geradezu zu einer Verherrlichung des Krieges als »Verteidigung des Vaterlandes« geführt hat. Meiner Generation klingen diese Gedichte noch sehr deutlich in den Ohren und irgendwie auch im Herzen. Irgendwie sitzt es »drin«. Das kann man daran merken, daß Leute wie ich, wenn sie einen schneidigen Militärmarsch hören, sich Gewalt antun müssen, um nicht im Takt mitzumarschieren. Das ist das allgemeine Gefühl. Und das gehörte bei uns ja auch gerade zu der christlichen Kirche, die aus der Reformationszeit ihre spezielle Charakterisierung und Prägung als evangelische Kirche erhalten hatte. Diese Problemlosigkeit im Blick auf die Teilnahme der Christen am Kriege ging aber noch weiter. Es war nicht nur ein widerspruchsloses Hinnehmen, sondern es war teilweise ein begeistertes Mitmachen. Begeisterung kann sehr oberflächlich sein; aber hier geht es auch bis in die Tiefe.

Denken wir nur an ein Beispiel zurück: Der amerikanische Feldprediger, der beim Start der Flugzeuge, die am 6. August 1945 von jener kleinen Pazifikinsel abflogen, um die erste Atombombe auf Hiroshima zu werfen, mit der Flugzeugbesatzung einen Gottesdienst abhielt, hat dabei ein Gebet gesprochen für das Gelingen des einzigartigen Unternehmens, von dem man erhoffte, daß es den Krieg mit einem Schlage beenden würde. Dieser Mann hat das ernst gemeint. Er wollte keine Gotteslästerung aussprechen. Wenn wir aber heute im Blick auf das, was damals passierte und damals eingeleitet wurde, dies Gebet – das uns übrigens im Wortlaut erhalten ist – zur Kenntnis nehmen, dann bekommen wir einen fürchterlich üblen Geschmack im Munde und fragen uns: »Wie ist bei Menschen, die Gott dienen wollen und es ernst damit meinen, wie ist bei Christenmenschen so etwas möglich? Wie hat so etwas von Christenmenschen wirklich einmal gedacht und ausgesprochen werden können?!«

Wir kennen den allgemeinen Vorwurf, der nur teilweise berechtigt ist – aber auch dies »teilweise« ist mehr als genug! –: »Die Kirche segnet die Waffen.« Ich sage: »Das bißchen, das daran wahr ist, ist furchtbar genug!« Ich habe Kaiser Wilhelm II. als dem Obersten Kriegherren im Angesicht des Kruzifixus vor dem Altar einer Kirche im Jahre 1910 auf die deutsche Reichskriegsflagge einen leiblichen Eid geschworen. Und ich muß sagen: Frei habe ich mich im Grunde erst wieder gefühlt, als der alte Kaiser in Doorn (1941) das Zeitliche gesegnet hatte. – Aber das war das natürliche Empfinden christlicher Menschen in jener Zeit, aus der wir herkommen, und wir haben uns keine großen Gedanken darüber gemacht. Einige Theologen haben es getan. Aber sie sind auch leicht damit fertiggeworden, da ja in der Christenheit so etwas wie eine doppelte Moral verkündet und vertreten wurde: Wenn ich als Einzelner einen anderen Menschen töte, dann ist es Mord oder Totschlag; wenn ich aber als Soldat im

Kriege andere Menschen töte, dann ist das ein Verdienst, und zwar ein um so größeres Verdienst, je mehr Menschen von der anderen Seite ich bei der Gelegenheit umbringe. So ist doch die *Praxis* gewesen; und es ist erstaunlich und erschütternd, daß sich das in der Christenheit – so muß ich es heute sehen – über 1600 Jahre fast ohne Widerspruch hat halten lassen.

Ich erinnere mich, daß einmal ein Aufflackern durch mein Gemüt ging, als ich während des ersten Weltkrieges in einer deutschen Zeitschrift etwas las von Theologen, die damals ein »Moratorium der Bergpredigt«, also einen Aufschub, eine zeitweise Aufhebung der Bergpredigt verkündigten. Man hatte damals gelernt, was ein Moratorium ist, denn wir lebten ja wirtschaftlich von Moratorien: von Schulden, die fällig sind, im Augenblick aber nicht bezahlt zu werden brauchen. Und so also auch die Bergpredigt: eine Schuldigkeit des Christen, die aber im Augenblick nicht bezahlt zu werden braucht, weil nämlich Krieg ist. Doppelte Moral: Eine Moral für den Frieden und eine Moral für den Krieg.

Die Lehre vom »gerechten Krieg«

Diese Problemlosigkeit kann sich nun freilich nicht auf eine offizielle Lehre der christlichen Kirche berufen. Eine solche problemlose Lehre vom Kriege und von der Stellung des Christen zum Kriege hat es in der Christenheit in diesen 1650 Jahren tatsächlich nicht gegeben. Vielmehr ist eine sehr deutliche Unterscheidung im Blick auf das Verhalten des Christen zum Kriege und im Kriege gemacht worden, die Unterscheidung nämlich – von der Sie alle einmal gehört haben werden –, zwischen dem *gerechten* und *ungerechten* Kriege. Nicht wahr: in dem Augenblick, wo die Kirche gemeinsame Sache mit dem römischen Kaiser machte, konnte sie sich nicht mehr – wie es vorher möglich, wenn auch nicht durchgängig der Fall gewesen war, radikal gegen das Töten im Krieg und gegen die Teilnahme eines Christen am Kriege aussprechen; dann hätte das ganze Bündnis mit dem Kaiser für diesen ja seinen Wert verloren. Denn der römische Kaiser wollte dies Bündnis mit der christlichen Kirche in seinem vom Auseinanderbrechen bedrohten Reich des 4. Jahrhunderts unter dem Gesichtspunkt: Die alten Religionen sterben, sie schaffen nicht mehr den notwendigen weltanschaulichen Kitt, um dieses ganze vielstämmige und viele Völker umschließende römische Reich zusammenzuhalten, und ich kann mich auf die Dauer auch nicht mehr auf Truppen verlassen, weil keine geistige, weltanschauliche und moralische Grundlage mehr da ist. Und dann dieser schöne Traum Konstantins des Großen: (ich habe den schweren Verdacht, daß er nachträglich erdichtet worden ist): *»In hoc signo vinces!«* – »In diesem Zeichen wirst du siegen!« – Und nun wurde das Kreuz von Golgatha als Sturmzeichen auf die Banner der römischen Legionen gepappt oder genäht und fröhlich unter diesem Zeichen Krieg geführt und der Sieg gewonnen.

Von da an, also vom Jahre 312 an, mußte die Kirche zumindest ein bedingtes Ja zum Kriege sagen. Und sie tat's, indem sie den gerechten Krieg vom ungerechten unterschied. *Allen* Krieg nämlich konnte die Kirche unmöglich für gerechtfertigt erklären. Dazu gab es zu viele Kriege, denen das Unrecht, die Sünde und das Verbrechen an der Stirne geschrieben standen. – Man fand also sehr bald den Ausweg, solche Kriege, die ungerecht waren, zu unterscheiden von denjenigen, bei denen Gründe vorlagen, sie als gerechtfertigt hinzustellen und dementsprechend dem Christen auch zu erlauben oder gar zu befehlen, im Namen der Kirche zu befehlen, in solch einem Kriege mitzumachen. Der *ungerechte* Krieg, ja das war irgendwie eindeutig oder man glaubte, das wäre eindeutig: das war ein Raubkrieg, ein Angriffskrieg, ein Beutezug, ein Eroberungskrieg. Wie aber ist es mit einem

Verteidigungskrieg oder mit einer Strafexpedition? Gibt es da nicht Dinge, die man auch christlich rechtfertigen kann?

Diese Vorstellung aus der alten Kirche ist auch auf alle Tochterkirchen Roms übergegangen. In der Augsburgischen Konfession, dem großen Rechtsinstrument und Bekenntnisdokument der deutschen reformatorischen Kirchen, ist der Obrigkeit noch ausdrücklich von der evangelischen Kirche zugeschrieben worden, daß sie das Recht habe, *»iure bellare«*, d.h. »gerechte Kriege zu führen«. – Ich muß gestehen: Ich stehe an diesem Punkte im Widerspruch zu meinen Bekenntnisschriften, und zwar restlos. Ich behaupte, daß ich um der Heiligen Schrift und des Evangeliums willen hier sagen muß: Die Bekenntnisschrift irrt und ist an dieser Stelle falsch! Mir soll erst einer an der Heiligen Schrift beweisen, daß ich mit diesem Urteil Unrecht habe, dann will ich auf ihn hören. Aber solange er mir sagt, es stehe aber in den Bekenntnisschriften, da kann ich nur erwidern: Die Bekenntnisschrift hat nicht das gleiche Gewicht wie die Heilige Schrift! –

Die klassische Lehre vom »gerechten Krieg« wurde in der alten Kirche vom Kirchenvater Augustin entwickelt, und sie wurde dann auf ihre scholastische Höhe gebracht durch Thomas von Aquin. Der »gerechte Krieg« mußte drei Bedingungen erfüllen: 1. *Der Krieg muß eine gerechte Ursache haben.* Nach dieser Kirchenlehre ist also ein Eroberungskrieg schon darum ein ungerechter Krieg, weil er keine zu rechtfertigende Ursache hat. Unter »gerechtem« Krieg verstand man Verteidigung und Schutz vor einem feindlichen Einfall oder Raubzug. – 2. Das Kennzeichen, das aber zu dem ersten hinzukommen mußte, hieß: Der Krieg muß auch mit *rechten* und gerechten *Mitteln* geführt werden! Wenn also die Soldateska in einem gerechten Krieg plötzlich anfängt, die Menschen hinzumorden, Dörfer oder Städte in Brand zu stecken. Frauen zu schänden, dann wird der Krieg – auch wenn er eine gerechte Ursache gehabt hat, durch die verbrecherischen, sündhaften Methoden und Waffen, die angewendet werden, zu einem ungerechten Krieg, der kirchlich nicht mehr vertretbar ist. 3. Die Bedingung, die zu den ersten beiden hinzutreten muß, damit ein Krieg als gerecht beurteilt werden kann im christlichen Verständnis, besteht darin, daß das Ziel des Krieges und die zur Erreichung dieses Zieles aufzuwendenden Opfer in einem *vertretbaren Verhältnis* zueinander stehen müssen. Man kann also nicht um einer Lappalie willen einen Weltkrieg machen. Also: Man kann nicht, um eine gestohlene Viehherde von 100 Stück Rindvieh wiederzuholen, einen Krieg führen, bei dem vielleicht 100 Menschen ins Gras beißen müssen. Das ist kein Verhältnis: 100 Menschen und 100 Stück Rindvieh. Es ist also kein gerechter Krieg.

Damit habe ich die drei Kennzeichen genannt, die klassisch zur Kennzeichnung eines »gerechten Krieges« gehörten.

Es gibt keinen »gerechten Krieg«

Unter den genannten Voraussetzungen war der Krieg christlich anerkannt und ist es geblieben durch 1650 Jahre. Clausewitz hat den Krieg als die »Fortsetzung der Politik mit anderen Mitteln« bezeichnet, als die *»ultima ratio regis«*, also als das letzte Mittel, ein politisches Ziel zu erreichen. Diese christliche Lehre hat sich erstaunlich lange gehalten, obgleich seither der Krieg sowohl in den Ursachen, die zum Kriege führten, wie auch in den Waffen und Mitteln, die im Kriege angewandt werden, als auch in den Opfern und ihrem Verhältnis zu dem, was im Krieg erreicht werden soll, ungeheure Wandlungen durchgemacht hat.

Die Gründe eines Krieges sind heute ja im allgemeinen für den normalen Christenmenschen überhaupt nicht mehr erkennbar. Sie sind überhaupt – wenn sie nicht *total* verborgen sind – nur für sehr wenige Leute, die eingeweiht sind, zu erkennen. Aber im allgemeinen hat das Zeitalter der Diplomatie einen Schleier über alle Kriegsursachen und -gründe gebreitet, die es dem einzelnen Menschen, der entscheiden soll über »gerechten« oder »ungerechten« Krieg, undurchschaubar macht, der es auch für die Kirche, die entscheiden soll, undurchschaubar macht. – Wer will denn heute sagen, wenn wir in einen Krieg verwickelt werden, ob das nach den genannten Merkmalen kirchlicher Dogmatik und Ethik für unser Volk nun ein gerechter oder ein ungerechter Krieg ist. Man kann darum die Merkmale eines gerechten Krieges zwar noch aufstellen, aber man hat keinen praktischen Nutzen mehr davon. – Ein Beispiel: Das Auswärtige Amt hat in der Weimarer Zeit eine Reihe von Bänden über die Ursachen des ersten Weltkrieges drucken lassen – ich denke, es sind annähernd zwei Dutzend dicke Folianten – aber bis heute kann wirklich kein Mensch sagen, welches die Ursache des ersten Krieges gewesen ist und welche Seite damals einen gerechten Krieg geführt hat. Wir haben uns längst zynisch damit abgefunden, daß die Frage, welche Seite den *gerechten* Krieg geführt hat, *nach* dem Krieg an einem sehr zweifelhaften Kennzeichen entschieden wird, nämlich daran, wer den Krieg gewonnen hat. Also: Dies erste Merkmal für den gerechten Krieg (gerechte Ursache) ist sehr undeutlich geworden; ich will gleich dazu sagen: Es ist immer undeutlich gewesen!

Und das zweite Merkmal: die gerechten Mittel. Nun, die Mittel und Methoden, mit denen der Krieg geführt wird, haben sich gerade in unserer Generation ganz ungeheuer gewandelt, wie wir alle wissen. Und wir sind dorthin gekommen, wo die Mittel immer fürchterlicher und die Opfer infolgedessen immer größer werden. Schon seit dem General Ludendorff haben wir ja den »totalen« Krieg. Die Mittel werden total, d.h. jedes Mittel ist im Kriege recht, wenn es nur dem Feinde einen erheblichen Schaden zufügt; und je größer der Schaden, der dem Feinde zugefügt wird, desto besser das Mittel. Man fragt nicht, ob es gerecht oder ungerecht, sondern ob es wirksam oder unwirksam ist. Und in dieser Totalisierung des Krieges wird alles zum Kriegsmittel. Die Kartoffel, die aus dem Boden geholt wird, wird genau so gut für den Krieg eingespannt wie die Kunstseide, die in den Fabriken erzeugt wird. Alle brauchbaren Dinge werden Kriegsmittel, und bei diesen Mitteln wird nicht mehr gefragt, ob sie recht oder unrecht, ob sie erlaubt oder unerlaubt sind.

Hier eine kleine persönliche Erinnerung. Ich habe als Junge von sechs Jahren den Ausbruch des Burenkrieges miterlebt. Es ist eine meiner frühesten Erinnerungen an die große Welt. Damals gab es, genau wie es das heute gibt, Propaganda, Kriegspropaganda, Greuelpropaganda und alles, was dazu gehört. Die Greuelpropaganda des Jahres 1898-99 lautete: »Die Engländer verwenden Dum-Dum-Geschosse.« Bei uns in Deutschland war ja damals alles pro-burisch, und wir kriegten eine Kriegspropaganda, eine Darstellung der Nachrichten in der Weise, daß die Engländer aller Bosheit fähig wären. – Die junge Generation weiß wohl gar nicht mehr, was solch ein Dum-Dum-Geschoß ist. Für uns ist das heute eine sehr harmlose Sache. Das ist nämlich ein Gewehrgeschoß, dem man die Spitze mittels einer Knipsvorrichtung am Gewehrkolben abgeknipst hat, so daß der weiche Bleikern vorne freiliegt. Und wenn man mit solch einem Geschoß trifft, gibt es einen Querschläger, und außerdem spritzt das Blei aus dem Stahlmantel des Geschosses heraus und richtet ziemlich erhebliche und außerordentlich schwer heilende Verletzungen an; es entsteht nicht nur ein kleines rundes Loch, sondern eine erhebliche Gewebezerreißung. Das war *völkerrechtlich verboten.* Das ist auch heute noch völkerrechtlich verboten! Und das in einer Zeit, in der die Anwendung von Atomwaffen, bei denen man mit einer Bombe 240000 Menschen umbringen kann (Hiroshima), oder von Wasserstoff-Bomben, bei denen man mit einer einzigen zweieinhalb Millionen Menschen umbringen kann, *nicht* verboten ist! Sie sehen an dieser Gegenüberstellung, daß hier das Kriterium, die Urteilsmöglichkeit für das, was zu einem gerechten Krieg als gerechtes Mittel gehört, vollkommen ins Nichts zerfließt und zerflossen ist.

Und nun das dritte Kennzeichen: Steht das Ziel des Krieges mit dem aufzubringenden Opfer in einem vertretbaren Verhältnis? Hier wird es vollends klar, daß die Frage so heutzutage gar nicht mehr gestellt werden kann. Es gibt noch ein paar Überkluge, die glauben, sie könnten es noch rechtfertigen – wie beispielsweise Herr William Schlamm. Um folgenden Gedankengang geht es dabei: Der erste Weltkrieg hat sechs Millionen Tote gekostet. Um welches Zieles willen ist er geführt worden? War das Ziel, und ist das Ziel rückblickend so wichtig, daß man dafür sechs Millionen Menschen sterben lassen konnte und durfte? War der Krieg nicht schon für alle, die daran beteiligt waren, aus diesem einzigen Grunde ein ungerechter Krieg, an dem kein Christ hätte teilnehmen können nach der Kirchenlehre? Der *zweite* Weltkrieg hat 60 Millionen Menschen (nach William Schlamm sogar 100 Millionen Menschen) gekostet. *Wofür?* Steht die Vernichtung Hitlers und seines Systems jetzt, wenn wir 20 Jahre zurückblicken, wirklich in einem Verhältnis zu den 60 oder 100 Millionen Todesopfern, wenn wir sehen, was dabei herausgekommen ist? Oder wäre der *dritte* Weltkrieg ein gerechter Krieg, wenn er – wie es vor zehn Jahren eine Reihe von Leuten behaupteten – nicht sechs oder 60, sondern 600 Millionen Tote kosten würde?! – Leider ist auch das schon wieder eine Zahl, die ganz der Vergangenheit angehört; denn sich heute einen Weltkrieg vorzustellen, in dem nicht die ganzen 3000 Millionen (= 3 Milliarden) Menschen umkommen, die heute den Erdboden bevölkern, ist eine sehr schwer zu vollziehende Vorstellung. Diese Kategorien passen alle nicht mehr; und wenn ich sage: »Nicht mehr«, so muß ich gleich hinzufügen: Sie haben *nie* gepaßt!

Ich bin fest davon überzeugt, daß mit der Unterscheidung von gerechtem und ungerechtem Krieg sich zwar eine kirchliche Theologie ein ruhiges Gewissen verschaffen konnte; aber der einzelne Mensch, der vor der Entscheidung stand, ob er als Christ Soldat werden darf, hat mit diesem Rat, mit dieser Lehre der christlichen Kirche zu keiner Zeit auch nur das geringste anfangen können. Das war eine reine Konstruktion im luftleeren Raum: abstrakte Kunst der Theologie!

Was bedeutet heute diese Situation für den Christen? Es bedeutet zunächst wohl dies: daß wir gut und gesund denken, wenn wir die kirchliche Lehre und die kirchlichen Rezepte im Blick auf den Krieg und seine Zulässigkeit, auf die Erlaubnis für den Christen oder gar das Gebot an den Christen, im Krieg mitzumachen, mit allergrößtem Mißtrauen betrachten. Hier kann ich nur sagen: Ich *warne!* Ich warne jeden, der Christ sein will, auf diese alte, hie und da immer noch vertretene »Kirchenlehre« auch nur mit einem halben Ohr hinzuhören! Sie hat nichts mit der Bibel zu tun! Fragen Sie bei aller Kirchenlehre, ob die Lehre, die die Kirche vertritt, mit dem Wort des Neuen Testamentes und mit dem Geiste Jesu Christi übereinstimmt. Und wenn das nicht der Fall ist, dann sagen Sie der Kirche: Du magst glauben, was du willst, aber da kriegst du mich nicht mit! – Wir brauchen diese christliche Mündigkeit, weil die Kirche eine Institution ist und weil sie, ob sie es anerkennt oder ob sie es gar nicht wahrhaben will – wie in der evangelischen Kirche –, eine Tradition hat und weil die Kirche von ihrer Tradition, auch wenn sie irrtümlich und falsch ist, furchtbar schwer wegkommt. Es gibt heute, im Jahre 1960, Theologen, die streng genommen in das Jahr 1650 oder gar in das Jahr 1500 gehören; und das wird uns heute vorgesetzt als evangelisch-biblische Theologie! Seien Sie vorsichtig!

Der evangelische Christ soll ein mündiger Christ sein, d.h. er soll nicht glauben, was die Kirche glaubt, sondern er soll selber glauben; er soll an Jesus Christus als an seinen Herrn glauben. Und wenn das mit Kirchenlehre und Kirchenglauben übereinstimmt, um so besser. Aber wo es nicht übereinstimmt, da ist es tausendmal sicherer, Jesus Christus zu glauben als der Kirche, und daran wollte ich hier erinnern. Wenn ein Bischof etwas sagt, was nicht mit der Heiligen Schrift übereinstimmt, so hat ein Konfirmand, der zu demselben Thema das sagt, was mit der Schrift übereinstimmt, mehr Autorität für die christliche Kirche als der Bischof. Das muß so sein!

Und was bedeutet diese Situation für den Christen? Wir sind ja von der Tradition noch keineswegs frei. Die Krieger-Ehrenmale in den Kirchen sind noch da; und wenn man etwa den Gedanken äußert, es sollten zu dieser Gedenktafel die Namen derer hinzugefügt werden, die während des Dritten Reiches für das Vaterland in der Weise gestorben sind, daß sie in Konzentrationslagern umgebracht wurden, dann gibt es bei uns noch einen ungeheuren Aufruhr. Die will man nicht dabei haben. Sehen Sie: So stecken wir drin in solch einer Tradition, die – ohne daß wir uns gedanklich darüber klar werden – unser mitmenschliches oder besser: un-mitmenschliches Verhalten bestimmt. – Bei dem allen wird man aber doch eines sagen können: Wenn die Begeisterung vom August 1914 noch sehr groß gewesen ist, so war sie 1939 schon erheblich weniger zu spüren, und wenn es in einen dritten Weltkrieg ginge, dann wird es an dieser Begeisterung überhaupt fehlen, und man wird auf der Straße keine Leute sehen.

Es hat eine Besinnung eingesetzt. Diese frühere patriotische Begeisterung ist im Absterben, sie ist weithin schon abgestorben. Aber die Christenheit hat lange Zeit gebraucht, bis sie aufwachte. Wenn ich recht sehe, dann war es bei uns in der Evangelischen Kirche in Deutschland zuerst jene kleine Gruppe innerhalb der Bekennenden Kirche, die im Jahre 1938 bei dem Hitler'schen Manöver-Abenteuer in die Tschechoslowakei eine Gebetsliturgie herausbrachte, d.h. sie wandte sich an die Gemeinden hin und her im deutschen Vaterland mit der Bitte, sie möchten Bittgottesdienste für den Frieden halten. Diese Pfarrer wurden natürlich in der Öffentlichkeit als Hochverräter, als Landesverräter, als Vaterlandsfeinde gebrandmarkt. – Eines hat es aber dann wohl auch während des Dritten Reiches in der Christenheit nicht mehr gegeben: das offizielle Gebet für den Krieg; leider hat es aber das Gebet um den *Frieden* nur sehr sporadisch, sehr vereinzelt gegeben.

Was sollen wir tun?

Bis heute hin aber ist in der Christenheit die allgemeine Ansicht vorherrschend: Man kann nichts machen, der Krieg kommt wie ein Naturereignis. Im Ernstfall kann man sich darum dieser Sache auch nicht entziehen; man muß mit den Wölfen heulen und sich mit den Schafen totschießen lassen! – Das ist eine zynisch-nihilistische Haltung, hinter der der Gedanke steht: Man kann das Schicksal doch nicht aufhalten; man muß die Dinge so nehmen, wie sie kommen. Und man rechtfertigt diese Haltung christlicherseits etwa mit dem Gedanken: Wir leben nun einmal hier in einer Welt der Sünde. Wir machen ja den Krieg nicht, aber eines Tages ist er da.

Ja, und was haben wir dann zu tun? Das ist das eigentliche Problem. Mitmachen könnte – christlich gesprochen – Sünde, also Unrecht vor Gott und Menschen sein. Aber Nicht-Mitmachen – ist das u.U. nicht erst recht Sünde? Ich denke, viele aus meiner Altersgruppe kennen diese Fragen wenigstens aus der Zeit vor und während des zweiten Weltkrieges. Dieses

Nicht-Mitmachen, wenn das Vaterland in Gefahr ist und verteidigt werden muß – wer will das verantworten? In dieser Hinsicht haben wir Christen bis jetzt wenig Hilfe bekommen, wenig Hilfe von der Kirche und wenig Hilfe von anderen.

Krieg ist gegen den Willen Gottes!

Die Weltkirchenkonferenz von Amsterdam hat 1948 erklärt: »Krieg ist gegen den Willen Gottes!« – aber was hilft mir das, wenn ich mitten drin bin, wenn er da ist? Die Synode der Evangelischen Kirche in Deutschland hat auf ihrer ersten Tagung 1948 in Eisenach erklärt: »Auf der Gewalt ruht kein Segen!« – ja, es passieren viele Dinge, in die wir verwickelt werden, auf denen kein Segen ruht. Es hilft uns nicht zu unserer Haltung. – Und hinzu kommt das Gefühl, das gut evangelisch ist: Ich kann doch nicht einfach ein neues Gebot aufrichten, daß nämlich der Christ sich auf keinen Fall am Kriege beteiligen darf! – Kann ich denn dafür garantieren? Kann nicht eine Situation eintreten, wo ich mit »gutem« bösen Gewissen, weil ich gar keinen anderen Ausweg mehr sehe, einfach zur Waffe greife, um die Meinen zu schützen; wo ich entscheiden muß: Was ist das kleinere Übel? Womit komme ich dem Liebesgebot Jesu Christi [Lk 10,27] am nächsten und wie bleibe ich am weitesten von ihm entfernt? – Es könnte ja sein, daß ich in einer solchen Lage, wenn ich selbst die Flucht ergreife, viel weiter von der Liebe Christi entfernt bin, als wenn ich mich zur Wehr setze. Solche Fälle sind doch denkbar (»Der gute Hirte läßt sein Leben für die Schafe.« [Joh 10,11])

Entscheidende Dinge sind neu hinzugekommen

Ich könnte mit dem allgemeinen Überblick hier aufhören, wenn nicht in den letzten Jahren Entwicklungen eingetreten wären, die das Bild noch einmal erheblich verändert haben. Zwei Dinge sind es, die neu hinzugekommen sind.

Das eine ist die Proklamation des *totalen Kriegszieles.* Die Idee des Krieges war früher einmal diese: Wenn man in einer politischen Streitfrage unter zwei oder mehreren Partnern mit Verhandlungen nicht mehr weiter kam, dann ließ man es auf eine Kraftprobe ankommen. Die sittlich gerechtfertigte Idee des Krieges war die der Kraftprobe. Der Krieg sollte feststellen, wer der Stärkere ist und wer der Schwächere. Und wenn dies festgestellt war, kam der Waffenstillstand, und dann verhandelte man. Und nun stand fest: In dem Streitfall, in dem man sich gütlich nicht einigen konnte, hat der Schwächere, der nun eindeutig festgestellt ist, nachzugeben. Wenn das zuviel war, wenn er zu weit nachgeben sollte – mehr, als er eigentlich zugestehen wollte, selbst in seiner Situation als der Schwächere, dann konnte es vorkommen, daß dieser Waffenstillstand gekündigt wurde, wie beispielsweise im Kriege 1870/71, und daß der Krieg noch mal weiterging, bis endgültig feststand, wer nachzugeben hatte. Das war die Idee des Krieges, das meinte Clausewitz mit der »Fortsetzung der Politik mit anderen Mitteln«.

Im 20. Jahrhundert gibt es so gut wie keine Kriege mehr, die diesem klassischen Ziele dienen. Der erste und der zweite Weltkrieg jedenfalls und noch eine ganze Reihe anderer Kriege im 20. Jahrhundert wurden geführt – nicht mit dem von vornherein *ausgesprochenen* Ziel, aber doch mit dem Ziel, das sich dann während des Krieges einfach durchsetzte: Krieg bis zur *bedingungslosen Kapitulation* des Schwächeren! Und das ist eine Sache, die den Krieg natürlich ungeheuer verschärft.

Aber das ist noch nicht das Alleräußerste. Wir sind heute schon über die bedingungslose Kapitulation hinaus. Wenn der dritte Weltkrieg kommt, dann wird er nicht geführt, bis entweder Amerika oder Rußland kapituliert, sondern dann wird er geführt, bis entweder das kapitalistische Amerika oder das kommunistische Rußland nicht mehr *existiert!* Denn das ist heute der »Sinn« dieses Krieges im Ost-West-Gegensatz.

Deshalb geht es heute um die Frage der Koexistenz und nicht darum, daß einer den anderen besiegt. Viele der heute in der Politik Verantwortlichen sagen – und das ist der Irrtum: »Wir glauben nicht, daß wir koexistieren können, daß wir zur gleichen Zeit eine kommunistische und eine kapitalistische Welt auf unserem Globus haben können. Wenn es zum Kriege kommt, muß diese Frage endgültig ausgeräumt werden, d.h.: *einer* muß hinterher existieren, nicht mehr die zwei, die nicht miteinander existieren können.« Und das heißt: Das Kriegsziel in der heutigen Mächtekonstellation Ost-West ist ein *totales* Ziel. Es geht nicht um die Feststellung des Schwächeren; es geht auch nicht mehr um seine bedingungslose Kapitulation, sondern es geht um die *Beseitigung* des Besiegten. Der Gegner soll ausgerottet werden!

Hier könnte man die Frage stellen: Kann denn ein solcher Krieg gerecht sein? Und man würde diese Frage nach alten kirchlichen Grundsätzen glatt verneinen müssen, auch wenn sich heute katholische Moraltheologen die größte Mühe geben, doch noch ein Körnchen Gerechtigkeit in solch einem Kriege zu finden. Man macht das dann auf dem anderen Weg, indem man sagt: Der Krieg wird ja nicht geführt, um den anderen zu vernichten, sondern um die Freiheit, die eigene Freiheit zu retten – wobei aber die Vorbedingung, die nicht ausgesprochen wird, heißt: Sie kann nur gerettet werden, wenn die Welt der Unfreiheit vernichtet wird.

Ich sage: das ist das *eine,* was neu ist; und zwar ist es neu seit den Jahren 1945 bis 1954, vielleicht kann ich das Datum auch genau sagen: Es war im Januar 1947, als es nämlich in Amerika mit einem Schlage wieder »gute Deutsche« gab. Ich war damals in Amerika. Ich habe es am eigenen Leibe verspürt. Am 2. Dezember 1946 kam ich in Amerika an und wurde begrüßt mit einer Schimpfkanonade von Frau Eleanor Roosevelt (der Gattin des verstorbenen Präsidenten): »Was will dieser deutsche Pastor in USA? Es gibt keine guten Deutschen!« Und Mitte Januar 1947 – ich war immer noch in Amerika – da schlug der Wind mit einem Male um und es gab wieder »gute Deutsche«, denn es gab jetzt keine »guten Russen« mehr. – Es läßt sich also ziemlich genau feststellen, wann dieser Wandel eingetreten ist. Hinter diesem Wandel stand von Anfang an die Frage – das Wort war noch nicht erfunden, aber die Sache war schon da: die Frage der Koexistenz, d.h. also: Der Verdacht, das Mißtrauen, die Angst: »Wir können auf die Dauer nicht nebeneinander leben; einer von uns beiden ist zuviel in der Welt.« Und das ist es, was heute noch hinter dem ganzen kalten Krieg zwischen Ost und West steht. Ich sagte: Das ist das *eine,* was sich gewandelt hat und was nun auf einmal die ganze Situation in einem völlig anderen Licht zeigt: das totale Kriegsziel.

Die Hölle auf Erden!

Der *zweite* entscheidende Gesichtspunkt, der neu hinzugekommen ist, ist schlicht gesagt das Jahr 1954 oder genauer ausgedrückt: die Ereignisse des Jahres 1954. Es ist das Jahr, das man bei einer materialistischen Geschichtsbetrachtung wahrscheinlich einmal als die Mitte der Weltgeschichte und Menschheitsgeschichte bezeichnen wird. Denn im Jahre 1954 ist etwas passiert, was in der Geschichte der Menschheit keinen Vorgang hat.

Sie erinnern sich, soweit Sie an das Jahr 1954 zurückdenken können, daß damals fast zur gleichen Zeit die erste amerikanische und die erste russische Wasserstoffbomben-Explosion durchgeführt wurden. Die Russen hatten aufgeholt. Und die Wasserstoffbombe war ja ein ungeheurer Schreckschuß für alle Leute, die sich Gedanken machen; denn es wurde gleich bekannt, daß diese Zwei-Stufen-Bombe, die die alte Hiroshima-Bombe bloß als eine Art von Granatzünder benutzt, die *tausendfache Wirkung der Hiroshima-Bombe* an Sprengkraft hat, also nicht die Sprengwirkung von 20000 Tonnen TNT, sondern von 20 Millionen Tonnen TNT, d.h. in einer einzigen Wasserstoffbombe ist mehr Explosivenergie enthalten als in allen Sprengstoffen, die während des ganzen zweiten Weltkrieges explodierten!

Der Papst warnt – die evangelische Kirche schweigt

Es gab ein gewaltiges Erschrecken auf der Welt. Und dieses Erschrecken fand ein erstes artikuliertes Wort in der Osterbotschaft des inzwischen verstorbenen Papstes Pius XII. Diese Osterbotschaft ist nicht sehr weit durch die Öffentlichkeit, durch die Presse, auch nicht einmal sehr weit durch die katholischen Kirchenblätter gegangen. In ihr warnte der Papst sehr nachdrücklich vor den möglichen Gefährdungen des Menschengeschlechtes und seiner kommenden Geschlechter.

Es war eine höchst nervöse Situation. Ich habe damals als Mitglied des Rates der Evangelischen Kirche in Deutschland den Antrag im Rat gestellt, die evangelische Kirche möchte eine ähnliche Warnung aussprechen. Das tat man aber nicht, sondern man verschrieb sich einem »Sachverständigen«. Es war der Professor Pascual Jordan (Hamburg). Er bestätigte prompt, daß der Papst maßlos übertrieben habe und daß alles nur halb so schlimm sei. Daraufhin unterblieb eine Warnung von seiten der evangelischen Kirche.

Ich habe mich damals nicht zufriedengegeben. Ich habe mein früheres Gemeindeglied, Herrn Professor Otto Hahn, angeschrieben und habe mit ihm für den 6. Juni 1954 aus Anlaß der Tagung der Max-Planck-Gesellschaft in Wiesbaden ein Treffen verabredet. Dieses Treffen fand dann so statt, daß

Prof. Hahn die Professoren Heisenberg und von Weizsäcker mitbrachte; ich selbst hatte Herrn Bischof Dibelius und Herrn Professor Helmut Gollwitzer eingeladen.

Die Frage hieß natürlich: Ist es wirklich so schlimm, wie es der Papst dargestellt hat? Darauf die Antwort von Prof. Hahn: »Herr Pastor, es ist nicht nur so schlimm; in Wirklichkeit ist es viel schlimmer!« – Als ich auf die nähere Erklärung wartete, fuhr Prof. Hahn fort: »Es ist nur noch eine Frage für die Techniker. Wir Wissenschaftler sind längst damit fertig. Es ist heute kein Problem mehr: Wir können einen Apparat bauen, mit dem man alles Leben, alles menschliche und alles höher organisierte tierische Leben auf dem Erdball *mit einem Schlage* aussterben lassen kann!« Ich habe damals einen ungeheuren Schock bekommen, und ich fragte dann zurück: »Aber, Herr Professor, was wäre denn geworden, wenn Adolf Hitler im April 1945 im Keller der Reichskanzlei solch einen Apparat gehabt hätte?« Einer der beiden anderen Professoren gab die Antwort und sagte: »Ach, Herr Pastor, dann brauchten wir uns heute den Kopf über diese Dinge nicht mehr zu zerbrechen!«

Prof. Hahn hat es hinterher genau dargelegt, was er mit diesem grauenhaften »Apparat« gemeint hatte (um die Jahreswende 1954/55 erschien von ihm in der »Frankfurter Allgemeinen Zeitung« zum ersten Male eine öffentliche Abhandlung über diese wirklich »letzte« technische Möglichkeit, die dem Menschen in die Hand gegeben ist). Danach handelt es sich um die sogenannte Kobaltbombe, eine dreistufige Bombe, bei der die Wasserstoffbombe nur als eine Art Zünder für die eigentliche Bombe dient. Etwa 15 von diesen Kobaltbomben reichen vollkommen aus, um auf einen Schlag alles Leben auf dieser Erde auszulöschen.

Sehen Sie, der Mensch kann jetzt etwas – seit dem Jahre 1954 –, was er, seit es Menschen auf dem Erdboden gibt, niemals gekonnt hat. Er kann nicht nur Leben vernichten – das hat er immer gekonnt und das scheint er auch immer getan zu haben –, er kann jetzt *das Leben schlechthin* vernichten! Das heißt: Er kann die Weltgeschichte durch einen menschlichen Akt beenden! Und deshalb ist es doch nur eine Träumerei, wenn man glaubt, die allgemeine Abrüstung könne uns von dieser Bedrohung befreien. Ich bin ganz und gar *für* die allgemeine Abrüstung, je schneller desto besser –, aber wenn man auch alle Wasserstoffbomben wieder in ihre Bestandteile zerlegt und auch alle Kobaltbomben wieder abbaut: eines wird – vom Jahre 1954 an – die Menschheit bis zum Jüngsten Tage nicht mehr los, nämlich die Kenntnis, die Fähigkeit, die Möglichkeit, *sich selber umzubringen!*

Und das ist eine vollkommen neue Situation. Und wenn es heute heißt: »Krieg darf nicht mehr sein!« oder – worüber sich Mister Schlamm so lustig macht und wie Eisenhower gesagt hat – »Krieg ist undenkbar geworden!«, dann steht genau diese Tatsache dahinter.

Heute sind es zwar erst Amerika und Rußland, in einigem Abstand dann England und demnächst Frankreich, die atomar gerüstet sind. Aber diese Gefährdung breitet sich heute mit Hilfe der Technik über den ganzen Erdkreis aus. In 40 Jahren, am Ende dieses Jahrhunderts, wird es keine irgendwie größere Nation mehr geben, die nicht in der Lage wäre, sich 15 Kobaltbomben zu bauen. Aber schon heute kann man im Blick auf die beiden Ost-West-Mächte dieses sagen:

Wenn dieser dritte Weltkrieg kommt und wenn er geführt wird um die Koexistenz-Frage – und um was für eine andere Frage könnte er sonst geführt werden?! –, dann muß am

Schluß einer bedingungslos kapitulieren, um zur Ausrottung anzutreten. Er wird aber dem Ausgerottetwerden durch den anderen den *Selbstmord* vorziehen, was nur zu natürlich ist. Vollkommen gleichgültig ist es in diesem Fall, wer dann dieser Verlierer sein wird: ob die besiegten Machthaber im Bunker unter dem Kreml sitzen oder tief unten im Schacht unter dem Pentagon in Washington! Das Ende dieses Krieges, ganz gleich mit welchen Mitteln er anfangs geführt wird, kann nach menschlichem Ermessen nur das Ende der Menschheit sein. Das ist die ungeheure Veränderung, die sich im Lauf der letzten fünf bis sechs Jahre in der ganzen Welt und für die ganze Welt, oder muß ich sagen: *gegen* die ganze Welt, vollzogen hat, und zwar so, daß nur die wenigsten von uns überhaupt etwas davon gemerkt haben. *Das ist heute der Krieg, mit dem wir als Christen zu tun haben!* Von daher wird es deutlich, daß der Krieg zum Wahnsinn geworden ist, weil wir eben die Formel nicht mehr loswerden und keine Alternative mehr haben. Auch die kleinen Kriege werden einmal aufhören müssen, weil aus dem »kleinen« Krieg unversehens einmal der große Brand entstehen kann, mit der völligen Vernichtung am Ende.

Der Krieg ist undenkbar geworden

Der Krieg ist zum Wahnsinn geworden, aber nicht nur das: Diese Entartung des Krieges wirft auch alle unsere Begriffe und Vorstellungen über den Haufen, die irgendetwas mit Gewaltanwendung zu tun haben. Krieg ist undenkbar – ja leider ist auch Friede undenkbar! Denn solange es diese Art von »Waffen« gibt, ist der Friede kein Friede mehr, kann er es nicht mehr sein. Waffen werden im Frieden ausprobiert, das liegt im Wesen der Waffen. Solange gerüstet wird, wird man Waffen ausprobieren. Aber diese »Waffen«, mit denen man heute rechnet, sind ja keine Waffen mehr in dem Sinne, daß sie auf den Feind gezielt werden könnten, ohne den Freund gleichzeitig zu gefährden und zu treffen.

Auch das ist eine Erkenntnis, die bei der Hiroshima-Bombe nur ganz am Rande eine Rolle spielte und die sich erst nach 1945 langsam durchgesetzt hat. Man rechnete damals, vor dem Abwurf, mit drei Wirkungen der Atombombe: mit der Hitzeentwicklung, mit dem Explosionsdruck und mit der radioaktiven Strahlung, die unmittelbar bei der Explosion entsteht. Erst bei den weiteren Versuchen kam dann die Erkenntnis hinzu, daß wir eine vierte Wirkung haben, nämlich die Verseuchung sowohl der Atmosphäre wie der Bodenbestandteile, die bei der Explosion hinaufgeschleudert werden in die Stratosphäre, eine Weile dort oben »herumschwimmen« und dann durch die Troposphäre und die Atmosphäre nach irgendeinem Zeitabschnitt als der sogenannte »fall out« wieder unten ankommen. Diese radioaktiven Partikelchen haben z.B. im Frühjahr 1959 im Schleswig-Holsteinischen die Radioaktivität des Regenwassers plötzlich auf den *sechzig*fachen Betrag des Normalen ansteigen lassen, so daß öffentlich vor dem Genuß des Regenwassers gewarnt werden mußte; für die brunnenarmen Gegenden z.B. der Halligen, die weithin auf Regenwasser angewiesen sind, eine ziemlich schwierige Angelegenheit, so daß die betreffenden Ortschaften von Hamburg aus mit Nicht-Regenwasser versorgt werden mußten. – Diese Wirkung des fall out hat man erst relativ spät entdeckt und in ihrem Gewicht zu würdigen begonnen. Auf diese Wirkung hatte denn auch der Papst in seiner Osterbotschaft des Jahres 1954 bereits Bezug genommen.

Wo diese radioaktiven Elemente herunterkommen, weiß man vorher nicht, da sie mit den Luftströmungen um die ganze Erde getragen werden. *Wann* sie ungefähr herunterkommen, hat man verschiedentlich vorausberechnet. Man glaubte z.B. zu wissen, wann das berüchtigte Strontium 90 wieder zur Erde sinkt. Im vergangenen Frühjahr machte man nun in Amerika die peinliche Entdeckung, daß das Strontium leider nicht in der vorkalkulierten Zeit zurückkam, sondern in der halben Zeit dessen, was man vorausgesagt hatte. Das war deshalb so schlimm, weil in dieser kürzeren Zeit das Element seine schädigende radioaktive Kraft noch nicht abgegeben und also noch eine erhebliche Wirkung hatte.

Vorsätzlicher Mord mitten im Frieden

Inzwischen hat uns der amerikanische Nobelpreisträger Prof. Linus Pauling, der Atomchemiker der Staatsuniversität von Pasadena in Kalifornien, mit einer Voraussage aufgrund wissenschaftlicher Versuche in Schrecken versetzt, die auch von *Albert Schweitzer* und der großen Menge der Physiker und Mediziner sonstwo in der Welt bestätigt wird: Bei jeder Versuchsexplosion einer einfachen Wasserstoffbombe müssen mindestens 15000 Menschen sterben, also Menschen, die normalerweise noch eine lange Lebenserwartung hätten, die aber durch die Strahlungswirkungen tödlich erkranken und zugrunde gehen. Außerdem werden als Folge jeder einzelnen Wasserstoffbombenexplosion etwa 15000 Kinder aufgrund der Erbschäden als Mißgeburten auf die Welt kommen. – Diese Zahlen sind seit langem veröffentlicht und niemals bestritten worden. Man hat nur den Einwand gemacht: 30000 Menschen – was ist das schon? Wieviel mehr Menschen kommen bei Verkehrsunfällen auf der Straße um! – Aber, liebe Freunde: Es ist ja schließlich doch noch ein Unterschied, ob man von vornherein bei dem, was man tut, *weiß*, daß man damit Menschen umbringt, oder ob ein Verkehrsunfall passiert! Und so leicht im Gewissen zu verarbeiten sind solche Dinge doch wohl nicht. – Wenn der amerikanische Kapitänleutnant auf der Kommandobrücke eines leichten Kreuzers im Pazifik auf die Taste drückt, um die Versuchs-Wasserstoffbombe hochgehen zu lassen, dann muß er gewärtig sein, daß er mit dem Druck auf diesen Knopf unter Umständen seiner Frau und seinen lebenden oder noch ungeborenen Kindern den Tod oder das Siechtum bringt!

Das ist etwas anderes als ein Verkehrsunfall; es ist etwas grundsätzlich Neues und Anderes, und doch ist das nur das Endstadium einer Entwicklung, die folgerichtig verlaufen ist, der Entwicklung der Waffentechnik.

Das beginnt mit dem Urmenschen der Steinzeit: Er hat aus Angst vor dem Angreifer, der auf ihn zukam, plötzlich einen Stein vom Boden genommen und hat sich dieses Angreifers mit einem Stein in der Hand erwehrt und hat ihm damit die Stirn eingeschlagen. So etwa haben wir uns wohl die erste Waffe vorzustellen. Und dann hat die Waffenentwicklung eingesetzt. Alle Waffen, die wir kennen, sind schon irgendwie »Kulturprodukte«. Der Mensch hat mit seinem technischen Verstand an Pfeilspitzen und anderen Waffen gearbeitet. Und durch die ganze Menschheitsgeschichte zieht sich dann die Tendenz hin, die Waffen, mit denen man sich gegen einen Feind zur Wehr setzt, immer wirksamer, immer vollkommener zu machen.

Wo hört das auf? Das hört dort auf, wo der Mensch endlich etwas in seiner Hand hat, womit er *alles* zerstören kann. Vorher kann's nicht aufhören, denn das steckt im Menschen drin. Und nun sind wir bereits seit sechs Jahren soweit. Prof. Pauling hält die Kobaltbomben, die in Amerika und Rußland bereit liegen, für sechs- bis siebenmal ausreichend, um alles Leben auf dem Erdboden zum Erliegen zu bringen. Die Amerikaner haben etwa viermal soviel und die Russen etwa zweimal soviel Kobaltbomben hergestellt als nötig wären, um alles zu vernichten. Das ist eine sonderbare Sache! Wie ist es eigentlich vorstellbar, daß sich jemand solche Massenvernichtungsmittel hinlegt – nun nicht etwa nur so viele, wie er braucht, um alles umzubringen, sondern gleich drei-, viermal soviel!? Wie kommen vernünftige Menschen dazu, dafür Milliarden und aber Milliarden auszugeben und hinauszuwerfen!? Und es wird wohl noch einmal so viele Milliarden kosten, um diese Dinge zu demontieren, wenn es mit der Abrüstung endlich soweit ist. Man kann einfach mit 90 Kobaltbomben nicht *mehr* kaputtmachen als mit 15!

Gilt das 5. Gebot oder gilt es nicht?

Und nun kommt eine Frage: Wenn das von dem Stein angefangen, den der Urmensch in die Hand nahm, bis hin zu den 15 Kobaltbomben eine logische Entwicklung ist – und das ist es ja wohl! –, und wenn das dann der »logische« Endpunkt ist, daß sich die Menschheit mit den Mitteln, die immer »vollkommener« wurden, nur noch selber umbringen kann: Was haben wir dann eigentlich zu diesem ganzen Weg, der zu diesem Resultat hinführt, zu sagen? Für mich lautet die Frage so: Kann dann dieser ganze Weg an irgendeiner Stelle *jemals* recht gewesen sein? Oder hat da nicht schon in dem Augenblick etwas nicht gestimmt, als dieser Mann der Steinzeit in seiner Angst den Stein aufhob – d.h.: fängt das nicht schon, christlich gesprochen, bei *Kain* und *Abel* an? [1. Mo 4,1-16]

Kann es dann recht gewesen sein, was ich beispielsweise als Berufsoffizier zehn Jahre lang ganz harmlos für recht gehalten habe?

Auf dem Hintergrund dieser Frage habe ich im Jahre 1954 das Neue Testament noch einmal vorgenommen und habe es unter einem ganz »einseitigen« Gesichtspunkt noch einmal durchstudiert, nämlich im Blick auf das, was mir jetzt plötzlich ganz dringend und drängend geworden war, im Blick auf die Frage: Was ist es eigentlich um das fünfte Gebot (Heidelberger Katechismus: 6. Gebot): Du sollst nicht töten! – Was ist es eigentlich um die Gewaltanwendung? Wie legt Jesus das 5. Gebot aus? Wie verhält er sich selbst zur Gewaltanwendung? Was sagen die Apostel, was schreiben die Apostelschüler in den Briefen des Neuen Testaments über diese Fragen? Oder haben sie da noch gar nichts gesehen, war das für sie kein Problem?

Es war für sie sehr wohl ein Problem! Aber *sie* hatten für diese Frage eine *Antwort!* Und diese Antwort heißt: *Jesus Christus!* Es geht um die Frage, ob man auf diesen Jesus Christus zu hören *bereit* ist oder ob man das tut, wozu wir ja gerade von theologischer Seite immer wieder angehalten worden sind: daß man ein wasserdichtes Schott einzieht oder eine Brandmauer einbaut und sagt: Auf diesem ganzen Gebiet hat Jesus Christus, hat der christliche Glaube überhaupt nichts zu sagen, das steht auf einem anderen Blatt, das sind »Ermessensfragen«.

Das ist sehr bequem, aber es ist auch sehr gefährlich, denn wir sehen ja, wohin es schließlich geführt hat. Der Weg Jesu Christi aber – das ist nun einfach eine Tatsache – ist diesem Weg, angefangen von dem Stein des Urmenschen bis hin zu den 15 Kobaltbomben, genau entgegengesetzt. Jesus ist ja nicht der Gewalt mit Gewalt begegnet, sondern hat die Gewalt sich austoben lassen: »Laß dich nicht das Böse überwinden, sondern überwinde das Böse mit Gutem!« (Römer 12,21); »Ich aber sage euch: So dir jemand einen Streich gibt auf deinen rechten Backen, dem biete den anderen auch dar!« (Matthäus 5,39); »Vergeltet nicht Böses mit Bösem oder Scheltwort mit Scheltwort!« [1 Petr 3,9] – Apostelworte und Jesus-Worte nebeneinander, wie sie mir gerade einfallen.

Keine einzige Ermunterung zur Gewaltanwendung!

Es gibt im Neuen Testament keine einzige Ermunterung zur Gewaltanwendung, keine einzige! Weder bei Jesus, noch bei seinen Jüngern, noch bei seinen Aposteln oder den Apostelschülern. – Es gibt eine Geschichte, wie die Jünger in die Versuchung zur Gewaltanwendung geführt werden: Lukas 9,51-56. Jesus kommt mit seinen Jüngern in ein samaritanisches Dorf, und sie finden dort nicht die normale orientalische Gastfreundschaft, sondern werden aus dem Dorf hinausgewiesen. Da berufen sich Johannes und Jakobus auf das Alte Testament und fragen ihren Meister: »Herr, wenn du willst, dann machen wir es auch so wie Elia und rufen das Feuer vom Himmel, das diese bösen Leute verzehren wird.« – Die Antwort, die Jesus darauf gegeben hat, lautet: »Wisset ihr nicht, welches Geistes Kinder ihr seid?« – nämlich nicht Kinder des Geistes des Elia, der das Feuer vom Himmel ruft, um die Gottlosen zu strafen, sondern Kinder des Geistes dessen, mit dem sie unterwegs sind und zwar unterwegs nach Jerusalem, unterwegs zum Kreuzeshügel.

Diese Antwort Jesu, wie sie in den meisten Bibelhandschriften enthalten ist und auch in der Luther-Übersetzung steht, ist nach dem heutigen Stand der theologischen Forschung wahrscheinlich eine spätere Gemeinde-Einfügung; sie ist aber trotzdem genau so gewichtig, als wenn Jesus sie selbst gegeben hätte, denn *so* ist er von den Seinen verstanden worden!

Nirgendwo im ganzen Neuen Testament irgendeine leise Rechtfertigung von Gewaltanwendung durch Jünger Jesu, weder bei den Aposteln noch Apostelschülern, nirgends! Nun könnte einer sagen: Zufall. Oder es könnte einer hinweisen auf das berühmte theologische Fündlein vom Hauptmann von Kapernaum (Matthäus 8,5-13); diesen armen Mann macht man bei gewissen Leuten immer wieder gern zum »ersten christlichen Offizier«. Deshalb will ich jetzt gleich darauf eingehen! Sehen Sie, auch zum Hauptmann von Kapernaum hat Jesus nicht gesagt, er solle ein braver Soldat sein, – so à la Heuss: Nun siegt mal schön! oder so etwas; nichts dergleichen. Der Hauptmann von Kapernaum war auch kein Christ. Jesus war noch nicht gekreuzigt, das Evangelium von der Erlösung des Menschen war noch gar nicht da. Es war zwar angekündigt, aber es fehlte ja das Entscheidende!

Christus hat die Welt überwunden!

Glauben wir das?

Wenn der Christus des Johannes-Evangeliums sagt: Seid getrost, ich habe die Welt überwunden! [Joh 16,33] – was meint er denn damit? *Wo* hat er sie denn überwunden? Im Geiste des Neuen Testamentes ist die Antwort sehr eindeutig: Die Überwindung der Welt ist das letzte Wort am Kreuz: »*Es ist vollbracht!*« [Joh 19,30] – Das ist doch der Sieg Christi: Die *gewaltlose Ü*berwindung der Feindschaft durch die sich selbst opfernde Liebe; dieses Heraus-Lieben des in sich selbst verschlossenen Menschen, der nur sich selbst liebt und der weder Gott noch den Nächsten liebt; dieser Mensch wird hier herausgeliebt durch dies Opfer, durch diesen sich selbst Opfernden, der aus sich herausgeht und nichts für sich behält, so daß bei uns der Panzer, in dem wir uns eingeschlossen haben, schmilzt und auch wir aus uns herausgehen können! *Das* ist doch der *Sieg*, der *gewaltlose* Sieg Christi!

Ob wir das *glauben* können, liebe Freunde?

Ich muß immer denken an meinen Konzentrationslager-Aufenthalt während des letzten Jahres des Hitler-Reiches, 1944. Im Hof unseres »Bunkers« in Dachau stand ein Galgen, den ich durch die Gitterstäbe meines Zellenfensters sehen konnte. Im Anblick dieses Galgens habe ich mir manchmal die Frage vorgelegt: Wirst du eigentlich als Christ bestehen, wenn sie dich eines Nachmittags hier aus deiner Einzelzelle holen, dich da draußen auf einen Schemel stellen unter den Galgen, dir den Strick um den Hals legen und dann den Schemel wegziehen und es ist aus – was wirst du dann denken und sagen? Wirst du dann brüllen: »Ihr verdammten Verbrecher! Wartet mal, es gibt noch einen Gott im Himmel, der wird euch schon ...!«

Wenn man einmal in dieser Lage ist, dann weiß man, daß das der natürliche Gedanke und Wille des menschlichen Herzens ist – gebändigt und überwunden aber durch das andere, nämlich durch die Frage: Was wäre denn passiert, wenn der, den wir Christen unseren Herrn heißen, wenn dieser Jesus aus Nazareth, als sie ihn hinausführten und ihn den Galgen selber schleppen ließen auf den Hügel vor den Toren der Stadt Jerusalem, und als sie ihn dort an diesen Galgen nagelten – was wäre denn passiert, wenn Jesus dort losgebrüllt hätte: »Ihr verdammten Verbrecher! Wartet mal, es gibt noch einen Gott im Himmel, der wird euch schon ...!«

Meine Brüder und Schwestern, es ist klar, was dann passiert wäre! Es wäre *gar nichts* passiert! Es hätte keinen Sohn Gottes gegeben. Es gäbe keine Erlösung, denn es gäbe keine Vergebung der Sünden um dieses Einen willen. Es gäbe keine Versöhnung, es gäbe keine Botschaft vom Frieden, vom Sieg über die Welt. Ein Justizmord mehr wäre passiert, ein anständiger Mensch mehr wäre gegen Recht und Gesetz umgebracht worden – neben den vielen Millionen anderer, denen es in den Jahrhunderttausenden so gegangen ist. Passiert wäre nichts. Es gäbe keine christliche Kirche. Denn es wäre kein Mensch auf die Idee gekommen, von Jerusalem aus in die Welt zu gehen als Missionar und irgendwo von diesem Manne, den man da umgebracht hatte, ein Wort zu erzählen.

Das Thema heißt: Christ und Nachfolge Jesu!

Es liegt mir daran, liebe Freunde, daß Sie darüber einmal nachdenken. Die Frage: Gewaltanwendung oder *Nicht*-Gewaltanwendung, die Frage: Gewaltanwendung oder einen *anderen Weg* zur Überwindung des anderen gehen – diese Frage ist die *zentrale* Frage, nicht nur für Jesu Erlösungswerk an uns, sondern auch für unser Christenwerk inmitten der Menschenwelt! Ich will und darf Ihnen diesen Stachel nicht ersparen, den sollen Sie mit nach Hause nehmen und darüber sollen Sie einmal nachdenken!

Und deshalb empfinde ich es als Gotteslästerung, wenn ein *Christ* mir sagt: Ich muß Soldat werden! – Das Neue Testament hat nun einmal keine Aufforderung zur Gewaltanwendung, auch nicht unter gewissen Voraussetzungen oder Bedingungen. Es hat im Gegenteil viele Warnungen vor der Gewaltanwendung.

Aber: ein *Christ,* der an den gekreuzigten Jesus von Nazareth als an seinen Erlöser glauben will und der diesen Glauben nicht *preisgeben* will, der mag sich wohl hüten, was er tut! Die entscheidende Frage für den *Christen* heißt hier wie überall, wo der Christ im Bewußtsein seiner christlichen Verantwortung handelt: »Herr – und damit ist der Jesus von Nazareth gemeint –, Herr, was willst *du* denn, daß ich tun soll?« [Apg 22,26]

In der Praxis sieht das etwa so aus: Ich hatte eine Unterhaltung mit einem Bundeswehrflieger und mußte ihm dabei folgendes sagen: »Nehmen wir an, Sie sollen in einem künftigen Krieg eine Hiroshima-Bombe auf Dresden oder Magdeburg werfen. – Und nun sehen Sie einmal: Ich bin doch nur in der Nachfolge Jesu, solange ich etwas tue, bei dem Jesus dabei ist, dabei sein kann und dabei sein will. – Und sind Sie in diesem Fall als Christ wirklich davon überzeugt, daß Jesus neben Ihnen sitzen könnte, und daß, wenn Sie sagen: ›Los!‹, er auf den Knopf drückt und die Bombe fallen läßt!?«

Sehen Sie, einfacher dürfen wir uns die Sache doch nicht machen! Das eigentliche Thema heißt heute nicht »Christ und Krieg«! Meine Freunde: Soweit wir uns als Christen betrachten, heißt das Thema ganz eindeutig: *»Christ* und *Nachfolge Christi«*! Es geht dabei um das, was in der Reformation zu kurz gekommen ist. Es geht um das, was wir uns mit der

Lehre von den »zwei Reichen« und ähnlichen Dingen, die wir im Grunde gar nicht verstanden haben, für unseren Hausgebrauch zurechtgemacht haben. Wir handeln so, als ob es einige Gebiete gäbe, wo Gott etwas zu sagen hat, und daneben andere Gebiete, wo er *nichts* zu sagen hat!

Aber dieser Herr Christus ist der, dem *alle* Gewalt gegeben ist, nicht nur im Himmel, sondern auch auf Erden [Mt 28,18], d.h. er ist *überall* dabei! Entweder so, daß er *mit* uns ist und wir in seiner Nachfolge sind, oder aber so, daß er uns den Rücken kehrt, weil wir aus seiner Nachfolge ausscheren und ihm den Laufpaß geben.

Der Mißbrauch des Christus-Namens

Von daher würde ich allerdings sagen: Christ und Krieg? – Das ist eine ganz, ganz schwere Frage an den Christen, der sich wirklich auf sein Christsein besinnt und nun nicht etwa Christ ist in dem Sinn, wie das bei uns üblich geworden ist im »christlichen« Staat, mit »christlichen« Parteien, mit »christlicher« Weltanschauung usw.; wo man sich also von Jesus oder vom Neuen Testament oder auch vom Alten Testament jeweils das heranholt, was einem paßt, um seine eigenen Ideen, Zwecke und Ziele möglichst gut abschirmen zu können gegen Einwände von rechts und von links. *Damit* ist gar nichts gemacht! *Nachfolge* heißt unser Auftrag! Und diese Nachfolge Jesu ist auch das einzige, was das Problem Christ und Krieg in echter Weise lösen kann und löst.

Mit dem Worte »christlich« und »Christ« haben wir viel, viel Unfug getrieben, und das soll zum Schluß doch nicht verschwiegen werden, wenn es auch noch einmal einen sehr ernsten Ton in diese Kundgebung hineinbringt.

Im Laufe der letzten Jahre war ich selten so erschüttert wie in dem Augenblick, als ein Dekan aus meiner Landeskirche, der mit der Delegation der Stadt Frankfurt am Main im Jahre

1958 in Hiroshima gewesen ist, von dort zurückkam und mir seinen Bericht erstattete. In der Unterhaltung mit ihm erfuhr ich, was auch ihm selbst solch einen schweren Stich versetzt hatte. Er hatte sich mit allen möglichen Kreisen in Hiroshima unterhalten. Es waren weitgehend Nichtchristen, da die Christen in Japan ja nur eine ganz kleine Minderheit darstellen. In der Unterhaltung mit solch einem Kreis von Ärzten und Kommunalpolitikern hatte einer, wenn er von der Atombombe vom 6. August 1945 sprach, jedesmal einen Zusatz gemacht – er sprach jedesmal von der »christlichen Bombe«.

»Die christliche Bombe« – nicht wahr, wir erinnern uns an das Prophetenwort, das der Apostel Paulus der Gemeinde in Rom vorhält: »Um euretwillen wird Gottes Name gelästert unter den Heiden« (Römer 2,24)!

»... dann dürfte ich ja nicht mehr christlich leben!«

Oder denken wir noch an einen, menschlich gesprochen, ganz großen Mann der Menschheitsgeschichte, von dem ich viel gelernt habe bei einem Aufenthalt in Indien, als die indische Regierung mich zu einem Kursus über Gandhiismus eingeladen hatte. Ich denke an Mahatma Gandhi. Bei jenem Besuch, er liegt jetzt acht Jahre zurück, zeigte mir der letzte Privatsekretär von Gandhi das kleine Museum, wo sein letzter Wanderstock aufgehoben wird und die Sandalen, die er bei seiner Ermordung trug, und wo auch Briefe ausgestellt waren. Und ich las da einen Brief in englischer Sprache, den Gandhi acht Tage vor seiner Ermordung an seinen Freund, den englischen Missionar Andrews, geschrieben hatte. Er zitiert in diesem letzten Brief ein Lied: *»Rock of ages, cleft for me ...«* (ein Lied, das in deutscher Übersetzung in unseren Gemeinschaftsliederbüchern steht). Er zitiert es in dem Zusammenhang, daß er schreibt, er fühle sich in letzter Zeit oft sehr niedergeschlagen; und er schreibt weiter: »... und dann entdecke ich mich dabei, daß ich die Melodie ›*Rock of ages* ...‹ vor mich hinsumme«. Von daher stellte ich dann die Frage an Gandhis Privatsekretär: »Sagen Sie mir doch bitte einmal, wie es mit dem Verhältnis Gandhis zum Christentum gewesen ist!« Die Antwort: »Das kann ich Ihnen sehr einfach sagen. Andrews hat ihn einmal gefragt: ›Gandhi, warum wirst du eigentlich kein Christ? Du lebst doch in der Nachfolge Christi; du kennst doch nichts Schöneres und Höheres als die Bergpredigt und machst sie zur Richtschnur deines Verhaltens und Lebens.‹ Gandhis Antwort: ›Wenn ich mich taufen ließe und Christ würde, dann dürfte ich ja nicht mehr *christlich leben!*‹«

Soweit: »Die christliche Bombe.« – »Wenn ich Christ würde, dann dürfte ich ja nicht mehr christlich leben.«

Christ und Krieg? – Liebe Freunde: ich schließe mit dieser *Frage*, einer Frage, die an einen jeglichen von uns gerichtet ist und gerichtet bleibt.

Friede in unserer Welt – Möglichkeit oder Utopie?

Das Thema des heutigen Abends habe ich mir nicht selber ausgesucht: es ist mir gestellt worden; darum darf ich die Frage, was mit diesem Thema eigentlich gemeint sein soll, als eine echte Frage vor mich wie vor Sie alle hinstellen. Denn offenbar kann man das Thema in doppelter Weise, nämlich entweder philosophisch-grundsätzlich oder aber politisch-praktisch verstehen. Und vielleicht ist es gut, wenn wir uns diese doppelte Möglichkeit des Verständnisses ganz klar machen; einmal läßt sich das Thema nämlich näher so umschreiben: ist die Verwirklichung eines wirklichen Friedenszustandes in dieser unserer wirklichen, raum-zeitlich bestimmten Welt möglich oder nicht?; zum andern wäre die Frage so zu stellen: ist die Schaffung eines wirklichen Friedens in unserer wirklichen Welt von heute möglich oder utopisch? Es käme also darauf hinaus, daß wir uns einigten über das, was wir unter »unserer Welt« verstehen wollen?! – Zugleich meldet sich jedoch noch eine zweite Doppelfrage: wollen wir miteinander von jenem absoluten Frieden, jenem vollkommenen Zustand der Harmonie, vom sogenannten »ewigen« Frieden sprechen, oder soll es hier um jenen relativen Frieden gehen, der lediglich bedeutet, daß kein Krieg geführt und keine physische Zwangsgewalt unter streitenden Menschengruppen, Völkern und Staaten angewandt wird?

Vielleicht empfiehlt es sich, diese letzte Frage zuvor zu klären und zu entscheiden! – »Der ewige Friede« – so soll der Generalfeldmarschall Graf Moltke einmal gesagt haben – »ist ein Traum, und nicht einmal ein schöner.« – Den letzten Teil dieser Aussage werden ihm heute wohl nur ganz wenige Menschen nachsprechen, um so größer ist die Zustimmung, die auch heute noch die Behauptung findet, daß der ewige Friede ein Traum, also eine Utopie, sei. Wie steht es damit? Dürfen wir hoffen oder gar erwarten, daß am Ende der Menschheitsgeschichte jene vollkommene Harmonie herrschen wird, in der sich der »ewige Friede« – gewissermaßen automatisch – realisiert? – Wer daran glaubt, kommt nicht daran vorbei, daß er einen unbedingten Glauben an das Gute im Menschen und an den Sieg dieses Guten haben muß; er muß, um solch einen Glauben festzuhalten, einem grenzenlosen, optimistischen Idealismus huldigen, der – bis zu dieser Stunde jedenfalls – durch keinerlei Erfahrung gestützt wird. Vielmehr sind wir, gerade in meiner Generation, die zwei große Kriege miterlebt hat, zweimal Zeuge gewesen, wie solch ein Evolutionsoptimismus jämmerlich Schiffbruch erleiden mußte, indem deutlich wurde, wie jäh und unvermittelt eine Peripetie vom Humanismus in die Unmenschlichkeit erfolgen kann oder gar erfolgen muß, – jedenfalls erfolgt ist! Als Christen sollte uns das freilich insofern nicht überraschen, als die Bibel einen humanitären Optimismus nicht kennt. Hier ist das Menschenbild wesenhaft anders geschaut: »Das Dichten und Trachten des Menschenherzes ist böse von Jugend auf« [1 Mo 8,21]; so heißt es vor dem Gottesgericht der Sintflut, und nicht anders steht es nach dem Strafgericht zu lesen. – Und wenn wir die Frage stellen, was mit diesem Bösesein im Grunde gemeint ist, dann ist es eben dies, daß der Mensch, statt Gott und den Nächsten zu lieben, nur sich selber will und darum Gott sowohl als auch seinen Mitmenschen als Mittel für seine eigenen Zwecke und Ziele zu mißbrauchen trachtet; er ist unter diesem Aspekt von Natur Konkurrent und Feind und kennt nur das eine Naturgesetz, das der Selbsterhaltung um jeden Preis: »jeder ist sich selbst der Nächste!« – Das heißt aber, anders ausgedrückt: wo der Mensch ist – nämlich dieser Mensch –, da gibt es keinen Frieden, und da kann es auf die Dauer keine

Harmonie geben, sondern es muß – wir sagen: naturnotwendig – Konkurrenz, Streit, Kampf und letztlich Krieg geben. »Der ewige Friede ist ein Traum« und bleibt es, solange das Naturgesetz vom Kampf ums Dasein in Geltung steht. – Die Hintergründe und Ursachen davon, daß es so um uns Menschen steht, brauchen wir hier nicht ausführlich darzulegen; es sei genug, wenn ich darauf hinweise, daß der Mensch, der seinem Schöpfer nicht als seinem Vater traut und deshalb meint, für sich selbst sorgen zu müssen, gar nicht anders kann, als in seinem Neben- und Mitmenschen den – zum mindesten potentiellen – Feind zu sehen und sich ihm gegenüber entsprechend zu verhalten. Woher soll sich unter solchen Umständen – und sie bezeichnen die Wirklichkeit »unserer Welt« – jenes Vertrauen entwickeln, ohne das es zu keiner Harmonie, zu keinem wirklichen und echten Frieden kommen kann?! – So behält im Blick auf »unsere Welt« der alte Graf Moltke schon recht, wenn er feststellt: »Der ewige Friede ist ein Traum«; und er bleibt es, ob wir dabei an »unsere Welt« von heute denken oder an diese »unsere Welt«, wie sie in ihrer raum-zeitlichen Bedingtheit jemals sein wird, solange Menschen in ihr leben. Der »ewige Friede« ist »höher denn alle Vernunft« [Phil 4,7], und mit allem menschlichen Bemühen nicht zu verwirklichen, solange es Menschen gibt, die sich vom Gesetz der Selbsterhaltung bestimmen lassen; denn ebenso lange werden diese Menschen darauf ausgehen, ihre Selbsterhaltung auf Kosten und zu Lasten ihrer Mitmenschen, das heißt unter Preisgabe des Friedens durchzusetzen. – Es besteht auch keinerlei begründete Aussicht, daß dieser Zustand einmal überwunden würde; er gehört – theologisch ausgedrückt: als Erbsünde – zu unserem empirischen menschlichen Wesen: nicht der Friede, sondern die Feindschaft ist für uns Menschen das »Natürliche«. – Als Christen werden wir deshalb der Utopie vom »ewigen Frieden« nicht verfallen und uns hüten, auf einen schönen Traum Luftschlösser zu bauen. – Um kein Mißverständnis an dieser Stelle aufkommen zu lassen, muß hinzugefügt werden: es gibt diesen »ewigen« Frieden, und es gibt Menschen, die in diesem Frieden geborgen sind. Es sind diejenigen, für die das Gesetz der Selbsterhaltung hinfällig geworden ist, weil sie wissen und sich ganz darauf verlassen, daß Gott für sie sorgt und daß sie dadurch der Sorge für sich selbst enthoben sind, die »Kinder Gottes«, die ihrem Vater vertrauen und die darum auch dem Mitmenschen ohne Angst und ohne Neid und vielmehr in brüderlicher Hilfsbereitschaft begegnen, die »Friedfertigen«, die Friedensstifter und Friedensbringer. Aber dieser Friede bleibt an den Glauben, an das kindliche Vertrauen gebunden; und sowenig die tatsächlichen Verhältnisse »in unserer Welt« ihn zerstören können, so wenig kann er in diese Welt übertragen werden, wo immer und solange das Gesetz der Selbsterhaltung festgehalten wird. Voraussetzung dieses Friedens ist der Glaube, und weil der Glaube nicht in unsere Macht gegeben ist, deshalb läßt sich auch dieser »ewige Friede« weder manipulieren noch organisieren. Wer sich das vornimmt, verfällt der Utopie. – Und wer in dieser »unserer Welt« Frieden schaffen will, der darf nicht mit einem idealistisch-humanistischen und auch nicht mit einem schwärmerisch-christlichen Programm kommen, um den ewigen Frieden, den Zustand vollkommener Harmonie herzustellen; eben das ist ein utopisches Beginnen und muß es bleiben.

Bei dem »Frieden in unserer Welt« kann es sich niemals um den absoluten Friedenszustand, sondern immer nur um jenen relativen Frieden handeln, der bedeutet, daß kein Krieg geführt und keine physische Zwangsgewalt unter streitenden Gruppen von Menschen angewandt wird. – Daß Menschen, Gruppen und Völker Streit miteinander haben, daß sie in der Verfolgung ihrer Interessen und Ziele in Gegensatz zueinander geraten und daß sie diese Gegensätze in irgendwelcher Weise zum Austrag bringen, das wird sich niemals vermeiden oder beseitigen lassen, solange Menschen unserer Art in dieser unserer Welt beieinander leben. – Die Frage ist lediglich die, in welcher Weise und mit was für Mitteln der Kampf ums Dasein und um den Platz an der Sonne geführt wird. Gehört der Krieg, gehört die Gewaltanwendung unabänderlich zum menschlichen Dasein, oder kann dies Dasein auch ohne Krieg – und das meinen wir jetzt mit »Frieden« – gemeistert werden? Ist Friede in unserer Welt überhaupt eine Möglichkeit? – Die geschichtliche Erfahrung scheint ja dagegen zu sprechen: soweit wir die Menschheitsgeschichte nach rückwärts verfolgen können: es hat immer Kriege gegeben seit vielen, vielen Jahrtausenden; und der Schluß liegt nahe, daß es auch in alle Zukunft Kriege geben wird. Dieser Schluß hat geradezu das Gewicht eines Dogmas bekommen, das bei Christen und Nicht-Christen sich allgemeiner Anerkennung erfreut; und wer anders glaubt (denn um einen wirklichen Glaubenssatz handelt es sich), der gilt als Ketzer oder als Schwärmer oder als beides. – Eins steht fest: der Krieg hat seinen sehr festen Platz im Zusammenleben der Völker als die *»ultima ratio regis«*; man glaubt ihn als ein letztes oder auch allerletztes Mittel zur Regelung dieses Zusammenlebens nicht entbehren zu können. – Wenn sich die miteinander streitenden Gegner absolut nicht einigen können, dann soll der Streitfall durch eine entscheidende Machtprobe erledigt werden; »der Krieg ist die Fortsetzung der Politik mit anderen (nämlich gewaltsamen) Mitteln«, wie die klassische Formulierung lautet; und er soll dazu dienen, den unhaltbar gewordenen Frieden wieder herzustellen. – Die Theorie ist hier freilich besser als die praktische Wirklichkeit; wo eine »Macht« über eine starke Überlegenheit verfügt, hat sie sehr häufig nicht gewartet, bis die friedlichen Mittel der Politik erschöpft waren, um sich dann den Gegner auf Grund einer Kraftprobe gefügig zu machen und den Streitfall zu ihren Gunsten zu entscheiden, sondern hat einfach von dem sogenannten »Recht des Stärkeren« Gebrauch gemacht und sich kurzerhand mit Gewalt genommen, was sie haben wollte. Für den Starken ist der Verzicht auf Gewalt eine äußerst unwahrscheinliche Haltung, und von daher gesehen, ist der Friede in unserer Welt eine sehr hypothetische Angelegenheit und wahrscheinlich sogar eine Utopie. – Wo die kriegerische Gewaltanwendung leichte Erfolge verspricht, da hat der Friede eine schwache Position. Es hat allerdings nicht an Bemühungen gefehlt, den Krieg aus dem Leben der Völker zu beseitigen, und diese Bemühungen sind vor allem dort gemacht worden, wo man begann, das Töten von Menschen als unmenschlich und als Barbarei zu beurteilen; aber alle diese Anstrengungen haben sich als letztlich unwirksam erwiesen: das Eigeninteresse schreckt nicht davor zurück, Menschenleben zu opfern, um Vorteile zu erreichen. In unserer Welt ist auch der Mensch nicht *mehr* als ein Mittel zum Zweck. – Der Friede als Verzicht auf den Krieg als Mittel im Kampf ums Dasein ist erst da möglich, wo der Krieg als Mittel im Kampf ums Dasein unbrauchbar wird und keinerlei Vorteile mehr verspricht. – Da dies bis in die neueste Zeit nicht der Fall gewesen ist oder jedenfalls nicht geglaubt wurde, so wurde das Dogma von der Notwendigkeit des Krieges und der Unmöglichkeit beständigen Friedens in dieser, unserer Welt allgemein für wahr gehalten und wird es heute noch! – Das hat selbstverständlich auch zu einer lässigen Haltung gegenüber allen Friedensbemühungen geführt, die ja nun doch einmal nach diesem Dogma zum Scheitern verurteilt sind. – Es ist ganz sonderbar, wie auch kluge und intelligente Menschen diesem Fehlschluß oder Kurzschluß bis zum heutigen Tage zum Opfer fallen: »Es wird immer Kriege geben – so heißt es da –; darum ist es vergebliche Mühe, sie verhindern zu wollen.« – Das ist genau das gleiche, als wenn einer sagen würde: »Es wird immer Morde geben; darum ist es zwecklos, Morde verhindern zu wollen!« — Man sah mit solch fadenscheinigen Argumentationen von oben auf die Pazifisten herab, die – wenn auch vielfach auf Grund eines objektiv falschen Idealismus – sich um Schaffung oder Erhaltung oder Wiederherstellung selbst des notwendigsten, zerbrechlichsten Friedens mühten und unter dem Hohn der Zuschauer abmühten. – Und das galt insbesondere dort, wo wie bei uns in Deutschland eine Serie von gewonnenen Kriegen als die eigentliche Begründung nationaler Größe und Wohlfahrt verstanden und miß-verstanden werden konnte – und mußte! – Der Krieg ist Naturgesetz, der Friede in unserer Welt eine Utopie! – Diese These scheint festzustehen und unerschütterlich zu sein. Sie scheint? Sie schien!

Es ist anzunehmen, daß der Friede dann zur Möglichkeit wird, wenn der Krieg keinerlei Vorteile mehr für den einen wie den andern Beteiligten verspricht; aber bis heute – oder muß ich sagen: bis gestern – trat dieser Fall ja praktisch niemals ein. Wenn der Angreifer sich von der Fortführung seines Krieges nichts mehr versprechen konnte, so hatte der Angegriffene um so mehr Interesse daran, den Krieg so lange fortzusetzen, bis er nunmehr seinem Gegner seinen Willen aufzwingen und sich so für die ihm abverlangten Opfer schadlos halten konnte. Einer der Kriegführenden hatte immer den Wunsch und die Hoffnung, seine Position durch einen klaren Sieg entscheidend zu festigen oder zu verbessern. Und solange der Krieg einen Sieg für eine der beteiligten Mächte verspricht, so lange wird er nicht aus der Welt geschafft werden, und so lange wird der Friede immer nur ein Friede auf Zeit sein. Er ist nicht unmöglich; aber seine Dauer ist unmöglich oder zum mindesten äußerst unwahrscheinlich.

Nun ist jedoch in unseren Tagen ein Wandel eingetreten, der der These von der Unvermeidbarkeit des Krieges und der Unmöglichkeit des Friedens in unserer Welt einen harten Stoß versetzt hat. – Es ist im Kriege durch die Jahrtausende hindurch immer darum gegangen, dem Gegner so starke Verluste an Gefechtskraft beizubringen, daß er am Ende seine

Niederlage einsehen und eingestehen mußte und sich bereitfand, den Forderungen des Siegers nachzugeben. Ein Krieg hat keinen Sinn, wenn von vornherein feststeht, daß es bei seinem Ende keinen Sieger geben wird. Das ist nun allerdings nicht vorher festzustellen, und deshalb hat es eine ganze Anzahl von Kriegen gegeben, die sich nachträglich als völlig sinnlos herausstellten, weil keiner der Beteiligten den Sieg erringen konnte. Man mußte voneinander ablassen und sich in den Schaden teilen. Immerhin gab ein solches Fiasko keine Gewähr dafür, daß es die gleichen Gegner nicht später noch einmal mit vermeintlich oder wirklich besseren Aussichten auf eine neue Kraftprobe ankommen ließen in der Hoffnung, doch noch eine Entscheidung herbeizuführen. – Und diese ganze Rechnung geht heute nicht mehr auf; schuld daran ist die Waffentechnik, die immer wirksamere Waffen konstruierte und die heute einen Höchststand erreicht hat, der als absolut zu bezeichnen ist. Kurz gesagt: die Mittel der Vernichtung sind in ihrer Leben zerstörenden Wirkung an dem Punkt angelangt, daß sie nicht nur Menschenleben in unvorstellbarem Umfang vernichten können, sondern daß sie das Leben auf der Oberfläche unseres Planeten schlechthin auslöschen können. – Auf Einzelheiten brauche ich dabei nicht mehr hinzuweisen; es genügt die Feststellung, daß diese Möglichkeit seit 1954 unwidersprochen besteht und daß mindestens zwei Nationen schon heute in der Lage sind, die Möglichkeit zur Wirklichkeit werden zu lassen. Ein Krieg zwischen diesen beiden Nationen ist damit unsinnig geworden, weil es in einem solchen Krieg keinen Sieger mehr geben kann, der den Unterlegenen seinem Willen gefügig zu machen vermöchte. Der Unterliegende hätte immer noch die Möglichkeit, in der Weise Selbstmord zu verüben, daß er auch den Sieger und mit ihm den Rest der Menschheit in den eigenen Untergang hineinziehen würde. – Dieser technische Fortschritt ist nicht rückgängig zu machen; er kann auch nicht aufgehalten werden. Was heute Amerika und Rußland können, können morgen die übrigen Staaten auch, das heißt der Krieg muß sterben, wenn die Menschheit leben will. Der Krieg hört auf, ein Mittel der Politik zu sein; er ist und wird in ständig steigendem Maß das Ende aller Politik, ja er wird das Ende schlechthin! – Und dieser Tatsache entspricht die andere: der Friede als Verzicht auf gewaltsame Auseinandersetzungen wird in ständig steigendem Maße zur Voraussetzung und Vorbedingung für das Weiterleben der Menschheit in unserer Welt; das Leben hängt an der Möglichkeit des Friedens, ja an der tatsächlichen Aufrechterhaltung des Friedens. – Und so ist die Frage, ob Friede in unserer Welt eine Möglichkeit oder eine Utopie ist, keine eigentliche Frage mehr; der Friede in dieser unserer Welt muß, und muß um jeden Preis ermöglicht werden, und wenn er noch so schwer zu realisieren und zu konsolidieren ist. –

Die Versuche, den Krieg als eine Möglichkeit im Sinne der *ultima ratio* zu retten, müssen als gescheitert gelten; er kann seine alte Funktion der Kraftprobe nicht mehr erfüllen, auch dann nicht, wenn man sich auf den Gebrauch von konventionellen Waffen oder von lediglich taktischen atomaren Waffen einigen und festlegen würde. – Auch die allgemeine Abrüstung würde für den Konfliktsfall der Zukunft nichts eintragen, weil man zwar alle heute vorhandenen Massenvernichtungsmittel demontieren kann, nicht aber die Formel, die es den Kämpfenden ermöglicht, sich für den äußersten Fall der Niederlage und des Selbstmordes jene Zahl von Kobaltbomben zu bauen und bereit zu legen, die mit diesem Selbstmord auch das Ende der übrigen Menschheit garantieren. – Es gibt deshalb nur den einen Ausweg, der »Friede« heißt und der möglich gemacht werden muß! Gewiß gehört die Abrüstung zu den dringend notwendigen Maßnahmen, um den Ausbruch eines Krieges hinauszuschieben und um Zeit zu gewinnen, damit unserm Geschlecht die Endkatastrophe nicht plötzlich und unversehens über den Hals kommt, was bis zur Stunde noch in jedem Augenblick passieren könnte. Der sogenannten Ost-West-Spannung würde dadurch wahrscheinlich ihr explosiver Charakter weitgehend genommen. Aber ob wir deshalb zu dem hoffnungsvollen Schluß kommen dürfen: Friede in unserer Welt ist nicht nur eine Lebensnotwendigkeit, sondern eine wirkliche Möglichkeit?!

Die Menschen werden ja durch alle derartigen Maßnahmen nicht anders: der Kampf ums Dasein wird weitergehen und die Selbsterhaltung wird das oberste Gesetz des Handelns bleiben. Werden sie besonnen und klug genug sein, daß sie auf die Anwendung von Gewalt verzichten, oder werden sie, in eine ausweglose Lage versetzt, nach dem Wort handeln: »Lieber ein Ende mit Schrecken als ein Schrecken ohne Ende!«? – Wie sieht unsere Welt denn aus? Die Mehrzahl aller heute lebenden Menschen hungert, Tag um Tag sind es mehr denn hunderttausend, die buchstäblich verhungern, und die hungernde Bevölkerung in Asien und Afrika vermehrt sich in einem Maß, daß man von einer »Bevölkerungsexplosion« spricht, und daß in wenigen Jahrzehnten und noch vor dem Ende des Jahrhunderts auf zwei Weiße fünf Nicht-Weiße kommen. – Ob da der Friede in unserer Welt eine Möglichkeit ist oder noch zu rechter Stunde eine Möglichkeit werden kann?! Eins ist gewiß: wenn der Friede noch eine Möglichkeit ist, dann kommt er nicht von selbst; dann gehören Mühe und Schweiß und Opfer dazu, wenigstens die Möglichkeit nicht zu vertun und den Frieden zu gewinnen. – Unter diesem Aspekt muß es uns gespenstisch vorkommen, wenn die weißen Völker Jahr um Jahr an die fünfhundert Milliarden DM in ihre Rüstungen stecken und noch nicht den zehnten Teil darauf verwenden, dieser recht eigentlichen Gefährdung des Friedens zu begegnen und den Entwicklungsländern und -völkern zu einem erträglichen Lebensstandard zu verhelfen! – Wir wissen es nicht, und kein Mensch vermag es uns zu sagen, wann der Friede in unserer Welt aufhört, eine Möglichkeit zu sein, und an welcher Stelle und in welchem Augenblick er anfängt, nur noch eine Utopie zu sein. Das aber können wir mit Bestimmtheit sagen, daß mit der Möglichkeit des Friedens in unserer Welt auch die Möglichkeit des Lebens dahingeht, noch nicht heute (oder vielleicht doch schon heute?), aber gewiß in einer ganz nahen Zukunft. Und darum haben wir Menschen und Völker keine Zeit zu verlieren oder zu vertun, sondern uns um den Frieden zu mühen, auf daß er als Möglichkeit des Lebens und Überlebens gewonnen werde. – Es sollte uns heute deutlich sein, daß der Krieg keine Alternative mehr ist, was immer wir über seine Funktion in vergangenen Zeiten denken und urteilen mögen; wer heute Krieg sagt, ist Nihilist und meint das Ende; und wer heute Frieden sagt, ist Mensch und will das Leben. – Ob das Leben möglich ist in dieser unserer Welt, auch wenn wir verzichten müssen auf alle Mittel der Gewalt, mit denen wir bislang gemeint haben, das Leben zu verteidigen? – Niemand vermag das mit Gewißheit zu sagen, und niemand kann dafür garantieren. – Wir müssen es wagen oder aber alle Hoffnung fahren lassen, weil es keine Alternative mehr gibt! – Ich kann und will nicht den Propheten spielen im Sinne des Deuters der Zukunft; sonst möchte ich wohl sagen: es wird keinen Krieg mehr geben, der Friede ist möglich, und wir werden ihn gewinnen! Man kann das heute ruhig sagen; denn wenn der Krieg kommt, dann wird niemand dasein und übrigbleiben, um den falschen Propheten zur Rede zu stellen. – Aber ein Wort der Hoffnung möchte ich als Christ zu diesem ganzen bedrückenden Sachverhalt sagen, nicht als mein Wort, sondern als das Wort dessen, den wir unseren »Herrn« heißen. Er spricht: »Selig sind die Friedfertigen – die das Werk des Friedens treiben –, denn sie werden Söhne Gottes genannt werden!« [Mt 5,9] – und das andere: »Selig sind die Sanftmütigen – die auf den Weg der Gewalt verzichten –, denn sie werden das Erdreich besitzen (ererben)!« [Mt 5,5] – Die Erfüllung dieser Verheißung steht noch aus; aber nun, da die Wege der Gewalt an ihr Ende gekommen sind, sollen wir wohl unsere Häupter erheben [Lk 21,28 und passim] und zu dem aufschauen, der sein Werk nicht mit Macht und Gewalt, sondern mit Dienen und Leiden vollbracht hat und dem dennoch und gerade darum alle Gewalt gegeben ist im Himmel und auf Erden [Mt 28,18]!

Es ist eine allgemeine Rede, daß die Christenheit versagt habe; und es läßt sich kaum etwas dagegen sagen, wo doch die angeblich »christlichen« Völker ein halbes Jahrtausend die Haushalterschaft über unsere, über Gottes Erde ausgeübt haben, und haben es nicht nach der Weise ihres Herrn getan unter Verzicht auf Zwang und Gewalt mit Helfen und Dienen, sondern nach der Weise unserer Welt durch Herrschen und – wo sie es für richtig hielten und nur allzuoft, indem sie zu jener *ultima ratio regis* griffen, die heute keine Möglichkeit mehr hat und keine Möglichkeit mehr ist. – »Frieden in unserer Welt – Möglichkeit oder Utopie?« Wer will es entscheiden, und wer will es sagen? Die Stunde ist spät, und die Zeit ist kurz: das Damoklesschwert des selbstverschuldeten Untergangs hängt über der Menschheit bis ans Ende aller Tage; aber bis an das Ende aller Tage ergeht auch der Ruf: »Suchet den Frieden und jaget ihm nach!« [1 Petr 3,11] –

Gedenkrede für die Opfer der nationalsozialistischen Herrschaft

An dieser Stätte gedenken wir heute, am 15. Jahrestag der Gründung der »Vereinigung der Verfolgten des Naziregimes« aller derer, von denen in den Tagen jenes unmenschlichen Regimes das Opfer des Lebens gefordert und gebracht wurde. Für alle unter uns, die damals ohnmächtige Zeugen solcher unmenschlichen Haltung und Handlung sein mußten, die innerlichst mitzuleiden verurteilt waren, ohne doch dem Bruder, der Schwester Mitmensch das Leiden abnehmen oder auch nur erleichtern zu können, brechen bei solchem Gedenken alte Wunden schmerzhaft, ja grauenvoll wieder auf. Wer vermöchte sich dem zu entziehen? – Man sagt wohl, daß die Zeit alle Wunden heilt – nun: Für die Heilung dieser Wunden reicht unser menschliches Erdenleben – 70 Jahre und wenn's hoch kommt, so sind's 80 Jahre [Ps 90,10] – einfach nicht aus. Für eine Weile mag sich das Leid hinter einem Vorhang verbergen; aber – es ist da, es bleibt; und ein kleiner Windstoß weht den Vorhang hinweg, und das große Erschrecken von einst wird plötzlich wieder drohend gegenwärtig. So drohend, so gegenwärtig, daß wir fragen, ob denn das Vergangene wirklich vergangen sei; oder ob wir nicht die Aufgabe, die uns damals wurde, das Vermächtnis, das uns die Toten hinterließen, noch immer erst zu erfüllen haben, damit wir ihres Leides und ihres Opfers im Frieden und mit einem beruhigten Gewissen gedenken können?! – Denn nur dann wird der bittere Schmerz zur stillen Trauer, nur dann das leidenschaftliche Mitleiden zur andächtigen Verehrung ihres Leidens; und danach sehnen wir uns ja. Und wir wissen zugleich: soweit haben wir's noch nicht gebracht; an dieser Stätte ist unser Herz in diesem Augenblick keineswegs mit dem Frieden einer andachtsvollen Trauer ausgefüllt, so daß nichts anderes daneben Platz hätte.

Uns quält vielmehr die ernste Frage: War es nicht doch alles ganz vergeblich und umsonst? Hat sich tatsächlich im Grunde etwas gewandelt; hat sich etwas Entscheidendes ereignet; haben wir, die wir übriggeblieben sind, das zustande gebracht, wozu wir übriggelassen wurden? – Hat das alles, was uns damals erschreckte bis ins Mark, wahre und echte Folgen gezeitigt und eine Gesundung herbeigeführt oder wenigstens eingeleitet? – Wir kommen an solchem Fragen gar nicht vorüber, wenn wir ehrlich sind und einander offen in die Augen schauen! Worum es damals gegangen ist und worum es heute in Wahrheit geht, ist doch wohl dies: Das unmenschliche und darum verbrecherische System, wie es das Naziregime von damals darstellte und war, ist vorbei und vorüber; und als es im Jahre 1945 von uns genommen wurde, da lag – trotz Hunger und Entbehren, trotz Schande und Not – der Weg wieder offen vor uns und unserem Volk und vor dem ganzen Menschengeschlecht; und wir haben's gewußt, wohin es gehen müßte: hinweg von der Unmenschlichkeit, hinaus aus der Wüste, in die man uns gebracht hatte, um uns darin umzubringen oder umkommen zu lassen, und hindurch zu einem besseren, menschlichen Dasein! – Und wir haben allerdings gemeint, wir Verfolgten wüßten etwas davon und hätten dazu aus unserer Leidenserfahrung einiges beizusteuern; und sicherlich hatten wir vor den andern, die keine Verfolgung durchzumachen gehabt hatten, zweierlei voraus:

Wir wußten nämlich aus eigener Erfahrung, wie sich die Unmenschlichkeit des vergangenen Systems in der Praxis gezeigt und ausgewirkt hatte: Das System wollte sich total durchsetzen und alle Menschen, die sich ihm dabei nicht ganz und gar zur Verfügung stellten und zum blinden, kritiklosen

Gehorsam auslieferten, aus seinem Wege wegschaffen. Dazu behandelte es sie eben nicht als Menschen, und das heißt: nicht als Personen, die eigene Ansichten, eigene Gedanken, eigene Überzeugungen haben und haben müssen, wenn sie als freie Menschen in eigener Verantwortung existieren sollen; es gab für den Menschen im Dritten Reich nur noch die Existenz als Funktionär des Systems. Wer es nicht sein konnte, war ein Schädling und Staatsfeind und wurde aus der Volksgemeinschaft ausgestoßen – nicht erst, wenn er durch staatswidriges Handeln straffällig geworden war, sondern bereits, wenn erkannt wurde, daß er sich sein Denken nicht vorschreiben ließ. Und das ist im tiefsten Grunde ein unmenschliches Verhalten, weil es dem Menschen seine Freiheit, sein Personsein und damit sein Menschsein nicht mehr lassen will. Und das andere kam alsbald hinzu: Der Mensch hatte in jenem System keinen eigenen Wert mehr, sondern sein Wert wurde einzig und allein danach bemessen, wie es mit seinem Nutzen für die Zwecke des Systems aussah: »Du bist nichts; das System ist alles!« Der Mensch, den das System als wertlos oder gar als dem System abträglich beurteilte, wurde an einen Ort gebracht, wo er noch in irgendeiner Weise als Zwangsarbeiter ausgenutzt werden konnte, eine Nummer, aber kein Mensch mehr, ein Arbeitstier, ein Stück Maschine. – Und von da ergab sich ohne weiteres die Unmenschlichkeit, daß man keinen Unterschied mehr gelten ließ zwischen dem asozialen Verbrecher und dem Gesinnungs-Opponenten; es gab nur noch den Unterschied im Nutzeffekt. – All diese Unmenschlichkeit, die kein Recht mehr kannte, für die menschliches Leiden und Sterben gleichgültig wurde, und die darum aller Grausamkeit und allem Sadismus die Bahn freigab, entsprang letztlich einem grenzenlosen Machtstreben, dem es nur um die unbedingte, totale Gewaltherrschaft zu tun war. – Von daher wissen wir, die Verfolgten des Naziregimes, etwas davon, daß alle Gewaltpolitik, die Menschen als Feinde sieht, zur Unmenschlichkeit führt; und dies Wissen sind wir unseren Mitmenschen schuldig, weil wir es ihnen voraushaben.

Das andere, was wir voraushaben, ist dies, daß uns die Unmenschlichkeit in jenen Jahren so unerträglich geworden ist, daß wir uns mit ihr nicht mehr abfinden können; wir wollen und müssen – auch wo es Opfer kostet – gegen sie angehen. Es gibt ja solche Unmenschlichkeit, die dem Menschen seine Freiheit nicht lassen will, sondern verlangt, daß er sich seine Ansichten, sein Denken und seine Überzeugung von denen vorschreiben läßt, die über ihn herrschen, auch sonst; und auch jene andere Unmenschlichkeit ist keineswegs mit dem Naziregime ausgestorben, die über den Menschenwert, die Menschenwürde hinweggeht, wo es ihr nützlich erscheint. Man braucht dazu ja nur Ideale anzupreisen, deren Verwirklichung auch Menschenopfer erfordert und sie auch rechtfertigt, wenn das Ideal erst einmal allgemeine Anerkennung gefunden hat. Das mag dann ein Kreuzzug zur Rettung des Christentums sein oder auch eine Weltrevolution zur Durchsetzung des kommunistischen Programms: Was gilt da noch der Mensch, was wird aus seinem Wert, wo bleibt seine Würde? –Viele Menschen unserer Tage lassen sich Würde und Freiheit nehmen, ohne darüber zu erschrecken und ohne sich dagegen zu wehren. Wir können das nicht mehr, und wir treten dagegen auf als Zeugen, die es ihren Brüdern, die mit dem Leben dafür zu zahlen hatten, schuldig sind, ihr Vermächtnis in Ehren zu halten und die Aufgabe zu erfüllen, die sie uns hinterlassen haben.

Deshalb aber stehen wir heute an diesem Opfermal mit dem klaren Bewußtsein, daß wir von den Toten gefragt sind, ob wir den Menschenbrüdern, mit denen wir hier noch auf Erden leben, wahrhaft zu einem Leben in Menschlichkeit und Mitmenschlichkeit zu helfen entschlossen sind. Und darum kommen wir nicht daran vorbei, vor allem zu warnen und im Rahmen des uns Möglichen gegen alles das zu kämpfen, was heute wieder der Unmenschlichkeit Tür und Tor öffnen will. Das Menschsein ist überall da in Gefahr, wo der Mensch zum Mittel für fremde Zwecke erniedrigt wird, und das geschieht in aller totalen Machtpolitik, ob sie sich auch religiös oder weltanschaulich tarnt; es geschieht überall, wo man die kriegerische Gewaltanwendung vorbereitet oder auch nur in Rechnung stellt: Da wird der Mensch zum Faktor, zum Ding, zum Mittel, und er wird nicht mehr als Mensch erkannt und anerkannt. – Darum treten wir für die Menschenrechte, für das Recht freier Überzeugung und freier Meinungsäußerung ein; darum bestehen wir auf dem Recht der Gewissensfreiheit und der Glaubensfreiheit; darum wollen wir keine Haßpropaganda und keinen Kalten – noch gar heißen – Krieg, sondern Frieden und Freundschaft.

Wir sind gewiß: Nur so erfüllen wir das Vermächtnis derer, die einst Opfer der Unmenschlichkeit eines Systems geworden sind, das nur sich selber wollte und darüber den Menschen verachtete und nicht mehr Mensch sein ließ. Wir müssen dem Menschen helfen, daß er Mensch sein darf; wir müssen einander helfen, daß wir Menschen und Mitmenschen sein dürfen. Darin – und nur darin – ehren wir unsere Toten; darin – und nur darin – haben wir den Frieden einer andachtsvollen Trauer. Gott stehe uns bei und helfe uns dazu!

Gewissen vor Staatsräson

Wir sind hierher gerufen von der heute und morgen hier in Dortmund tagenden Bundesdelegiertentagung der Internationale der Kriegsdienstgegner. Diese Vereinigung stellt in ihrem deutschen Zweig eine nach Tausenden zählende Gruppe junger deutscher Männer dar, die entschlossen sind, keinen Kriegsdienst zu leisten. Zu ihnen zu gehören, bedeutet ein Bekenntnis; und dieses Bekenntnis heißt mehr als nur zuzugeben: Wir wollen keinen Kriegsdienst leisten. Natürlich heißt es das auch; aber es gibt viele Dinge, die wir Menschen nicht tun wollen, und tun sie dann doch, weil es uns zuviel kosten würde, wenn wir bei unserem Wollen beharren würden. Und es hat einmal sehr viel gekostet, den Kriegsdienst zu verweigern; noch vor 50 Jahren bestrafte der Staat solche Weigerung im Kriegsfall mit dem Tode. So waren es nur wenige, die um diesen Preis bei ihrer Weigerung blieben, während die große Mehrzahl sich fügte und – vielfach mit gebrochenem Gewissen – der obrigkeitlichen Forderung und Drohung Folge leistete.

Der Staat hat sich aus diesen Ereignissen und Folgerungen nicht viel gemacht. Denn was lag ihm an zerbrochenen Gewissen, solange der Bürger nur gehorsam seinen Verpflichtungen nachkam und die obrigkeitlichen Anordnungen und Befehle erfüllte; das »Gewissen« – eine Privatsache, die jeder mit sich selbst abmachen muß und kann, und so ist der Staat durchaus auf seine Rechnung gekommen.

Vor 20 Jahren allerdings, am Ende des Krieges, kam es an den Tag, daß die Rechnung falsch gewesen war; sie schloß mit dem großen Debet-Saldo: Die Schulden blieben übrig, aber niemand wollte Schuldner sein; man hatte das Gewissen erdrückt und erstickt und damit jedes Verantwortungsbewußtsein ermordet. Wie aber soll ein geschlagenes und zerschlagenes Volk wieder zu seiner Verantwortung hinfinden, wenn seine Glieder ohne Gewissen sind und nur noch gewissenlos leben können?!

In jenen Jahren wurde es deutlich, daß der Staat nur leben kann, wenn seine Bürger Menschen sind, die um ihre eigene und persönliche Verantwortung und Mitverantwortung wissen, und daß ein noch so gut funktionierender Staatsapparat tot ist und tot bleibt, wenn es ihm an solchen Menschen und Bürgern fehlt.

Das Staatsinteresse verlangt nicht nur gehorsame Bürger, die dem Staat sein Recht lassen und ihm gehorchen; der Staat muß sterben, wenn hinter dem Bürgergehorsam nicht mehr lebendige, ihre eigene und persönliche Verantwortung erkennende und anerkennende Menschen stehen.

Deshalb kommt ein gut geleiteter Staat nicht daran vorbei, die Gewissensfreiheit seiner Bürger, soweit es irgend möglich ist, zu berücksichtigen und zu ehren, sich aber zugleich größte Zurückhaltung dort aufzuerlegen, wo er Zwang anzuwenden für notwendig hält.

Deshalb war es eine wirkliche Tat, als bei der zunächst einseitigen Staatsgründung im Westen Deutschlands in das Bonner Grundgesetz die Bestimmung aufgenommen wurde: »Niemand darf gegen sein Gewissen zum Kriegsdienst mit der Waffe gezwungen werden.« Die Bestimmung hatte zunächst keine unmittelbar praktischen Folgen; denn es gab ja 1949 keine allgemeine Wehrpflicht, und niemand war zu irgendwelchem Kriegsdienst verpflichtet.

Und doch war etwas Gewaltiges geschehen: Zum ersten Mal stand in einer deutschen Staatsverfassung das Wort »Gewissen«, und für einen ganz bestimmten Fall war dem Gewissen gegenüber der Forderung des Staates der Vorrang eingeräumt. Das war etwas ganz Neues! Der Staat hatte erkannt:

Meine Macht über die Bürger hat Grenzen; sie hört dort auf, wo der Bürger, weil er sein Gewissen ernst nimmt, meinen Gesetzen den Gehorsam aufkündigen muß.

Natürlich kann der Staat den Bürger durch Androhung und Verhängung von Strafen unter Druck setzen und zwingen; aber er kann sich auch auf diese Weise solche Bürger – und damit gerade die gewissensgebundenen und verantwortungsbewußten Glieder seines Staatsvolkes – entfremden.

Wenn das im großen Stil geschieht, gräbt sich der Staat sein eigenes Grab; und so ist es bei uns dem Dritten Reich ergangen. Was übrigblieb nach dem Zusammenbruch, war kein Staatsvolk mehr. Wir waren nur noch ein Haufen von Menschen, die nicht mehr erinnert werden wollten an das, was mit uns geschehen und was aus uns geworden war. Und die Ursache: das zerbrochene und auf den Schutthaufen geworfene Gewissen.

»Du bist nichts, dein Volk ist alles!« Du darfst nicht mehr fragen, was Recht und Unrecht, was Gut und Böse ist; das mußt du dem Staat – dem Führer – überlassen. Bring also dein Gewissen zum Schweigen und folge dem Ruf des Staates, der dir sagt, wozu er dich braucht!

Das Ende war furchtbar: Als wir aus der Betäubung erwachten, mußten wir mit Schrecken sehen, daß wir mit unserem Gewissen uns selber auf den Schutthaufen geworfen hatten. Wir selber – Scherben und Trümmer, Menschenscherben und Menschentrümmer, Überbleibsel und Opfer eines verheerenden, zerstörenden Sturmes, eines Vulkanausbruchs der Unmenschlichkeit!

Der Mensch, der sich sein Gewissen, das eigene Gewissen, wegnehmen, stehlen und rauben läßt, hört auf, Mensch zu sein, wird zur Beute der Unmenschlichkeit; denn mit dem Gewissen verlieren wir das, was uns zu Menschen macht. Der gewissenlose Mensch kann nur noch Unmensch sein; denn er ist nicht mehr er selber, sondern nur noch Werkzeug anderer

Mächte, denen er gehört und gehorcht. Das mögen seine eigenen Träume und Leidenschaften, das mag ein fremder Plan und Wille sein; jedenfalls ist er nicht mehr er selbst, sondern etwas anderes, nicht mehr Mensch, sondern ein Etwas, ein Nichts.

Der Staat aber, der aus seinen Bürgern solche Nichtse, solche Werkzeuge macht, gräbt sein eigenes Grab; denn wovon soll er leben, wer wird ihn am Leben erhalten, wenn seine Bürger nichts anderes mehr sind als – vielleicht sehr gut funktionierende – Roboter, aber eben nur Werkzeuge und letztlich Nichtse, die kein Gewissen beunruhigt, bewegt und bestimmt.

Unser Staat handelte klug, als er das Gewissen in seine Verfassung aufnahm, und er handelt klug, wenn er sich dadurch selber daran erinnern läßt, daß er nur vom Gewissen seiner Bürger, nur von ihrem gewissenhaften Dienst existieren und leben kann. Aber gerade als gewissenhafte Bürger, die das Leben unseres Staates wollen, weil er unser menschlich-mitmenschliches Zusammenleben ermöglichen, schützen und fördern soll – gerade als gewissenhafte Bürger haben wir Sorge um unseren Staat.

Die Wiederaufrüstung und in ihrem Gefolge die Wiedereinführung der allgemeinen Wehrpflicht haben es an den Tag gebracht: Man ist in maßgebenden Regierungskreisen gar nicht mehr glücklich darüber, daß dem Gewissen der staatlich angeordneten Kriegsdienstpflicht gegenüber der Vorrang eingeräumt ist; und unser Staat hat sich für vorkommende Fälle zum Richter über das Gewissen gemacht. Er stellt selber fest, ob eine angebliche Gewissensentscheidung echt ist oder nicht – eine Feststellung, die außerhalb aller menschlichen Möglichkeiten liegt; er schreibt sogar vor – und das liegt erst recht jenseits jeder menschlichen Zuständigkeit –, von welcher Autorität sich das Gewissen seiner Staatsbürger bestimmen lassen darf.

Das Ringen um diesen Notstand des Gewissens dauert jetzt seit Jahren an, und viele ehrliche und ihrer gewissensmäßigen Verantwortung bewußte Staatsbürger haben darauf gewartet und gehofft, daß hier doch noch durch ein Gesetz Abhilfe für diesen Notstand des Gewissens geschaffen werden möchte, um den ursprünglichen Sinn des Grundrechtes wiederherzustellen.

Wir beklagen es tief, daß in dieser Richtung nichts geschehen ist. Im Gegenteil, unser Staat scheint es für richtig zu halten, die Freiheit der Gewissensentscheidungen weiter einzuschränken auf solchen Gebieten, in denen der Freiheit gewissensmäßigen Verhaltens bislang keine Beschränkungen auferlegt waren. Wir wissen – und das sollte jeder wissen –, daß wir Menschen von heute alle Kraft und alles Denken dafür einzusetzen haben, daß es zu keinem kriegerischen Konflikt mehr kommt. Wir lieben unser Volk und lieben unseren Staat; aber wir wissen auch, daß im Falle eines Krieges von beiden nach wenigen Stunden nichts mehr übrig sein wird, weil beide deutsche Staaten die ersten Ziele der beiden großen Atommächte sein müssen und sein werden. In diesem Kriege wird kein deutscher Soldat mehr marschieren; in den wenigen Stunden wird auch niemand eine Chance haben, im Luftschutzbunker zu überleben.

Der Krieg ist Wahnsinn. Aber Wahnsinn ist es auch, so zu tun, als könne man sich darauf vorbereiten; darauf Geld, Zeit und Kraft zu verschwenden, kann gar keine andere Wirkung haben, als daß die Menschen unseres Volkes sich an den Gedanken gewöhnen, daß der Krieg doch eines Tages kommt. Und dann träumen sie sogar davon, daß es nur halb so schlimm wird, wenn sie sich eine Aktentasche auf den Kopf legen und einen Regenschirm aufspannen. So eine Empfehlung in der offiziellen Luftschutzbroschüre.

Wer darf eigentlich dazu schweigen; wer, der ein Gewissen hat, muß nicht vor solchem Betrug und Selbstbetrug warnen und die sogenannten Notstandsgesetze, die den Krieg und Untergang psychologisch vorbereiten, nicht nur ablehnen und als das hinstellen, was sie sind, sondern immer aufs neue und immer wieder das Gewissen aufrufen!

Wir sind es einander, wir sind es unseren Mitmenschen, wir sind es der Menschheit und wir sind es auch und gerade unserem Staat schuldig zu bekennen: Auf diese Weise werden nur Angst und Haß geweckt und gefördert, vielleicht sogar der Krieg, aber sicherlich nicht der Friede, ohne den wir nicht leben können.

Das Grundgesetz verbietet es uns, auf einen Krieg hinzuarbeiten, und natürlich will das auch niemand; das Gewissen aber – wenn es nur halbwegs gesund und wach ist – gebietet uns, all unsere Kraft einzusetzen für ein friedliches Beieinanderleben in unserem Volk und unter den Völkern.

Wenn die Staatsräson von uns etwas anderes fordert, etwas, von dem wir überzeugt sind, daß es nicht dem Frieden dienen kann, dann dürfen wir ihr nicht folgen, dann geht es nur noch nach der Parole: Gewissen vor Staatsräson!

Und damit sind wir die wahren Beschützer und Erhalter des Staates sowohl als Kriegsdienstverweigerer aus Gewissensgründen als auch als Kritiker und Nichtbefolger von sogenannten »Notstandsgesetzen«, die offen oder versteckt den Krieg vorbereiten oder Menschen für den Krieg vorbereiten.

Wir wissen, daß wir die Strafen solchen Ungehorsams zu tragen haben werden, wenn staatliche Gesetze das bestimmen. Wir danken es den Vätern unseres Grundgesetzes, daß sie für einen Fall – für den staatlich angeordneten Kriegsdienst mit der Waffe – die Vorordnung des Gewissens vor die Staatsraison verfassungsmäßig festgestellt haben; wir können und wollen aber das Gewissen in keinem Fall der Staatsraison zum Opfer bringen. Daran ist unser Volk einmal zugrunde gegangen; es darf und soll nicht zum zweiten Male geschehen: Es könnte das unwiderrufliche Ende sein!

Der Mensch kann vieles entbehren oder verlieren – und bleibt doch Mensch: Heimat und Vaterland, Familie und Freunde, Gut und Ehre! Eines darf er nicht verlieren und preisgeben: das Gewissen – denn das erst macht ihn zum Menschen.

Als ich vor 60 Jahren zur Schule ging, lasen wir die »Antigone« des alten griechischen Dichters Sophokles, das Drama von der Königstochter, die trotz des Königs Verbot den Leichnam ihres Bruders vom Galgen nahm, um ihm ein ehrliches Grab zu geben. Sie war gewarnt, sich hier gegen die Staatsraison aufzulehnen und dem Befehl des Königs zu trotzen, und entgegnete nur: »Nicht mitzuhassen – mitzulieben bin ich da!« Sie zahlte mit ihrem Leben.

Ich vergesse es meinem lieben Lehrer von damals nicht, der uns an dieser Frauengestalt deutlich machte, was Mensch sein schon für die alten Griechen hieß: Das menschliche Wesen löst sich aus der Herde, die ihren gewohnten Trott unter fremder Führung dahinzieht, ohne zu fragen, was Recht und Unrecht, was Gut und Böse ist; diese Frau hört auf ihr Gewissen und wird sie selber, wird Mensch, weil sie's erkennt und lebt und stirbt: Gewissen vor Staatsräson!

Die Bedeutung der Bekennenden Kirche in der Widerstandsbewegung zur Zeit des Dritten Reiches

Im allgemeinen und aus leicht verständlichen Gründen ist bei einem Deutschen heute jedes Thema unbeliebt – wenn nicht verpönt –, das mit der Geschichte des Dritten Reiches, will sagen: des zwölf Jahre gewährt habenden »Hitler-Regimes« zu tun hat. Ich selber bin in dieser Hinsicht keine Ausnahme von der Regel, d.h. ich spreche auch hier und zu Ihnen nicht gerne zu diesem Thema und kann nicht einmal behaupten, daß ich mich dafür als besonders kompetent betrachten und ausgeben dürfte; denn ich habe von jenen zwölf Jahren nur die ersten vier bewußt und handlungsfähig – als sogenannter »freier Mann« – miterlebt und im Rahmen des damals Möglichen mitgestaltet. Und wenn man (wie ich heute) als bejahrter Ruheständler auf ein überdurchschnittlich langes und sehr bewegtes und recht interessantes Leben zurückblickt, dann kommt es einem doch schmerzlich zum Bewußtsein, wie wenig man hat schaffen können und wieviel weniger von dem übrigbleibt oder weiterwirkt, was man einmal gedacht, geplant, gewollt und geschafft hat.

Das Thema des heutigen Abends nimmt uns nun um mehr als 3½ Jahrzehnte zurück in eine Vergangenheit, an deren Folgen zwar die gesamte Menschheit noch zu tragen hat, die aber kaum noch kritisch zur Urteilsbildung über gegenwärtige Erscheinungen und zur Gewinnung notwendiger Planungen für die Zukunftsgestaltung herangezogen wird. Es ist eben doch mehr als nur ein geistvolles aperçu eines höchst bedeutenden Historikers, daß man »nur eins aus der Geschichte lernen könne, daß nämlich niemand etwas aus der Geschichte lernt«. Wenn es aber ebenso wahr ist und bleibt, daß jedermann nur aus den eigenen Fehlern und dem eigenen Versagen lernt, dann kann es doch lohnen, jemand anzuhören, der als Zeitgenosse und als Augen- und Ohrenzeuge Ereignisse und Entwicklungen miterlebt hat, deren Folgen und Nachwirkungen auch für die Gegenwart von heute und für die Zukunft von morgen noch wirksame und gestaltende Wirklichkeit sind. Und das gilt gewiß auch und gerade für die Folgen und Nachwirkungen des Dritten Reiches, das zwar der Vergangenheit und damit der Geschichte angehört, das aber noch keineswegs nur Geschichte, nur Historie geworden ist.

Vielleicht kann die Besinnung, die wir am heutigen Abend vornehmen, uns dazu helfen, unsere heutige Gegenwart und die Last, die sie in sich trägt und mit sich schleppt, besser zu verstehen und die morgige Zukunft mit ihren Möglichkeiten und Schwierigkeiten sachgemäßer zu beurteilen und anzupacken, als uns das ohne solches Verstehen und ohne solch kritisches Urteil möglich wäre.

Das Dritte Reich begann nicht mit einer gewaltsamen und nicht einmal mit einer gewaltlosen »Revolution«, einem Umsturz der geltenden Verfassung und der Beseitigung des geltenden Rechts. Das deutsche Staatsvolk hatte sich nach dem Zusammenbruch des Hohenzollern-Reiches und seiner im allgemeinen demokratisch-konstitutionellen Monarchien in seinen Ländern (nur die »Freien Städte« – Hamburg, Bremen, Lübeck – waren nicht monarchisch repräsentiert) eine neue Verfassung geben müssen, die auch noch in Geltung stand, als Hitler zum Kanzler berufen und vom Reichstag in diesem Amt bestätigt wurde; er war der letzte Reichskanzler der »Weimarer Republik«. Von der ihm völlig verfallenen Mehrheit des Parlaments wurde er mit Sondervollmachten ausgestattet, die es ihm ermöglichten, auf legalem Wege jede Opposition auszuschalten, lahmzulegen und zu beseitigen. Er verfuhr dabei nach dem zynischen Goebbels-Wort: »Legal bis zur letzten Leitersprosse; aber gehängt wird doch!« So wurden die politischen Parteien zur Auflösung gezwungen oder »einfach« aufgelöst; die NSDAP wurde die einzige Partei. Mit den Gewerkschaften wurde in entsprechender Weise verfahren und eine Einheitsgewerkschaft geschaffen, die absolut nazistisch geleitet, organisiert und betrieben wurde. In den Behörden, in den Universitäten und Schulen begann der »Säuberungsprozeß«, die Beseitigung von Juden und Halbjuden. Dabei spielte es keine Rolle, welcher Weltanschauung, welcher Religion, welcher politischen Richtung oder Partei die Betreffenden bzw. Betroffenen angehörten. Wer es sich leisten konnte, wanderte aus in ein Nachbarland oder nach Großbritannien. »Widerstand« gab es praktisch nicht; denn die bekannten Gegner, die linksradikalen Kommunisten, wurden sehr schnell und sehr bald hinter den Stacheldraht der schon 1933 vorhandenen Konzentrationslager in Sicherungshaft gebracht, wo sich auch die führenden Männer der SPD wiederfanden, soweit es ihnen nicht rechtzeitig gelungen war, sich abzusetzen. Der alte Reichspräsident v. Hindenburg fand keinen Weg, der Entwicklung, die sicher nicht in seinem Sinne lief, Einhalt zu tun, zumal das Militär – weniger die Reichsmarine – dem Nationalsozialismus jedenfalls nicht schroff ablehnend gegenüberstand. Und als Hindenburg im Sommer 1934 starb, nahm Hitler auch die Rechte und Zuständigkeiten des Reichspräsidenten an sich: Die Ein-Mann-Diktatur war fertig, und mit mehr Recht als einst ein Louis XIV. konnte Hitler fortan und bis zum Ende seines Daseins sagen: »L'état c'est moi.« Wenn es nach 1934 auch immer nur so aussehen konnte, als stünde das ganze Volk hinter dem »Führer und Reichskanzler«, so gab es doch viele Menschen im damaligen Deutschland, die seinen Weg nur mit Sorgen sahen. Im Anfang hatte Hitler mit großem Erfolg die gewaltige Arbeitslosigkeit angepackt und praktisch beseitigt, wobei der Bau der ersten Autobahnen eine erhebliche Rolle gespielt hatte; auch allgemein wirtschaftlich ging die schwere Krisenzeit in eine Periode wachsenden Wohlstandes über: Arbeiter und Unternehmer stützten und halfen Hitler, die Unternehmer gewiß in der Erwartung, daß Hitler der Entwicklung zum Kommunismus einen Riegel vorschieben würde. 1935 wurde die allgemeine Wehrpflicht wieder eingeführt und mit patriotischer Zustimmung begrüßt, weil Deutschland jetzt wieder als europäische »Großmacht« ernst genommen werden mußte. Aber nun wuchsen auch die Bedenken bei vielen Menschen, die hinter dieser Entwicklung einen neuen großen Krieg kommen sahen. Wir wissen, wie recht sie bekommen sollten. Aber irgendeinen organisierten Widerstand gab es noch für die nächsten zwei Jahre nicht; wohl aber wurde ich schon 1935 darauf aufmerksam, wie viele Militärs in Uniform, zum Teil höhere Offiziere, sich zu meinen Gottesdiensten in Berlin-Dahlem einfanden; damals hörte ich dann auch zum ersten Mal, daß man sich in der Heeresleitung für die Bekennende Kirche interessierte oder zu interessieren begann.

Nun war die Bekennende Kirche damals nichts eigentlich Neues mehr. Sie war Ende Mai 1934 auf der Ersten Bekenntnissynode in Barmen offiziell gegründet worden; aber sie hatte schon ein Vorstadium durchgemacht mit dem »Pfarrer-Notbund«, zu dem wir im September 1933 aufgerufen hatten und der zu Beginn des Jahres 1934 bereits über 10000 Pfarrer in ganz Deutschland als Mitglieder zählte. In der Evangelischen Kirche war Unruhe entstanden, weil man sich in Kirchenkreisen etwas anderes vom Nationalsozialismus versprochen hatte. Im Parteiprogramm sagte der Artikel 24, der Nationalsozialismus stehe »auf dem Boden positiven Christentums«; und die Weimarer Verfassung, die ja nicht widerrufen oder außer Kraft gesetzt war, hatte die Trennung von Kirche und Staat verfassungsmäßig verankert. Der Regierungsantritt von Adolf Hitler wurde mit zwei gleichzeitig in Potsdam gehaltenen Gottesdiensten feierlich begangen, wobei

Hindenburg an dem von dem damaligen Generalsuperintendenten Dibelius gehaltenen evangelischen, Hitler an dem katholischen teilnahm. Die sehr zahlreichen, nach den früheren Ländergrenzen organisierten Landeskirchen hielten die Zeit für gekommen, sich zu einer Deutschen Evangelischen Kirche (DEK) zu vereinigen, und waren kräftig an der Arbeit, dafür eine Kirchenverfassung auszuarbeiten; die wichtigsten kirchlichen leitenden Persönlichkeiten einigten sich nach vielem Hin und Her, den leitenden Pfarrer von Bethel bei Bielefeld zum evangelischen Reichsbischof zu bestellen. Das war Friedrich v. Bodelschwingh. Weder er noch ein anderer der leitenden kirchlichen Persönlichkeiten gehörte damals der NSDAP an; allerdings waren in den Kirchenwahlen des Jahres 1932 bereits nationalsozialistische Christen als eigene Gruppen – sie nannten sich »Deutsche Christen« – in die kirchlichen Körperschaften eingedrungen, und sie waren zahlenmäßig stark angewachsen. Sie hatten größtenteils keine christliche oder ausgesprochen kirchliche Vergangenheit und strebten recht eindeutig danach, nationalsozialistisches Gedankengut in die kirchliche Botschaft und Verkündigung einzuführen. Das Alte Testament war ihnen als »Judenbuch« verdächtig; wenn Jesus als Christus und Weltheiland gepredigt und verehrt wurde, dann durfte er doch kein Jude gewesen sein; sein Leiden und sein Tod am Galgenkreuz mußten sich eine heroische, heldische Auslegung gefallen lassen. Bei den Kirchenwahlen, die im Sommer 1933 auf staatliche Anordnung gehalten werden mußten, sprach sich Hitler am Vorabend über alle deutschen Sender sehr nachdrücklich für die Wahl der »Deutschen Christen« aus. Diese hatten sich schon bereit erklärt, auf die Wahlen ganz zu verzichten, wenn man ihnen freiwillig 80% der Sitze in den kirchlichen Wahlgremien überließe, also in den Gemeindekirchenräten und Presbyterien, in den Kreis- und Landessynoden wie auch in der Reichssynode. Das Ergebnis fiel entsprechend aus, und die Pfarrer wurden auf diese Weise – wenn auch indirekt – der Zensur durch die Partei ausgeliefert.

Damit wurde der kirchliche Widerstand fällig. Im »Pfarrer-Notbund« verpflichtete sich ein Großteil der Pfarrerschaft, dem Ordinationsgelöbnis treu zu bleiben und keine Weisungen zu befolgen, die sie zur Abweichung von diesem Gelöbnis – alleinige Bindung an Schrift und Bekenntnis – auffordern würden, und dem um solcher Treue Verfolgten brüderlich beizustehen. In dem letzten Punkt dieser Notbund-Verpflichtung erklärte das Mitglied ausdrücklich, daß die Einführung des »Arierparagraphen« in die Kirche eine Verletzung des christlichen Bekenntnisses sei. Diese Erklärung wurde zunächst von Pfarrern unterzeichnet; aber nach wenigen Wochen wollten glaubende und um den Weg der Kirche besorgte Gemeindemitglieder (»Laien«) an diesem Schritt und dem damit verbundenen Risiko teilhaben, und so entstanden Gruppen oder Gemeinden von Bekennenden Christen: vor allem innerhalb der alten preußischen Kirche, aber auch überall, wo nun »Deutsche Christen« die Leitung in Kirche und Gemeinde übernahmen. Die Judenfrage wurde zum Shibboleth, zur Bekenntnisfrage. Jesus sagt: Liebet eure Feinde! [Mt 5,44, Lk 6,27, Lk 6,35] Hitler sagt: Haßt die Juden! Wer Hitler gehorchte und tat, was er wollte, verleugnete Jesus Christus. Und wer Jesus gehorchte und folgte, mußte zu Hitlers Gebot und Befehl nein sagen. Nur so konnte sich ein Christenmensch zu Jesus als zu seinem Herrn bekennen. Von daher der Name »Bekennende Kirche«. Da ging es nicht um das »Bekenntnis« als um eine Summe von Lehren und Dogmen, da ging es um das »Bekennen«, das mehr war und mehr ist als das Überzeugtsein von irgendeiner Lehre.

So wurde die »Bekennende Kirche« im Grunde zum Anfang allen organisierten Widerstandes, wozu alsbald gesagt werden muß, daß die römisch-katholische Kirche zunächst eine bessere Position hatte, weil sie zu einem Konkordat mit

Hitler kam, so daß die Parteimitglieder und Parteiorgane keinerlei Einfluß auf kirchliche Persönlichkeiten und Organe ausüben konnten. Dafür gab es dann auf der katholischen Seite auch keine Bekennende Kirche, sondern nur einzelne katholische Christen (Theologen und Laien), die sich auf eigene Rechnung und Gefahr und ohne einen Pfarrer-Notbund im Rücken zu haben zu Jesus Christus und gegen Adolf Hitler bekannten. Als ich im Juli 1937 verhaftet wurde, um zu Lebzeiten Hitlers nicht mehr aus dem Gefängnis bzw. Konzentrationslager herauszukommen, da war die Bekennende Kirche weithin zu einer regelrechten Untergrundorganisation geworden. Man konnte an vielen Orten noch Gottesdienste halten, die staatspolizeilich überwacht, aber meistens nicht gestört oder aufgelöst wurden; aber die theologischen Schulen, die von der Bekennenden Kirche unterhalten wurden, weil die theologischen Fakultäten an den Staatsuniversitäten den Weg der »Deutschen Christen« gingen, jedenfalls in der Judenfrage beharrlich schwiegen und die Bekennende Kirche nicht ernst nehmen wollten, waren verbotene Institutionen (zu ihren Leitern gehörten Hans Asmussen, Dietrich Bonhoeffer, Hans Joachim Iwand), und sie hielten ihre Vorlesungen und Seminare an ständig wechselnden Stellen. Ihre theologischen Prüfungen wurden nicht anerkannt. Diese jungen Theologen, Studenten, Kandidaten, Pastoren riskierten viel, wenn nicht alles, sie wurden zwar ordiniert und zu Bekennenden Gemeinden gesandt, die sonst keine geistliche Versorgung hatten, weil ihre Pfarrer alle den Weg der »Deutschen Christen«, den Weg Hitlers mitgingen, aber irgendeine anerkannte Rechtsgültigkeit hatte weder ihre Organisation noch ihre pfarramtliche Tätigkeit. Das wurde erst nach 1945 nachgeholt. Diese Theologen und Pastoren erhielten auch kein Geld aus Kirchenmitteln oder Kirchensteuern, sie wurden unterhalten aus Sammlungen des Pfarrerstandes und aus freiwilligen Zuwendungen der Bekennenden Gemeinden.

Natürlich kann oder muß man fragen, ob diese Art von Verhalten überhaupt zur »Widerstandsbewegung zur Zeit des Dritten Reiches« zu zählen ist. Die Bekennende Kirche als kirchliche Institution, wenn auch ohne Anerkennung seitens des Nazi-Staates, hat niemals auf einen Sturz von Adolf Hitler hingearbeitet; sie hat die Regierung anerkannt, aber mit erheblichem Mut Mahnung und Warnung an den Führer und seine Gehilfen wie auch an die christliche Gemeinde gerichtet, wenn Dinge geschahen, die »vor dem Angesicht Jesu Christi« nicht verantwortet werden konnten. Diese Art von Widerspruch war stets mit der Gefahr des Freiheitsentzuges im Gefängnis oder KZ verbunden, und hier gab es auch schon im Jahre 1937, also vor dem Kriege, die ersten Todesopfer zu einer Zeit, als sich die Widerstandsbewegung unter Militärgruppen und Politikern unterirdisch erst zu organisieren begann. Man wird sagen müssen, daß Hitler unter allen vermuteten und wirklichen Gegnern auf niemand schlechter zu sprechen gewesen ist als auf die Bekennende Kirche. Das ist wohl darauf zurückzuführen und damit zu erklären, daß Hitler sich hier mit einer Macht konfrontiert sah, mit der er niemals gerechnet hatte und die er auch nicht in seine Gewalt bekommen konnte. Die politischen Parteien, selbst die an Mitgliedern stärkste, die SPD, waren vor seinem Drohen zerstoben; die Gewerkschaften hatten sich widerstandslos auseinandernehmen und umstrukturieren lassen; die Presse hatte sich gefügt, und die Arbeitgeber hatten Hitler als Herrn und Gebieter anerkannt und erheblich finanziert; die Universitäten hatten sich selber »gesäubert« und dabei viel Blut verloren (Einstein). Der Richterstand hielt sich noch bis 1937 einigermaßen unbeeinflußt, um dann freilich auch zu kapitulieren, weil die Situation und die Geltung des Rechts im Dritten Reich unhaltbar geworden waren. Die offiziellen Kirchen, sowohl die evangelische Reichskirche als auch die katholische Konkordatskirche, wollten oder wagten keinen Widerstand, wenn es auch mit der Trennung von Kirche und Staat vorbei war und wenn auch kein Mensch mehr glauben konnte, daß die NSDAP – die gar nichts mehr zu sagen hatte – auf dem Boden »positiven Christentums« stünde und wirkte. Hitler tat es jedenfalls nicht, sondern ließ den Deutschglauben des Herrn Rosenberg an die Stelle des bankrotten »Deutschen Christentums« treten. In diesem allgemeinen Tohuwabohu der Religionen, Konfessionen, Weltanschauungen und Glaubenslehren, die Hitler – mit Recht – nicht mehr ernst nahm und nur als Instrumente zur Durchsetzung seiner Machtziele hatte benutzen wollen, stand eine relativ kleine Gruppe, die offensichtlich bereit war, das, was sie ihren »Glauben« nannte, auch mit dem Leben zu bezahlen und sich jedenfalls durch keine Verlockungen und auch durch keine Drohungen zum Instrument für Hitlers Pläne und Absichten machen zu lassen, soweit sie dem entgegenliefen, was diese Gruppe den »Geist« ihres Herrn nannte. Rückschauend darf ich mit Dank feststellen, daß Hitler hier die Grenzen seiner Macht zu spüren bekam und sie mit einem – im letzten doch ohnmächtigen – maßlosen Haß anerkennen mußte.

Mit dem 20. Juli 1944 scheiterte der Versuch des während des Krieges unterirdisch organisierten militärischen Widerstandes mit dem mißglückten Bombenanschlag auf den »Führer« in seinem Hauptquartier, und alle Widerstandsgruppen fanden damit ihr Ende; ich persönlich verlor in den beiden Brüdern von Haeften zwei lebendige und tätige Glieder meiner Bekenntnisgemeinde und meiner Bibelstunde für Bekennende Christen; der eine Bruder starb am 20. Juli durch eine Kugel, der andere am folgenden Tag am Galgen. Ich glaube, daß ich es ihrem Andenken schuldig bin, in diesem Zusammenhang ihre Namen zu nennen, wie ich auch den Mitverschwörer, der als letzter gefangen und von Freislers Mordgericht zum Tode verurteilt und dann hingerichtet wurde, nennen muß, weil er auch der Bekennenden Kirche angehörte: Es war der ehemalige Leipziger Oberbürgermeister Goerdeler. Man könnte fragen, wie viele Männer vom 20. Juli Glieder der Bekennenden Kirche gewesen sind, und daraus Schlüsse ziehen auf die Bedeutung der Bekennenden Kirche in der Widerstandsbewegung zur Zeit des »Dritten Reiches«. Bedeutsamer mag es schon gewesen sein, daß etwa zwei Wochen nach dem 20. Juli ein leitender Jurist aus dem »Gestapa« (Geh. Staatspolizei in der Albrechtstraße in Berlin) mich im Bunker des Zellenbaus in Dachau aufsuchte und mich – der ich doch seit mehr als sieben Jahren von der Außenwelt abgeschnitten gewesen war – nach etwa 30 Personen und ihrem Verhältnis zur Bekennenden Kirche ausfragte: Die Liste begann mit dem Namen Gisevius und schloß mit Gerstenmaier. Man suchte offenbar nach Verbindungen zwischen den verschiedenen Widerstandsgruppen.

Daß Männer der Bekennenden Kirche im aktiven Widerstand mitmachten, ist klar und natürlich; aber die Bekennende Kirche als solche hat sich niemals mit Fragen des Tyrannenmordes oder mit Plänen zur Beseitigung des Regimes befaßt. Es gibt keine Stellungnahmen von Bruderräten und keine Beschlüsse von Synoden der Bekennenden Kirche zu diesem ganzen Problemkreis, und hier mußte jeder Christ seine eigene Stellung finden und seine Entscheidungen verantworten. Ich persönlich war damals völlig überzeugt, daß Hitler beseitigt werden müsse, und wäre ich 1944 ein freier Mann gewesen, so wäre ich mit ziemlicher Gewißheit den Weg meiner Freunde v. Haeften und Goerdeler gegangen. Und Jahre später erst wurde ich dankbar dafür, daß ich nicht frei gewesen war, als mir nämlich aufging, daß der gewaltsame Widerstand, der Tyrannenmord – trotz Calvin – für den christlichen Glauben, d.h. in der Nachfolge Jesu, nicht möglich ist und – christlich gesprochen – keine Verheißung hat, während der gewaltlose Widerstand, der den Weg Jesu geht und das damit verbundene Leiden auf sich nimmt, immer die Hoffnung behalten und neu hervorbringen darf, daß der Weg der Liebe, die sich nicht erbittern läßt und die dem Nächsten, dem Mitmenschen – und sei er der ärgste Feind –, nichts Böses tut, der Weg zum Leben bleibt.

Wenn ich mit meinen Erfahrungen und Erkenntnissen, die mir in den letzten 30 Jahren zugewachsen sind, heute vor die Frage gestellt würde, ob ich mich an einem 20. Juli beteiligen wolle, dann würde ich diese Frage ebenso entschieden verneinen, wie ich sie im Jahre 1944 bejaht haben würde. Mein heutiges Nein hängt aber ebensowenig an der Beurteilung der möglichen oder wahrscheinlichen Folgen, wie mein damaliges Ja daran gehangen hätte. Im Blick auf die Folgen habe ich mich sehr bald mit dem Mißlingen des Anschlages vom 20. Juli abgefunden und ausgesöhnt, denn wäre das Attentat geglückt, dann hätte es todsicher eine neue Dolchstoßlegende gegeben, die wie die Dolchstoßlegende vom November 1918 das eigene Verschulden, die eigene Mitschuld abgestritten und dem Vergeltungsdrang, der Feindschaft und dem Haß die Bahn freigemacht hätte. Wir können uns heute nur freuen, daß der Neuanfang im Leben unseres deutschen Volkes 1945 ohne diese Vorbelastung hat beginnen können. Und ich bin ebenfalls der Überzeugung, daß es gut gewesen ist, daß Adolf Hitler das Urteil über ihn an sich selber vollstreckt hat wie auch einige seiner Hauptkomplizen. Beim Wiederaufleben nationalsozialistischen Ungeistes hätten wir es sonst in der heutigen Bundesrepublik auch noch mit einer Helden- und Märtyrerlegende zu tun. Aber wie dem auch sein möge, mein heutiges Nein zu einem 20. Juli würde ich als der christliche Pazifist sprechen, der ich inzwischen geworden bin, weil ich als Christ von einer letzten Unwirksamkeit der Gewalt und des Zwanges überzeugt bin. Insofern hat es für mich eine Art von symbolischer Bedeutung bekommen, daß am Ende des Dritten Reiches vom Widerstand, wie er in den verschiedenen Widerstandsgruppen geplant und vorbereitet und erfolglos praktiziert worden war, so gut wie nichts übriggeblieben ist. Beim Wiederaufbau nach 1945 und bei der Schaffung der beiden Staaten 1949 ist kaum ein Mann des aktiven Widerstandes zum Zuge gekommen, weil es solche nicht mehr oder nur noch ganz vereinzelt gab; die Bekennende Kirche dagegen war 1945 fast das einzige, was von der Evangelischen Kirche noch übriggeblieben war, und sie mußte alsbald die noch übriggebliebenen leeren Ruinen kirchlicher Behörden und Institutionen aufs neue mit Leben füllen. Sie trat aber zugleich das liegengebliebene Erbe der Widerstandsbewegung an und trat – zunächst mit dem Schuldbekenntnis von Stuttgart – dem Drang zur Selbstrechtfertigung der deutschen Nation, die sich von Hitler hatte führen und verführen lassen, kräftig entgegen.

Das wirkte sich sehr positiv in den ersten Jahren nach dem Kriege aus, als die Leute der Bekennenden Kirche tatsächlich die ersten waren, die sich als Deutsche im Ausland wieder sehen lassen und vor allen Dingen mit den Nachbarn in Europa das persönliche Gespräch wieder aufnehmen konnten. Das hatte unter anderem auch zur Folge, daß die Bekennende Kirche zur kirchlichen Brücke zwischen den westlichen und der russischen Besatzungszone wurde und es darum auch nach der Zweiteilung Deutschlands im Jahre 1949 bis zum heutigen Tage geblieben ist. Es mag interessieren, daß die Bekennende Kirche als Notorganisation aufgegeben wurde, als im Jahre 1948 die Evangelische Kirche in Deutschland in ausdrücklicher Anerkennung der Barmer Erklärung von 1934 ihren institutionellen Aufbau vollendete. Aber ihr oberstes Leitungsorgan, der Reichsbruderrat (heute: Bruderrat der EKiD), lebte weiter und hat heute ein wachsames Auge darauf, daß die Kirche keinem Einfluß Raum gibt, der die Alleinherrschaft Jesu Christi in Frage stellt oder gefährdet. Denn darum ging es im Dritten Reich, und darauf beruhte alles, was die Bekennende Kirche zu einem echten Widerstand beigetragen hat. Und so schließe ich denn mit der leider nicht überall bekannten, aber doch grundlegenden These der Barmer theologischen Erklärung: »Jesus Christus, wie er uns in der Heiligen Schrift bezeugt wird, ist das eine Wort Gottes, das wir zu hören, dem wir im Leben und im Sterben zu vertrauen und zu gehorchen haben.«

»Ehre sei Gott in der Höhe und Friede auf Erden und den Menschen ein Wohlgefallen!«

Dies Gloria in excelsis wird seit vielen hundert Jahren in fast jedem Gottesdienst zum Lobe Gottes laut. Jeder kennt es, auch der, dem es nicht mehr ist als eine blasse Kindheitserinnerung. Durch die Weihnachtsgeschichte ist uns eben vielleicht wieder bewußt geworden, daß dies Gloria eine Antwort ist, eine Antwort nämlich auf die vom Engel den Hirten verkündigte, aber für »alles Volk« bestimmte »große Freude«: »Euch ist heute der Heiland geboren, welcher ist Christus, der Herr!« [Lk 2,10f.] Als kleines, hilfloses Menschenkind kommt der Retter in die Welt; niemand kann in ihm den auch nur vermuten, in dem der so oft tot gesagte, aber nun eben doch wirkliche, lebendige Gott uns selber besuchen und als unser Vater begegnen will. Der Engel des Herrn verkündigt es, und die »himmlischen Heerscharen« wissen darum und bezeugen deshalb: Die Ehre, die Majestät, gehört Gott in der Höhe; der Friede ist da auf der Erde, und Gottes Wohlgefallen ruht auf den Menschen!

Wohl geht es da um Wünsche und Hoffnungen; aber die gehen nicht in irgendeine, vielleicht ferne Zukunft: »Christ, der Retter ist da«, Jesus ist geboren, und er wird das Werk tun, von dem der Theologe Paulus bekennen wird: »Alle Gottesverheißungen sind Ja in ihm und sind Amen in ihm, Gott zu Lobe durch uns!« [2 Kor 1,20]

Eigentlich hatte man ja einen ganz anderen Erlöser und Befreier erwartet und leidenschaftlich erhofft – und dies Hoffen hat die Erscheinung Jesu noch lange überdauert und ist immer wieder einmal aufgeflammt: Aber die Botschaft vom Kind in der Krippe kam nicht zuerst zu den religiösen und nationalistischen Eiferern; sie kam zu den Hirten – heute würden wir sagen: zu dem »Mann auf der Straße« –, zu »gewöhnlichen Leuten«, die nie davon geträumt hatten, sie selber könnten ihr Los zum Guten wenden. Ihnen begegnet Gott als einer der Ihrigen, als ein Mensch, der den Beistand, die Hilfe, die Fürsorge seiner Mitmenschen braucht, um unter ihnen, mit ihnen, für sie leben zu können.

Deus maximus in minimis! Gott ist am größten in den Kleinsten! Aber wir meinen immer noch, unser Heil müßte von Großen, Mächtigen, Reichen kommen, und wir Kleinen, Machtlosen, Armen könnten nur warten, bis es kommt. Nicht so, meine Freunde: Wer das Heil von den – oder einem – Großen, Mächtigen, Reichen erwartet, der wartet ganz gewiß umsonst! Die können wohl die ganze Welt – jedenfalls unsern Planeten und den Mond –, die können wohl die Naturschätze wie die Rohstoffe, die Produktionsmittel wie die Produktionsstätten in ihre Gewalt bringen und sich auch die dafür nötigen Menschen kaufen. Eins können sie nicht: Sie können nicht den »Frieden auf Erden« schaffen. Wer kann das denn, wo auf jeden heute lebenden Menschen, der satt und mehr zu essen hat, zwei – und bald drei – andere kommen, die hungern oder verhungern. Für sie haben wir Satten, wir Großen, Mächtigen, Reichen nicht einmal ein paar Prozent übrig von dem, was wir nutzlos an sogenannte Rüstung verschwenden. Ausgerechnet zum Christfest haben angebliche »Christen« den von ihnen vor zwölf Jahren begonnenen, vorsätzlichen Massenmord wieder in Gang gesetzt; wir helfen ihn zu finanzieren und sehen schweigend zu. So wird kein Friede; aber so wachsen Verzweiflung und Haß, und wie bald mag daraus Katastrophe und Untergang werden?!

Daß Gott sein Wohlgefallen an uns Menschen haben könnte, die wir im Kampf ums Dasein immer egoistischer, immer unmenschlicher geworden sind, ist uns undenkbar, unvorstellbar geworden. Und da liegt die Wurzel aller »Gott ist tot«-Philosophie: Für Gott ist deshalb kein Platz mehr da, weil kein Mensch mehr da ist, an dem Gott Wohlgefallen haben könnte! Darum tun wir lieber so, als gäbe es ihn gar nicht, und retten damit jedenfalls unsere uneingeschränkte Handlungsfreiheit, unseren Profit!

Nun aber liegt in der überfüllten Karawanserei von Bethlehem ein Neugeborenes im Futtertrog, und es wird heranwachsen, und bei seiner Taufe im Jordan wird eine Stimme sprechen: »Dies ist mein lieber Sohn, an welchem ich Wohlgefallen habe!« Dieser Menschensohn geht unbeirrbar seinen Weg des Dienens; er lebt und wirkt, er leidet und stirbt nicht für sich selber; er ist lauter Liebe für den Nächsten, den Bruder, den Mitmenschen. Darin erkennt er, anerkennt er, erfüllt er den Willen des Vaters. Er wird weder groß noch mächtig noch reich; aber Gottes Wohlgefallen ruht auf ihm und auf allen, die sich als die Seinen in seine Nachfolge rufen lassen. Und da wird dann auch Friede auf Erden, wie das die Gemeinde Jesu von Anfang an bekennt: »Er ist unser Friede!« [Eph 2,14]

Das »Christentum« schafft keinen Frieden, die christlichen Kirchen haben's auch nicht geschafft; wo aber Menschen des Wohlgefallens, sich vom Geiste Jesu in Bewegung setzen lassen, da wird Friede geweckt und geboren, da können wir dem Hunger und dem Elend, der Rechtlosigkeit und der Unmenschlichkeit, denen nahe und ferne »Nächste« ausgeliefert werden, nicht unbeteiligt zuschauen; da ruft uns der Vater durch den Sohn seines Wohlgefallens, auch unsern Beitrag zu leisten, nicht ein Almosen, mit dem wir uns einer Verpflichtung entledigen, sondern einen Dienst, mit dem wir unsere mitmenschliche Solidarität zum Ausdruck bringen: »Liebe deinen Nächsten als dich selbst!« Nur so wird Friede, und dieser Friede ist in Jesus da; er will aber gelebt werden! Sei's auch nur durch Opfer für den Dienst, den andere an unserer Stelle tun, wie bei »Brot für die Welt«.

Jesu eigener Dienst für die leidenden Mitmenschen seiner Erdentage schien keinem der damaligen Geschichtsschreiber auch nur des Erwähnens wert; aber in ihm erschien der Heiland der Menschheit, der Retter unserer Menschlichkeit; und sein früher Tod hat seinem Leben wie seinem Wirken kein Ende setzen dürfen, und wir sagen so die Frohe Botschaft weiter: »Christ der Retter ist da!« – »Ehre sei Gott in der Höhe und Friede auf Erden und den Menschen ein Wohlgefallen!« [Lk 2,14]

Gespräch zur Person

GAUS: Herr Kirchenpräsident, evangelische Pfarrer werden selten, nur in Ausnahmefällen, weltbekannt. Sie sind eine solche Ausnahme. Sie sind ein weltbekannter Mann. Ihr Name ist erst vor wenigen Wochen wieder in den Zeitungen gewesen – anläßlich einer Papstaudienz in Rom. – Wenn man die Gründe, die zu diesem Ruhm geführt haben, ganz verkürzt betrachtet, dann könnte es fast scheinen, als wäre der Hauptgrund, daß der Weg, den Sie von Anfang Ihres Lebens an bis heute zurückgelegt haben, ein besonders weiter Weg im Sinne der geistigen Standortveränderung gewesen ist.

Sie sind 1892 im westfälischen Lippstadt geboren, in einem evangelischen Pfarrhaus, das nach Ihrem eigenen Zeugnis und nach den Berichten von Freunden ein für seine Zeit typisches evangelisch-lutherisches Pfarrhaus gewesen ist; das heißt also ein Pfarrhaus im Sinne von »Thron und Altar«, von konservativ-nationaler Haltung, was vornehmlich für Ihren Vater, der Pfarrer in Lippstadt und später in Elberfeld war, gegolten hat.

Ich würde gern wissen, ob heute – nun Sie über siebzig sind und in vielen Fällen einen so ganz anderen Standpunkt einnehmen –, ob heute, trotz allem, aus Ihrem Elternhaus her noch etwas auf Sie einwirkt, das Bestand hat – trotz allem, was Sie heute anders sehen, als es Ihr Vater getan hat.

NIEMÖLLER: Jawohl, Herr Gaus, aus meinem Elternhaus, dem ich für die Zeit meines Lebens dankbar sein werde, ist mir das eine geblieben, das später auch einen immer klareren Einfluß auf mein Denken und mein Leben gewonnen und behalten hat: daß ich im Elternhaus als kleiner Junge, der noch nicht einmal vier Jahre alt war, ein Bild von Jesus von Nazareth mitbekommen habe – aus einer Bilderbibel ohne Worte.

Und das ist allerdings der eigentliche Inhalt dessen, was mich als Christen beschäftigt und mein Leben getragen hat und trägt, das, was mir da geblieben ist.

GAUS: Als Sie damals, vor dem Ersten Weltkrieg, in diesem so traditionell gebundenen Elternhaus aufwuchsen – gab es da nach Ihrer Erinnerung irgendeinen wesentlichen Punkt, in dem Sie mit der kirchlichen und politischen Vorstellungswelt Ihres Vaters nicht übereinstimmten?

NIEMÖLLER: Nein, das kann ich nicht sagen. – In meinem Elternhaus herrschten die beiden Dogmen, die in jener Zeit in der christlichen Kirche, besonders in den evangelischen Kirchen in Deutschland, ganz allgemein galten, nämlich: »Ein guter Christ ist ein guter Staatsbürger« und »Ein guter Christ ist ein guter Soldat«. Das waren unbestrittene Dogmen, hinter die man nicht guckte und von denen man nicht die Frage stellte, ob sie eigentlich zu Recht bestünden. Und diese beiden Grundsätze sind in meinem Leben erst sehr spät überhaupt ins Wanken gekommen. Aber inzwischen sind sie für mich als Theologen seit vielen Jahren überwunden.

GAUS: Wir werden darauf im einzelnen kommen, Herr Kirchenpräsident Niemöller. – Wissen möchte ich nun also: Als Sie 1910, nach dem Abitur, sich entschlossen, Seekadett bei der Kaiserlichen Marine zu werden, war dies für Ihre Eltern eine willkommene Berufswahl – hatte es nicht etwa den Wunsch Ihres Vaters gegeben, Sie möchten Pfarrer werden?

NIEMÖLLER: Ach, mein Vater hat schon den Wunsch gehabt, daß einer seiner beiden Söhne Pfarrer werden möchte – und er hatte auch keinen Grund, daran zu zweifeln, daß so etwas würde eintreten können. Aber da ich schon als Vierjähriger meine Liebe fürs Wasser und für die Seefahrt entdeckt hatte, habe ich eigentlich die vierzehn Jahre bis zum Abitur niemals gezweifelt, daß ich Seemann werden würde. Und mein Vater legte Wert darauf, als er das hörte – und es war ihm durchaus nicht unsympathisch –, daß ich *dann* wenigstens den See-Offiziers-Beruf ergreifen sollte und sollte nicht als Schiffsjunge weglaufen zur Handelsmarine – was ja damals noch – ja, gewissermaßen eine gesellschaftliche Frage war, ob man bei der Kaiserlichen Marine Offizier wurde oder ob man irgendwo auf einem Handelsschiff durch die Ozeane schipperte.

GAUS: Das Weglaufen, um Schiffsjunge zu werden, haben Sie nicht erwogen?

NIEMÖLLER: Nein, das habe ich in keinem Augenblick erwogen.

GAUS: Sie sind mit einer solchen Unbekümmertheit, wie Sie sie eben für die Berufswahl verraten haben, dann wohl auch in den Ersten Weltkrieg gezogen?

NIEMÖLLER: Durchaus. – Ich war im Jahre 1912 Offizier geworden und lebte als Zweiter Torpedo-Offizier auf einem Linienschiff des Ersten Geschwaders, auf der »Thüringen«. Und als der Krieg anfing, haben wir damals, im August 1914 – und ich glaube, wir *alle* aus meinem Jahrgang – diese Probe aufs Exempel tatsächlich als etwas wirklich Entscheidendes für unser Leben und seine Gestaltung oder gar auch für unser Leben und seine Beendigung angesehen, und ich habe mich dann ganz und gar in diese meine Aufgabe als Offizier im Kriege hineingefunden.

GAUS: Sie waren schließlich von Mitte des Krieges an Offizier auf U-Booten und zum Schluß Kommandant eines Unterseeboots im Mittelmeer. Ich würde gern wissen – nachdem sich Ihre Einstellung zum Krieg und zum Soldatenberuf radikal geändert hat –: Haben Sie heute, am Abend Ihres Lebens, die Vorstellung, daß man zu den neuen Einsichten, die Sie heute haben, nur kommen konnte durch bittere Erfahrungen, wie Sie sie gemacht haben, oder meinen Sie, daß der junge Niemöller auch seinerzeit schon bei etwas weniger Gedankenlosigkeit und Forsche wenigstens die Ansätze zu diesen neuen Ansichten hätte legen können?

NIEMÖLLER: Heute bin ich davon überzeugt, daß so etwas *möglich*, wenn auch nicht gerade *denkbar* gewesen wäre. Denn das ganze Lebensgefüge und die ganze Gesellschaftsstruktur, die waren in unserem Bewußtsein etwas derartig Konstantes und Unerschütterliches – so, wie wir aufgewachsen waren im Gymnasium in Elberfeld, das ja ganz und gar diesen Geist meines Elternhauses teilte –, daß etwas anderes für mich eigentlich praktisch undenkbar war. Aber heute sage ich mir: Wenn ich damals ein *denkender* Mensch gewesen wäre und hätte mehr Zeit auf das *Denken* verwandt, dann hätte ich vielleicht früher zu Erkenntnissen kommen können, die ja dann noch Jahrzehnte auf sich haben warten lassen.
GAUS: Sie tragen es sich nicht nach, daß Sie Jahrzehnte gebraucht haben?
NIEMÖLLER: Ja, das ist nun wirklich eine Gewissensfrage. Ich schäme mich vor mir selber, daß ich nicht früher in dieser Richtung zu denken angefangen habe – und entschuldige mich vor mir selber damit, ja – daß ich niemals eigentlich etwas Besonderes habe sein wollen, sondern habe mich – solange mein instinktives Denken nicht rebellierte – immer gern an das gehalten, was allgemein galt.
GAUS: Nun haben Sie sich – einmal, glaube ich – während des Krieges vom Rebellieren des instinktiven Denkens überrascht gefühlt. Es gibt in Ihren Erinnerungen »Vom U-Boot zur Kanzel« die Schilderung, daß ein Angriff auf einen französischen Zerstörer – im Januar 1917 – Ihnen Skrupel bereitet hat, weil dieser französische Zerstörer gerade dabei war, die Überlebenden eines Truppentransporters, der bereits torpediert war, zu retten. Hat dieses Erlebnis, das dann vielleicht vorübergehend wieder untergegangen sein mag, nachhaltig auf Sie gewirkt?
NIEMÖLLER: Jedenfalls habe ich es nie wieder vergessen! Es hat nicht im Augenblick sehr nachhaltig gewirkt. – Es war ein Streit, den ich damals als Navigatorischer Wachoffizier auf

U-39 mit dem Kommandanten führte, ein Streit zwischen dem Kapitänleutnant Forstmann, als dem Kommandanten von U-39, und mir – als er mich durchs Sehrohr gucken ließ, und ich hatte das Gefühl: Der Zerstörer ist ja dabei, Ertrinkende zu retten. Können wir auf den schießen? – Ich glaubte, es sei unmöglich, daß wir jetzt einen Torpedo gegen diesen Zerstörer losließen. Und tatsächlich hat sich Kapitänleutnant Forstmann dann bewegen lassen, diesen Angriff abzubrechen. Wir haben den Zerstörer nicht versenkt! Am Tage hinterher ist es mir eigentlich erst richtig zum Bewußtsein gekommen. Ich hatte einen lieben Freund und Vetter an der Saloniki-Front; und der Einwand von Forstmann war der gewesen: Niemöller, Sie denken nicht weit genug. Die Leute, die heute da gerettet werden, sind übermorgen, wenn sie gerettet sind, an der Saloniki-Front und schießen auf unsere Leute! Und ich habe dann immer das Gefühl gehabt: Wenn ich jetzt eine Todesanzeige kriege, die Nachricht, daß mein Vetter an der Saloniki-Front gefallen ist, dann werde ich mir zeit meines Lebens Vorwürfe machen, daß ich den Kommandanten Forstmann davon abgehalten habe, diesen Zerstörer zu versenken. Denn ist nicht der Mann, der an der Saloniki-Front meinen Vetter umgelegt hat, hier im Wasser gewesen und von uns am Leben erhalten worden, indem wir das Schiff, das die Rettungsaktion machte, tatsächlich nicht versenkt haben? Das hat mich eine Reihe von Wochen gequält, faktisch so lange, bis ich durch die Feldpost eine neue Nachricht von meinem Vetter hatte, die mir bestätigte, daß er *nicht* ums Leben gekommen war.

GAUS: Würden Sie den Gedankengang dieser Skrupel heute noch für zulässig halten? Dieser Gedankengang lautet doch in etwa – sehr überspitzt gesagt: Lieber die Franzosen, Engländer – was es immer gewesen sein mögen auf dem Truppentransporter – ertrinken lassen, um einen deutschen Soldaten zu retten?

NIEMÖLLER: Ja, das gehört mit hinein in eine ganz verquere Gedankenentwicklung, die es auch heute noch gibt, die ich aber heute nicht mehr teile. Ich würde diese Art von Skrupeln, wie ich sie damals 1917 nach dieser Aktion zwischen Malta und Kreta hatte, heute in der Weise nicht mehr erleben.
GAUS: Sie würden sie nicht mehr für ausreichend ansehen?
NIEMÖLLER: Nein!
GAUS: Herr Kirchenpräsident, was war Ihre Einstellung zur Revolution von 1918 und zur Weimarer Republik, die aus dieser Revolution hervorgegangen ist?
NIEMÖLLER: Die Einstellung zur Revolution von 1918, die kam bei mir eigentlich erst, als ich mein U-Boot Ende November 1918 glücklich aus dem Mittelmeer nach Kiel zurückgebracht hatte; und da war die Revolution als solche schon passiert; sie war ein historisches Ereignis geworden. Und die Frage war: Was ist jetzt aus dieser Revolution – oder sogenannten Revolution – für die Zukunft zu gestalten? – Ich war natürlich als Seeoffizier in ziemlich strammer Weise ein Monarchist, obgleich ich damals schon in meinem Kameradenkreis als der »rote Niemöller« betrachtet wurde. Das heißt: Ich war keineswegs davon überzeugt, daß wir einfach zu dem zurückkehren sollten, was wir vier Jahre vorher, zur Zeit des Kriegsbeginns etwa, gedacht hatten und wovon wir damals überzeugt gewesen waren, sondern daß Dinge *anders* geworden waren, und daß Aufgaben *anders* geworden waren. Das war mir sehr bewußt, und das lag mir auch, aus meiner – ja, ich würde sagen, aus der Vergangenheit meiner Väter und Vorväter, die westfälische Bauern waren, und bei denen ja immer ein gutes Stück demokratischen Sinnes da war. Der westfälische Bauer, der auf seinem Einzelhof lebt, hat das Gefühl: Mir darf keiner das, was ich für richtig halte, irgendwie bestreiten. Wir erkennen die Obrigkeit dort an, wo sie benötigt wird, so wie die Stammesherzöge zu Zeiten Karls des Großen noch nicht erbliche Herzöge, sondern Wahl-Herzöge

waren, die spezifisch für Notstandszeiten an die Spitze gesetzt wurden, und man folgte ihnen, bis der Notstand beseitigt war; dann fing diese Selbständigkeit und das selbständige sich für sich selber verantwortlich wissen und für sein Handeln verantwortlich wissen wieder an. Und diese Verantwortung, die hat mich eigentlich sehr stark begleitet in meinen jungen Jahren – die Verantwortung, die mir nicht irgend jemand abnimmt und die mir nicht durch einen Befehl abgenommen werden kann, sondern für die ich selber geradezustehen habe.

GAUS: Es liegen aber genügend Äußerungen von Ihnen vor, die davon zeugen, daß Sie die Weimarer Republik selbst wenig geschätzt haben. Ist das richtig?

NIEMÖLLER: In gewissem Sinne ist es zweifellos richtig. Ich persönlich bin nach meinen Erfahrungen von damals – als junger Mensch, ich war ja am Ende des Krieges erst sechsundzwanzig Jahre alt – nicht davon überzeugt gewesen, daß der Deutsche im allgemeinen für eine Demokratie, in der jeder Staatsbürger mitzureden hat, wirklich reif wäre. Und von daher habe ich meine Fragezeichen dahintergesetzt. Mir hat damals eine Wiedereinführung der konstitutionellen Monarchie, etwa nach englischem Muster, vorgeschwebt als das, worauf wir hinaus müßten. Und wenn wir damals sagten und zu hören bekamen, mit Recht zu hören bekamen, daß die Weimarer Verfassung die freieste demokratische Verfassung wäre, die es damals gab, dann war die Frage: Sind wir das Volk, das die allerfreieste Verfassung braucht? Und an dieser Stelle haben meine Zweifel eingesetzt.

GAUS: Wie denken Sie heute darüber, über die Weimarer Republik, und wie denken Sie heute über die Reife Ihrer Landsleute, unter einer freiheitlich-demokratischen Verfassung zu leben?

NIEMÖLLER: Ja, also – daß wir weitergekommen sind in diesen Jahren, bzw. daß unsere Einsichten tiefer gegangen sind – das erkenne ich ohne weiteres an. Ob die Demokratie so, wie wir sie heute in dem westlichen Staat in Deutschland haben, gerade für das deutsche Volk das ist, was sich auf die Dauer bewähren kann – das kann ich immer noch nur mit einer Reihe von Fragezeichen versehen. Aber die Weimarer Republik war ja in der Beziehung noch sehr viel ausgesprochener und sehr viel weitgehender darauf angewiesen, daß der Staatsbürger selber ein Demokrat ist.

GAUS: Was ist das größte Fragezeichen, das Sie hinter die Verfassung der Bundesrepublik Deutschland setzen?

NIEMÖLLER: Das kann ich Ihnen nicht in staatsrechtlichen Formeln oder so etwas zum Ausdruck bringen; aber ich beneide immer noch und immer wieder die englische Demokratie; und zwar aus dem sehr einfachen Grunde, weil nach meinen persönlichen Erfahrungen bei uns die Verbindung mit *dem* Menschen, der den Wahlkreis, in dem ich meine Stimme abzugeben habe, nachher im Bundestag vertritt, eigentlich mit der geschehenen Wahl weitgehend aufhört; während sich ja der englische Parlamentarier, der durch Wahl nun im Unterhaus sitzt und seinen Wahlkreis dort zu vertreten hat, in allen Parlamentsferien wirklich nicht nur vor seine Wählerschaft, sondern vor die ganze Bevölkerung seines Wahlkreises hinstellt und sich dafür verantworten muß – und es tatsächlich auch kann und tut –, weshalb er bei dieser und bei jener Gesetzesvorlage, die vor das Unterhaus gekommen ist, dafür oder dagegen gestimmt hat. Und nach dieser Richtung hin, glaube ich, brauchen unser Parlamentarismus und unsere demokratische Gestaltung eine Ergänzung, und zwar eine Ergänzung nach dem meiner Meinung nach nachahmenswerten Vorbild, wie es in der angelsächsischen Demokratie üblich ist. Ich glaube, daß es in Amerika gar nicht sehr viel anders ist als in England selbst.

GAUS: Herr Kirchenpräsident Niemöller, als Sie nach dem verlorenen Ersten Weltkrieg Ihren Dienst als aktiver Offizier bei der Marine quittierten, da dachten Sie vorübergehend – als ein durchaus national gesinnter Mann – an den Eintritt in ein Freikorps; und Sie wollten auch gemeinsam mit Kameraden als Schafzüchter nach Argentinien auswandern. Schließlich haben Sie sich gemeinsam mit Ihrer Frau, die Sie Ostern 1919 heirateten – aus dieser Ehe sind sieben Kinder hervorgegangen, von denen der älteste Sohn im Zweiten Weltkrieg gefallen ist – … Sie verdingten sich schließlich in eine landwirtschaftliche Lehre, weil Sie – der Tradition Ihrer Familie durchaus bewußt – Bauer werden wollten. Ganz überraschend schrieben Sie dann im September 1919 in Ihr Tagebuch die Frage: Werde ich Theologe? Sie wurden es bald, studierten in Münster und wurden 1924 Pastor. Wie ist es zu diesem Entschluß gekommen?

NIEMÖLLER: Zunächst einmal durch eine »dura necessitas«, daß nämlich das gemeinsame Vermögen von meiner Frau und mir aufgrund der Inflation nach dem Ersten Weltkrieg zum Ankauf eines Bauernhofes einfach nicht mehr reichte. So stand ich vor der Frage: Werde ich landwirtschaftlicher Beamter, Verwalter oder so etwas? Aber das lag mir nicht. Im übrigen hatte meine Tätigkeit als Bauernknecht, die ich da von Anfang Mai bis Ende Oktober 1919 ein halbes Jahr ausgeübt habe, die Ursache gehabt, daß ich mich von meinem Volk, dem ich gram war wegen der Niederlage, von der man ja nicht ohne weiteres annahm, daß sie unverschuldet war und daß sie unabwendbar gewesen wäre, distanziert hatte und mein Denken auf dieses eigene Königreich auf dem westfälischen Bauernhof zurückgezogen hatte oder zurückziehen wollte. Nun aber war ich innerlich in meiner Seele mit meinem Volke wieder in Frieden gekommen und fragte mich nun: Wie kann ich meinem Volke jetzt, wo ich nicht Bauer werden kann, wohl am besten dienen? Ich wäre gern Lehrer geworden, habe aber damals vor dem Lehrerberuf zurückgeschreckt, weil ich mir sagte: Wie das hier in der Weimarer Republik in Zukunft mit dem Lehrerberuf wird, was ich da lehren darf, was ich sagen darf – zum Beispiel im Geschichtsunterricht –, das weiß ich nicht und glaube nicht, daß wir darin wirklich frei unsere eigene Überzeugung zum Ausdruck bringen dürfen. Und dann habe ich überlegt, daß ich ja schon einmal – nämlich 1910, als ich in die Kaiserliche Marine eintrat und als Seekadettenanwärter nach Kiel gefahren war – fest vorgehabt hatte: Wenn ich als Seekadett nicht angenommen werde, dann studiere ich Theologie! Da war also durchaus eine fortlaufende Verbindung mit der Vergangenheit, die niemals unterbrochen gewesen war. Und als ich mit meinem Vater, mit dem ich zeit meines Lebens sehr gut Freund gewesen bin, über diese Dinge sprach, da sagte mir mein Vater – und das hat eigentlich meinen Entschluß dann ganz wie ein Blitz herbeigeführt: Junge, wenn dir Angst ist um deine Überzeugungsfreiheit – der evangelische Pastor ist der freieste Beruf in der Welt.

GAUS: Ich finde an dieser Antwort, Herr Kirchenpräsident, etwas sehr interessant: Sie sprachen davon, daß Sie mit Ihrem Volk, dem deutschen Volk, wieder versöhnt waren, und daß dieses der Grund war, warum Sie ihm nun als Pfarrer dienen wollten. Damit taucht also der Ausdruck »*Volk*« auf. Es taucht *nicht* auf der Ausdruck »Nächster«, »*der Nächste*«. Glauben Sie, daß diese Definition, wie Sie sie gewählt haben, seinerzeit der durchschnittlichen Vorstellungswelt der evangelischen Kirche entsprach: diese Hinwendung zum *Volk*, zum Nationalen – nicht zum *Nächsten*, als dem Wichtigeren?

NIEMÖLLER: Ich glaube – ja! Daß der nationale Anteil am kirchlichen Denken und Wollen damals im großen und ganzen sehr viel stärker gewesen ist als der Blick auf den Nächsten, das hatte man ja seit siebzig Jahren, also seit der Zeit von Johann Hinrich Wichern und der Gründung der Inneren Mission, der freien Liebestätigkeit, und dann – ich denke an Stoecker und Naumann – in bezug auf die gesellschaftliche Entwicklung gesehen. Das alles hatte man einzelnen Christen

überlassen. Das konnten die evangelischen Kirchen als Organisationen damals in Deutschland noch gar nicht aufgreifen, weil es nicht paßte. Kaiser Wilhelm hat ja einmal zu Beginn der neunziger Jahre im Blick auf die Bestrebungen Stoeckers den Ausdruck geprägt, der dann so eine Art Dogma geworden ist: »Christlich-sozial ist Unsinn.« – Die Kirche, die *Landeskirche,* die immer noch die Spuren und die Eierschalen des Staatskirchentums an sich trug, kümmerte sich wohl um das *Volk,* aber nicht so sehr eigentlich um den *Nächsten.* Die Kirche kümmerte sich um den einzelnen Menschen als Gemeindeglied, als Kind, als Konfirmand usw. – aber das wahr ja eigentlich nicht das, was wir heute wieder bei dem Gebot »Du sollst deinen Nächsten lieben wie dich selbst« [3 Mo 19,18, und passim] vor Augen haben und empfinden. Das lebte 1918 oder 1919, als ich anfing, Theologie zu studieren, in dieser Weise noch nicht. Die Frage war für mich ganz und gar: »*Wie* diene ich meinem *Volk* am besten?« Das habe ich, glaube ich, auch in meinem Buch »Vom U-Boot zur Kanzel« sehr zum Ausdruck gebracht, besonders am Schluß.
GAUS: Ja, das ist sehr deutlich darin geworden. – Machen Sie sich selbst und Ihren Amtsbrüdern einen Vorwurf daraus?
NIEMÖLLER: Ich könnte sagen: Jawohl! Ich könnte zugleich dazu sagen: Wir standen ja in einer Tradition drin. Und solange man über die Tradition nicht sehr grundsätzlich nachzudenken anfing, solange konnte man eigentlich kaum sehen, daß hier eine andere Entwicklung und eine andere Einstellung und dann auch ein anderes Verhalten das eigentlich Gewiesene gewesen wäre.
GAUS: Herr Kirchenpräsident, im Sommer 1931 wurden Sie dann als Pfarrer an die Kirche in Berlin-Dahlem gerufen, nachdem Sie vorher in Westfalen gewesen sind. Die Zeit von 1931 bis 1933 haben Sie selbst als die eigentlich schönste Zeit Ihres Pfarrerlebens bezeichnet, weil Sie ganz in der Gemeinde

gedient haben und endlich das tun konnten, was Sie immer tun wollten.

NIEMÖLLER: Ja –.

GAUS: Nach Hitlers Machtergreifung 1933 wurde Berlin-Dahlem, wurde der Name Niemöller sehr schnell zum Begriff für den Kirchenkampf einer bestimmten Gruppe innerhalb der evangelischen Kirchen gegen den nationalsozialistischen Staat, gegen die Staats-Allmacht dieses Staates. Ende Oktober 1933 gründeten Sie bereits den Pfarrer-Notbund. – Ich würde gern wissen, wie es gekommen ist, daß es ausgerechnet Martin Niemöller gewesen ist, der sich bis dahin – wie Sie gerade eben sagten – durchaus nicht vom durchschnittlichen Bild des national gesinnten evangelisch-lutherischen – in Berlin unierten – Pfarrers unterschied –, warum es gerade Martin Niemöller war, der so schnell in die Opposition hineinfand?

NIEMÖLLER: Ja, im Grunde verdanke ich das wieder meinem Elternhaus, und zwar an dem Punkt, von dem ich vorhin andeutungsweise sprach: Ich habe in meinem Elternhaus als kleines Kind, lange ehe ich lesen konnte, diese Begegnung mit Jesus von Nazareth gehabt. Und der spielte in meinem Gebetsleben, so, wie es in meinem Vaterhaus geübt wurde, die entscheidende Rolle. Und als nun der Nationalsozialismus in seinem Parteiprogramm stehen hatte, »positives Christentum« sei die Grundlage für seine Weltanschauung und Politik, habe ich dem zunächst getraut, bis ich dann merkte, daß dieses sogenannte »positive Christentum« des Parteiprogramms etwas ganz anderes war, als was der normale Christ damals unter positivem Christentum verstand – z. B. daß Jesus kein Jude gewesen sein dürfe. So wurde gleich von Anfang an unter die Grundsätze, zu denen sich jedes Mitglied des Pfarrer-Notbundes bekannte, der Satz aufgenommen, daß in der Einführung des Arier-Paragraphen in die christliche Kirche eine Verletzung des Bekenntnisses vorliege. Und diese Verletzung des

Bekenntnisses – ja, die hatte ich sehr früh gespürt im Jahre 1933 und habe dann gesagt: An dieser Stelle gebe ich dem Nationalsozialismus – wenn er bei dieser Haltung bleibt – aber auch nicht den kleinen Finger. Und von daher hat sich die Geschichte dann entwickelt. Dann war ich Adjutant bei dem ersten Reichsbischof Bodelschwingh, der aber niemals offiziell in sein Amt eingeführt wurde. Und als er zurücktrat – Pfingsten 1933 – und dann die Sache ganz in die Hände der Nationalsozialistischen Partei kam, da hieß es für mich: Wird nun die Kirche – unter dieser nationalsozialistischen Führung – tatsächlich Jesus von Nazareth nach dem biblischen Zeugnis wieder anerkennen, *ihn* als ihren Herrn haben und auf *ihn* als ihren Herrn hören – oder wird das nicht geschehen? *Wenn* es nicht geschieht, und *solange* es nicht geschieht, kann ich nicht ja dazu sagen! – Das ist also der eigentliche Ansatzpunkt gewesen, von dem aus ich 1933 in den Widerstand des Pfarrer-Notbundes und später – 1934 – der Bekennenden Kirche hineingegangen bin: die Sammlung der Pfarrer, die sich zu Jesus Christus als dem Herrn der Kirche zu bekennen gedachten und dabei *bleiben* wollten und dafür jeden Preis zu zahlen sich entschlossen hatten.

GAUS: Dieser Kirchenkampf, Herr Kirchenpräsident, hat sehr schnell einen Höhepunkt erreicht, einen sehr dramatischen Höhepunkt: Am 25. Januar 1934 sind Sie zusammen mit anderen evangelischen Geistlichen zu Adolf Hitler in die Reichskanzlei bestellt worden. Bei dieser Gelegenheit ist es zu einem sehr scharfen Zusammenstoß zwischen Ihnen und Hitler gekommen. Können Sie uns darüber etwas erzählen?

NIEMÖLLER: Ja – also nicht zum Zusammenstoß zwischen mir und Hitler, sondern zwischen Hitler und mir –, das wäre die richtige Formulierung. Ich persönlich war sehr überrascht, daß ich da aufgefordert wurde – denn im übrigen erschienen da bloß Bischöfe, Kirchenpräsidenten usw. – Es ging um die Frage, ob mit Hitlers Zustimmung der Reichsbischof abgelöst werden sollte, nachdem von den »Deutschen Christen«, den nationalsozialistischen Vertretern innerhalb der Christenheit, in der Sportpalast-Versammlung vom Spätherbst 1933 eine Riesenattacke gegen die kirchliche Lehre gefahren worden war.

GAUS: Der Reichsbischof Ludwig Müller?

NIEMÖLLER: Ja, Reichsbischof Ludwig Müller. – Der damalige Innenminister, der Reichsminister Frick, war durchaus auf dieser Linie unterwegs; er wollte Müller abgesetzt haben, weil er merkte, daß man seinetwegen mit der ganzen evangelischen Kirche auf keinen grünen Zweig würde kommen können. Und es war alles so vorbereitet, daß die Kirchenführungen hofften, diese Einladung in die Reichskanzlei werde mit dem Ergebnis enden, daß der Führer sein Einverständnis erklären werde, wenn man den Reichsbischof wieder abwählte bzw. ihn zurückzöge. – Wir sind hineingekommen in die Reichskanzlei, und dann passierte das große Unglück, daß plötzlich der Reichsmarschall Göring auftrat und sich im Cutaway mit einer roten Mappe unter dem Arm vor den Führer hinbaute, ehe noch eigentlich die Verhandlung mit den Bischöfen und Kirchenführern angefangen hatte, und ihm vorlas: Der hier anwesende Pfarrer Niemöller hat heute morgen das und das Gespräch geführt ... – Es war das erste Mal, daß ich merkte, daß man ...

GAUS: Telefongespräch?

NIEMÖLLER: ... Telefongespräche abhörte. Ich war morgens angerufen worden von meinem Mitvorsitzenden in der Jungreformatorischen Bewegung, das war der jetzige Professor Künneth in Erlangen. Der fragte mich, ob alles vorbereitet wäre. Und da ich draußen den Wagen vor der Tür hatte, um in die Wilhelmstraße zu fahren – ich war ja noch in Dahlem –, so habe ich sehr hastig darauf geantwortet, und am Ende nahm mir meine Vikarin, die wollte, daß ich rechtzeitig in der Wilhelmstraße wäre, den Hörer aus der Hand und setzte dieses

Gespräch fort. Es war gerade an der Stelle, wo ich Künneth auseinandersetzte, daß wir den Reichspräsidenten Hindenburg informiert hätten und daß er heute morgen noch dem Reichsbischof irgend etwas sagen würde, um ihm die ... – und in diesem Augenblick fiel dann meine Vikarin ein: »um ihm die letzte Ölung zu geben«. – Und das war natürlich nun der Moment, wo Hitler plötzlich lebendig und wach wurde. Und damit hatte Göring das Spiel gegen Frick und damit das Spiel gegen die Evangelische Kirche, gegen die werdende Bekennende Kirche, die nicht für Ludwig Müller und seine deutschchristlichen Tendenzen zu haben war, gewonnen. Und da legte der Führer los und redete lange auf mich ein, und ich mußte mich nach vorne drängen – ich stand natürlich in der hintersten Reihe als der ganz kleine, gewöhnliche Pastor aus Dahlem –, so daß er seine Kanonade gegen mich richten konnte. Und als sie dann schließlich geendet hatte, da wußte ich ungefähr, was ich erwidern würde. Es hat dann eine ziemlich erhebliche Auseinandersetzung gegeben. Sie endete damit, daß der Führer – natürlich nun voreingenommen – den Bischöfen einfach sagte: »*Sie* haben doch auf der Synode in Wittenberg den Reichsbischof selber gewählt, ich habe ihn nicht eingesetzt. Wenn Sie ihn loswerden wollen, müsen *Sie* ihn loswerden. Aber ich tue dazu nichts mehr.«
GAUS: Was haben Sie Hitler erwidert?
NIEMÖLLER: Ja – was habe ich Hitler erwidert? – Ich habe ihm gesagt, daß ich erst jetzt merkte, daß das ein Telefongespräch gewesen wäre, wo ein Freund von mir – mich ganz kurz und in großer Eile anredend – gefragt hätte, was nun von diesem Gespräch wohl zu erwarten wäre und ob wir uns eigentlich in genügender Weise darauf vorbereitet hätten. Und ich habe natürlich nicht gesagt, daß meine Vikarin gerade die angefochtene Stelle ins Telefon gesprochen hatte. – Damit hat sich der Führer im Augenblick zufriedengegeben und ist auf die Sache selbst eingegangen und hat sich auch an die Kir-

chenführer – die nun vor ihm standen – gewendet. Das war aber sehr kurz – so, wie ich sagte – »Werden Sie selber ihn los« –, und dann hat er uns verabschiedet. Ich stand nun in der vordersten Reihe als dritter, und ich lauerte. – Er gab jedem die Hand. Und als er den beiden ersten – Wurm, und – ich weiß nicht, wer noch neben mir stand – die Hand gegeben hatte, dachte ich: Wird er dir auch noch die Hand geben? – Er *gab* mir die Hand, und ich benutzte diese Gelegenheit, um ihm zu sagen: »Herr Reichskanzler, Sie haben vorhin gesagt: ›Die Sorge um das deutsche Volk, die überlassen Sie mir‹, als ich in meiner Antwort etwas davon sagte, daß wir uns für das deutsche Volk verantwortlich fühlten, daß wir hier reine Bahn schafften. Aber die Verantwortung für das deutsche Volk, die können wir *nicht* weggenommen bekommen, die hat *Gott* uns auferlegt, und kein anderer als *Gott* kann sie von uns wegnehmen – auch Sie nicht.« Und als ich das gesagt hatte, zog er ziemlich abrupt seine Hand aus meiner Hand, die so lange ineinander geruht hatten, und ging zum Nächsten. Das war die ganze Geschichte. – Natürlich waren die Kirchenführer dann hinterher außerordentlich böse darauf, daß diese Störung passiert war –, und sie hat mir im Grunde riesig leid getan. Ich war dann nach diesem Geschehnis ein Ausgestoßener auch im Kreise der Kirchenführer. Bloß mein lieber westfälischer Präses, Dr. Koch aus Oeynhausen, der hakte mich unter, als wir zurückmarschierten zum Hospiz in der Wilhelmstraße und sagte: »Na, Bruder Niemöller, da müssen wir mal 'ne Instanz höher gehen!«

GAUS: Ja, aber nun hat gerade dieser Freund, Präses Koch, Sie einmal ein bißchen vorwurfsvoll gefragt, warum Sie denn durchaus richtige Dinge gerade *so*, nämlich sehr zugespitzt, sehr radikal formulieren müßten. Und das ist eine Frage, die sich auch später oft erhoben hat bei Äußerungen, die Sie über die Bundesrepublik Deutschland und die Politik der Bundesregierung getan haben. Bitte, wie beurteilen Sie selbst einen solchen Vorwurf? Wollen Sie manchmal verletzen? Wollen Sie's manchmal?

NIEMÖLLER: Nein, nicht um jemanden zu verletzen; sondern wenn ich mich manchmal in dieser burschikosen Weise ausgedrückt habe, dann habe ich auf die Frage – und der Ausdruck von Präses Koch: »Bruder Niemöller, müssen Sie das gerade *so* sagen?« ist ja sprichwörtlich geworden – wohl geantwortet: Wie hätte ich's sonst sagen sollen – so, daß die Leute wirklich *aufgemerkt* hätten und hätten *begriffen*, worum es mir zu tun ist? – Also, mir liegt bei derartigen Ausdrücken daran, daß man so zugespitzt redet, daß die Menschen aufpassen müssen und sich überlegen müssen: Was will der Kerl eigentlich? – Daran hat mir gelegen! Ob ich jemanden dabei verletze, das ist eine zweite Frage. Es geht darum, daß eine Überzeugung *so* ausgesprochen wird, daß sie *gehört* und zur Kenntnis genommen wird und einen gewissen Eindruck hinterläßt!

GAUS: Haben Sie jemals taktische Überlegungen angestellt, derart, daß eine sehr überspitzte Formulierung an Wert verlieren könnte, weil die Menschen sich durch die Überspitzung abgestoßen fühlen und gar nicht mehr hinhören?

NIEMÖLLER: Meine Schwäche besteht vielleicht darin, daß ich immer mit den Menschen spreche, die ich gerade vor mir habe, und nicht frage, was andere Menschen denn darüber auch noch denken mögen. Das ist ein Manko und hängt wahrscheinlich sehr erheblich mit meinem Temperament zusammen. Ich habe in meinem ganzen Dasein versucht, bei mir selber in Selbsterziehung daran zu arbeiten, aber ich muß gestehen, nicht gerade mit großem Erfolg.

GAUS: Herr Kirchenpräsident, der Kirchenkampf gegen den nationalsozialistischen Staat ist von Ihnen selbst als eine rein kirchliche Frage der Verkündigungsfreiheit empfunden und definiert worden. Sie und die Mehrheit des Pfarrer-Notbundes und der späteren Bekennenden Kirche haben es abgelehnt, diesen Kampf *politisch* werden zu lassen. Warum haben Sie ihn *nicht* politisch führen wollen?

NIEMÖLLER: Weil ich einfach auf dem Gebiet der Politik überhaupt keine Ahnung – oder sehr wenig Ahnung hatte, nicht mehr als jeder Zeitungsleser in jener Zeit, und weil meine Aufgaben ganz woanders lagen. Entscheidend ist für mich im Grunde gewesen, daß tatsächlich das Schwergewicht meiner Einstellung gegen den Nationalsozialismus damals keinen politischen Akzent hatte, sondern die Frage: Wie wird das Evangelium, mit dem ich – da ich diesen Beruf nun ergriffen habe und ausübe – meinem Volk zu dienen habe, davor bewahrt, daß es durch die nationalsozialistische sogenannte Weltanschauung zu etwas *ganz anderem* gemacht wird? Also z. B. die Kreuzigung Jesu, nicht wahr, die konnte in dem Sinne, wie das »positive Christentum« des Nationalsozialismus über Jesus gepredigt und gelehrt hat, schlechterdings nicht festgehalten werden als ein Ereignis oder *das* Ereignis, in dem wirklich der Menschheit das Heil angeboten und gebracht wird!

GAUS: Offensichtlich hatte Ihr Kirchenkampf *keinen* politischen Akzent; denn, als Sie im Sommer 1937 verhaftet und dann Anfang 1938 vor Gericht gestellt wurden, haben Sie in dieser Gerichtsverhandlung sehr deutlich ausgesagt, daß Sie, bei aller Wahrung Ihres oppositionellen evangelischen Standpunktes, die nationale Grundlage des damaligen Staates sehr wohl *bejahten.* Hatte das taktische Gründe – wollten Sie sich damit nach Möglichkeit den Weg zurück in die Gemeinde offenhalten oder entsprach diese Hinwendung zum Nationalen und zu dem, was Sie als die nationale Grundlage auch des nationalsozialistischen Staates ansahen, Ihrer damaligen Überzeugung?

NIEMÖLLER: Die Vorliebe für eine nationale Entwicklung unseres Volkes und Staates, die entsprach meiner vollen Überzeugung von damals; denn man sah ja noch nicht, was sich da vorbereitete und was sich im Laufe der nächsten zwanzig oder dreißig Jahre ereignen würde – so wie wir heute das übersehen können. Ich bin auch durchaus noch für die Wiedereinführung der allgemeinen Wehrpflicht im Jahre 1935 gewesen, weil ich noch gar nicht irgendwo irgend etwas anderes mit einer Hoffnung für eine zukünftige Entwicklung in mein Blickfeld bekommen hatte.

GAUS: Herr Niemöller, Sie haben in diesem gleichen Prozeß, Anfang 1938, unerschrocken Ihren evangelischen Standpunkt gegen den Arierparagraphen verteidigt; Sie haben aber auch gesagt, daß man es Ihnen als ehemaligem Offizier und Sproß einer westfälischen Bauernfamilie schon glauben dürfe, daß Ihnen die Juden menschlich gewiß *nicht* sympathisch seien. Bedrückt Sie dieses Wort heute?

NIEMÖLLER: Ja, sicher bedrückt es mich. Nicht wahr, das war auch ein Stück Tradition. In meiner Tecklenburger Heimat gab es viele Bauern, die an jüdische Geldgeber – Viehhändler usw. – verschuldet waren, und die Stimmung in dieser ganzen Gegend war irgendwie – nicht systematisch, aber gefühlsmäßig – traditionell antisemitisch in jener Zeit. Und das ist von mir niemals in einen bestimmten Zweifel gezogen worden. Und in der Wehrmacht von 1910 gab es auch diese gewisse Reserve dem Judentum gegenüber. Heute bedauere ich das alles *schwer*. Aber damals war es mir in keiner Weise klar. Erst sehr viel später, im Konzentrationslager, ist mir dann wirklich überzeugend aufgegangen, daß ich mich als Christ nicht nach meinen Sympathien oder Antipathien zu verhalten habe, sondern daß ich in jedem Menschen, und wenn er mir noch so unsympathisch ist, den Menschenbruder zu sehen habe, für den Jesus Christus an seinem Kreuz gehangen hat, genauso wie für mich – und daß das jede Ablehnung und *jedes* Anti-Verhalten gegen eine Gruppe von Menschen irgendeiner Rasse, irgendeiner Religion, irgendeiner Hautfarbe usw. einfach ausschließt!

GAUS: Das ist eine spätere Erkenntnis?
NIEMÖLLER: Das ist eine spätere Erkenntnis!
GAUS: Sie haben diese Erkenntnis, wie Sie eben schon sagten, in den Konzentrationslagern gewonnen, in die Sie nach dem Prozeß gesperrt wurden: zunächst in das KZ Sachsenhausen, dann in das KZ Dachau. – Können Sie mir sagen, auf *welche Weise* und *wann* etwa Sie zu diesen neuen Ansichten und Einsichten gekommen sind?
NIEMÖLLER: Die sind natürlich irgendwie vorbereitend gewachsen, ohne mir ins klare Bewußtsein zu kommen. Aber, im Jahre 1944, also in meinem letzten Gefangenschaftsjahr – ich entsinne mich noch heute auf diesen Nachmittag –, kam einer dieser schwarzuniformierten Menschen in meine Zelle, um mir Essen zu bringen oder Geschirr abzuholen oder so etwas. Ich hatte niemals mit einem von ihnen gesprochen, denn ich stand als nationaler Mensch – so wie ich meine Nation verstand und wie ich sie gerettet sehen wollte – auf dem Standpunkt: Diese Bande in den schwarzen Uniformen, die geht mich nichts an. Und da – als dieser eine SS-Mann aus meiner Zelle rausgegangen ist, da ist mir plötzlich – aber das war auch wieder wie ein Blitz – eine Erkenntnis gekommen, und ich habe mich fragen müssen: Kannst du eigentlich sagen, dieser Mensch geht dich nichts an? Kannst du eigentlich so tun, als ob da ein Unterschied wäre? – Später habe ich es dann in einer noch sehr viel klareren Weise erkannt und habe das auch oft zum Ausdruck gebracht und habe gesagt: Ich kann doch als Christ gar nicht glauben, daß Jesus für *mich* gestorben ist, ausgerechnet für *mich,* wenn ich sage: Aber für *den* – und wenn es Josef Stalin ist – für *den* ist er *nicht* gestorben. Und das ergibt nun eine ganz andere, eine von Grund auf umgestaltete Haltung gegenüber dem, was uns an Menschen sympathisch oder nicht sympathisch ist. Das »Liebet eure Feinde« [Mt 5,66; Lk 6,27.35] bekommt von daher natürlich ein ganz anderes Gesicht – als das Gesicht eines Gebotes, das

sich nur schwer erfüllen läßt und zu dem man sich in irgendeiner Weise *nötigen* muß.

GAUS: Diese neue Erkenntnis, die Sie nach dem Kriege dann getragen hat, haben Sie also gewonnen in Form der Hinwendung zu den KZ-Wächtern, von denen Sie damals bewacht wurden.

NIEMÖLLER: Ja! –

GAUS: Sie haben im Konzentrationslager, Herr Kirchenpräsident, vorübergehend den Übertritt zum katholischen Glauben erwogen. Warum?

NIEMÖLLER: Das war sehr früh. Das war, als ich erfuhr, daß man mich als Pfarrer abgesetzt hatte und – es ist gar nicht leicht zu sagen – wir sind ja leicht versucht, wir Menschen, wenn wir mit einer Sache, in der wir drin gewesen sind, und einem Gedankengang, in dem wir gesteckt haben, Schiffbruch erleiden. – Und für mich war die evangelische Kirche in meinem ersten Jahr im Konzentrationslager, also 1938/39, eine ungeheure Enttäuschung. Ich studierte damals das katholische Meßbuch und das Brevier, das mir tatsächlich in meine Zelle lanciert worden war – und da habe ich den Eindruck bekommen: die sind ja bessere Christen, als das bei uns in der evangelischen Kirche der Fall ist. Von daher habe ich dann monatelang den Gedanken erwogen, ob ich nicht katholisch werden dürfte oder müßte. Aber das Fehlurteil bei der ganzen Geschichte ist immer, daß man das *Ideal* einer anderen Größe mit den *praktischen Erfahrungen* einer Größe, zu der man selber gehört, vergleicht. Dann kommt es sehr leicht zu diesem Urteil: Die anderen sind besser! Nicht wahr? Später hat mir die gemeinsame Gefangenschaft mit meinen römisch-katholischen Freunden in Dachau auf dieser Stelle dann wieder den Sinn zurechtgerückt. Ich habe gesehen, daß auch in der katholischen Kirche die menschlichen Unzulänglichkeiten genauso schwer wiegen wie bei uns in der evangelischen Kirche und daß man auf diese Art und Weise aus dem Dilemma, in dem man sich befindet, gar nicht herauskommt.

GAUS: Herr Kirchenpräsident, nach dem Kriege, als Sie aus dem Konzentrationslager befreit waren, haben Sie im Oktober 1945 maßgeblich an einer Erklärung mitgewirkt, die als die »Stuttgarter Erklärung« in Deutschland viel diskutiert worden ist. In dieser Erklärung hieß es – wenn ich mich recht erinnere –, daß viel, daß unendliches Leid von *uns* über andere Völker und Länder gebracht worden ist, und daß man sich anklagen müsse, daß wir nicht treuer gebetet und brennender geliebt haben. – Ich würde gern wissen, ob manche Ihrer sehr bitteren Urteile, die Sie später über Deutschland, über das Nachkriegs-Deutschland nach 1945 und über Ihre Landsleute abgegeben haben, bestimmt waren von Ihrer Überzeugung, daß sich die Deutschen nach 1945 als nicht bußfertig erwiesen haben?

NIEMÖLLER: Ja, meine Sorge ist eigentlich zunächst um die Kirche gegangen. Dieses »Wir klagen uns an, daß wir nicht mutiger bekannt, nicht treuer gebetet, nicht fester geglaubt, nicht brennender geliebt haben« – so heißt, glaube ich, die Formulierung in der »Stuttgarter Erklärung« – bezog sich ja zunächst einmal auf *die* Leute, die sich als Christenmenschen verstehen. Wir Christenmenschen, *wir* haben versagt. Die Versuchung in jener Stunde war im Grunde die – die Ökumene stand vor der Tür und wollte die Bekennende Kirche wieder hereinhaben in das kirchliche Gespräch der verschiedenen Konfessionen, der verschiedenen Völker und Rassen und Erdteile –, daß wir uns gewissermaßen als Christen, und als bekennende Christen, herausnehmen ließen aus der Solidarität mit unserem schuldbeladenen und von der ganzen Welt damals verfluchten Volk. Und das haben wir mit der »Stuttgarter Schulderklärung« zunächst einmal vermieden. Wir haben uns *nicht* von unserem Volk distanziert, sondern haben gesagt: Wir klagen *uns* an – *uns selber* müßte der Text lauten –, nämlich uns Christen, uns evangelische Christen, uns Menschen der Bekennenden Kirche, die man heute als die anständigen Deutschen ansieht, und denen man eine Vorzugsbehandlung zuteil werden lassen will. – Das kommt nicht in Frage, denn an der Schuld, die nach dem Urteil der ganzen Menschheit auf unserem Volk heute liegt, an dieser Schuld haben wir unseren Anteil. Denn *wir* haben den besseren Weg gewußt und haben ihn nicht so vertreten, wie wir es unserem Volk und der Welt und unserm Herrn schuldig gewesen wären.

GAUS: Herr Kirchenpräsident, dieses ist Ihr Urteil über die *Kirche,* zu der Sie nach dem Kriege als Präsident der Kirche in Hessen und Nassau gehören. Wie aber ist nun Ihr Urteil über die Nachkriegs-*Deutschen* – nicht über die evangelischen Pfarrer, sondern über die Taufschein-Christen oder auch Nicht-Taufschein-Christen, über Ihre Landsleute?

NIEMÖLLER: Zu solchen Fragen sage ich immer nur: Ich sitze nicht auf dem Richterstuhl Gottes! Das muß ich Gott überlassen. *Ich* habe zu verkündigen und habe zu verkündigen, daß das, was passiert ist, ein Aufruf Gottes an uns *zur Umkehr* und *zum Umdenken* ist. Und deshalb habe ich nach dieser »Stuttgarter Erklärung«, die im Oktober 1945 gesprochen wurde und uns wieder den Weg in die Ökumene geöffnet hat, *darüber gepredigt,* wo ich hingekommen bin – bei Studentengemeinden und in kirchlichen Veranstaltungen usw., aber nicht in öffentlichen Volksversammlungen. Ich habe *immer* die Christen angesprochen, nicht wahr, wir sollten doch endlich Buße tun. Diese Geschichte ist dann ja leider mehr oder weniger im Sande verlaufen, und die wirtschaftliche Wiedergeburt, die 1948 mit der neuen Währung einsetzte, hat dieses ganze Thema irgendwie vom Tisch gerückt. In Wirklichkeit ist die Sinnesänderung, um die es mir damals – von der Kirche ausgehend und in der Hoffnung, daß sie sich verbreiten würde – ging, damals steckengeblieben und nicht weitergegangen.

GAUS: Ist diese Sinnesänderung – nach Ihrer Vorstellung – am Materialismus erstickt?

NIEMÖLLER: Ich glaube, daß das ein Urteil über den Materialismus ist, das wir *so* gar nicht aufrechterhalten können. Es ist vielmehr eine allgemeine kirchengeschichtliche Erfahrung, und sie ist durchaus begreiflich. Ich würde sagen: Diese Sinnesänderung ist im *Wohlstand* erstickt – nicht im Materialismus, sondern einfach im Wohlstand, der seine materialistischen Auswirkungen hat; und sicher ist der Materialismus – der praktische Materialismus – mit dem Wohlstand erheblich angestiegen. – Irgendwie gilt es ja nun einmal: Selig sind die Armen! [Lk 6,20] Und das war die Situation von 1945, in der das Bekenntnis gesprochen wurde, und es hat dann auch Gehör für diese Botschaft des Schuldbekenntnisses gegeben: aber eines schönen Tages war diese Möglichkeit einfach zu Ende.

GAUS: Anders als im Kirchenkampf unter dem Nationalsozialismus, Herr Kirchenpräsident, sind Sie in der Bundesrepublik sehr oft in unmittelbare *politische* Auseinandersetzungen verwickelt worden; beispielsweise mit Ihren Äußerungen über die Gründung der Bundesrepublik – ich erinnere an das Wort: »In Rom gezeugt und in Washington geboren« – oder bei der Frage des westdeutschen Wehrbeitrages und noch viel mehr, von 1945 an, bei der Debatte über eine etwaige atomare Ausrüstung der Bundeswehr. Und Sie sind außerdem früher als viele andere und extremer als die meisten für Kontakte jeglicher Art mit Mitteldeutschland und dem übrigen Ostblock eingetreten. Sie sind früh nach Moskau gereist – Anfang 1952. Und die Bemühung um die deutsche Wiedervereinigung ist ein Kernstück solcher politischen Bemühungen des Kirchenpräsidenten Niemöller gewesen.

NIEMÖLLER: Jawohl! –
GAUS: Ich habe dabei zwei Fragen, Herr Kirchenpräsident: Erstens: Warum diesmal anders als unter dem Nationalsozialismus, warum auch der *politische* Kampf? Und zweitens: Wenn die Wiedervereinigung im Mittelpunkt Ihres politischen Kampfes steht – liegt das daran, daß Sie drüben den *Nächsten* sehen, der in Not lebt – oder rührt sich hier der Rest eines Traumes vom Deutschen Reich, was zurückführen würde auf den allerersten Standpunkt, den Sie – vom Elternhaus her geprägt – eingenommen haben, den eines nationalen Mannes?
NIEMÖLLER: Ja, also daß ich mich in dem Kirchenkampf gegenüber dem Atheismus des Bolschewismus anders verhalte und verhalten habe als gegenüber der Irreführung durch den Nationalsozialismus, liegt ganz einfach daran, daß mir bewußt ist: Der Nationalsozialismus ist einer ungeheueren Zahl von Christenmenschen im deutschen Volk zu einer tödlichen Versuchung geworden. Man hat sich damals zum Herrn über die christliche Verkündigung gemacht, und man hat sie so zurechtgeschnitten, wie man sie gerne haben wollte. Diese Versuchung war groß, weil alle Leute hereinfielen auf das Parteiprogramm: »Wir stehen auf der Grundlage eines positiven Christentums.« – Eine derartige Versuchung ist vom Bolschewismus nie ausgegangen. Der Bolschewismus ist eine Bedrohung aller Religionen, auch eine Bedrohung für die christlichen Kirchen und die Gemeinschaft von Christen. Aber eine *Bedrohung* ist für mich eine viel weniger versuchliche Angelegenheit als die *Verführung.*
GAUS: Herr Kirchenpräsident, die Verführung des Nationalsozialismus ging hinaus auf ein Pseudochristentum im Sinne der sogenannten »Deutschen Christen«. Die Verführung des Bolschewismus – könnte die nicht darin liegen, das Christentum überhaupt aufzugeben und sich der kommunistischen Idee als einer Ersatzkirche zu verschreiben?

NIEMÖLLER: Natürlich ist diese Möglichkeit gegeben. Bloß, wer Christ *ist* und wer Christ *bleiben möchte,* nicht wahr, der ist durch den Bolschewismus nicht versucht; denn der sagt offen: Ich will das Christentum nicht. Dagegen sagte der Nationalsozialismus: Wir wollen das Christentum, aber wie das Christentum aussehen soll, das machen *wir* mit unserem Parteiprogramm und seiner Übersetzung in die Praxis.
Wenn ich für die Wiedervereinigung eingetreten bin –
GAUS: Ja, meine zweite Frage –
NIEMÖLLER: – dann sieht das allerdings sehr nach Politik aus; und trotzdem hat mein Eintritt in diese Auseinandersetzung im Grunde eine christliche Motivation gehabt. Mir ist sehr früh der Gedanke gekommen: Uns geht es gut in der Bundesrepublik, und wir machen den steilen Aufstieg zu wirtschaftlichem Wohlstand mit; aber die Leute, die *bezahlen* müssen für das, was wir nun wirklich mit unserem *ganzen* Volk angerichtet haben, das sind die armen siebzehn Millionen hinter dem »Eisernen Vorhang«. Wir haben doch eine *Verpflichtung,* an deren Bestrafung – oder wie man's nimmt –, jedenfalls an den Nachteilen, daran, daß *sie* jetzt bezahlen müssen, irgendwie teilzunehmen; das heißt: Wir müssen als *ganzes* deutsches Volk für das geradestehen, was angerichtet worden ist. Und ich glaubte – das war für mich jedenfalls eine unmittelbar christliche Motivierung, so wie ich mein Christsein verstehe – mich dem nicht entziehen und mich nicht damit zufriedengeben zu können: Laßt die Leute hinter dem Eisernen Vorhang ruhig ihre Reparationen bezahlen und ein kärgliches und armseliges Leben führen und ihre Freiheit verlieren und was sonst – wenn's uns nur gut geht!
GAUS: Herr Kirchenpräsident, Sie haben noch nach dem Zweiten Weltkrieg ein durchaus traditionelles Verhältnis zum Krieg und zum Soldatentum gehabt. Später – beginnend eigentlich Mitte der 50er Jahre – sind Sie dann zum Pazifisten geworden.

NIEMÖLLER: Jawohl –
GAUS: Was hat Sie dazu gemacht?
NIEMÖLLER: Ehe ich 1954 zu der Weltkirchen-Versammlung nach Evanston reiste, hatte ich ein Gespräch mit meinem früheren Gemeindeglied Professor Hahn, dem Nobelpreisträger und früheren Präsidenten der Max-Planck-Gesellschaft. Damals waren die ersten Versuche mit Wasserstoffbomben gewesen. Und in diesem Gespräch äußerte sich Hahn sehr eindeutig dahin, daß es kein Problem für die Wissenschaft mehr sei, einen Apparat zu konstruieren, mit dem man *alles* Leben auf der Erdoberfläche auslöschen könnte. Das hat mich sehr zum Nachdenken gebracht, hat mich tief bewegt – und ich habe damals auch ein paar schlaflose Nächte gehabt. Dann habe ich mir überlegt: Was heißt das nun eigentlich? Und als Theologe und Christ habe ich mich dadurch bewegen lassen, das ganze Neue Testament noch einmal mit einer Frage im Kopf zu lesen, mit der ich es noch nie gelesen hatte, nämlich: Wie steht eigentlich die Heilsbotschaft des Neuen Testamentes zu der Gewaltanwendung von Menschen gegen Menschen? bzw. zum Gebot »Du sollst nicht töten?« [2 Mo 20,13; 5 Mo 5,17] usw. So habe ich vor Evanston unter diesem Aspekt noch einmal das ganze Neue Testament von A bis Z gelesen. Und ich bin bei dieser Lektüre zu der Überzeugung gelangt: Als Christ kann ich da eigentlich nur sagen: Die Macht Gottes, mit der Gott nach der Botschaft des Neuen Testaments die Feindschaft und die Unmenschlichkeit seiner Menschenkinder überwindet und besiegt, die findet ja Ausdruck und die wird Wirklichkeit in dem *Kreuz Christi,* der sich selber opfert, aber *nicht* daran denkt, einen Feind etwa mit Gewalt zu überwinden. Gott überwindet seine Gegner *nicht* mit Gewalt, sondern mit seiner sich selbst aufopfernden Hingabe und Liebe.
GAUS: Und wer es nicht so interpretiert, der irrt?
NIEMÖLLER: Ich würde heute sagen, ich müßte mit einem Menschen oder mit einem Christenmenschen, der die Bot-

schaft des Neuen Testaments anders interpretiert, ein Gespräch anfangen und fragen: Sag' mal, wie verträgt sich das mit deinem Glauben an den für dich und für alle Menschen gekreuzigten und für dich in Gottes Namen heute als Herrn lebendigen Jesus Christus, zu dem du dich bekennst? – Das Urteil darüber, das steht mir nicht zu, nicht wahr. – Die Kirche, d. h. die Gemeinschaft der Christen, mag darüber einmal zu einer Klarheit kommen; aber schon heute ist eine große Gruppe von Christen, und zwar in aller Welt, da, die diesen neuen Weg gedanklich und überzeugungsmäßig mit unter den Füßen haben und ihn verfolgen. Was daraus wird – ich weiß es nicht. Aber jedenfalls kann *ich* den anderen Weg heute nicht mehr gehen. Und insofern bin ich am Ende meines Lebens diesem alten Dogma: »Ein guter Christ ist auch ein guter Soldat – weil ein guter Christ ein guter Staatsbürger ist«, vollkommen *entnommen* und auf eine *andere Basis* gestellt.

GAUS: Herr Kirchenpräsident, erlauben Sie mir eine letzte Frage: Sie sind oft in Westdeutschland zum Ärgernis geworden, und man hat Sie manchmal auch den »Gewissensbiß der Nation« genannt. Ihre Gegner sagen, daß es Ihnen Selbstbestätigung verschaffe und auch eine gewisse Selbstbefriedigung, Ärgernis zu geben und Ärgernis zu sein. Was sagen Sie zu solchen Vorwürfen?

NIEMÖLLER: Ich werde mich prüfen müssen und immer wieder prüfen müsen, ob es tatsächlich an dem ist. Im ganzen kann ich wohl sagen, daß ich vor mir selber jedenfalls kein selbstbewußter und stolzer Mensch bin, sondern ich sage gern: Das menschliche Leben ist menschliches Leben nur so lange, wie ich bereit bin zu lernen. Was wir wissen, ist Stückwerk, und erst, wenn das Vollkommene kommen wird, wird das Stückwerk aufhören [1 Kor 13,9f.]. Ich enthalte mich persönlich von Urteilen dieser Art ganz entschieden, und ich gebe zu jeder Zeit und Stunde zu: Natürlich kann ich irren. –

Martin Stöhr

Zu Leben und Werk von Martin Niemöller

I. Ein protestierender Protestant – um Jesu willen

Als Thomas Mann 1941 das Vorwort zu einer englischen Ausgabe von Niemöller-Predigten schreibt, trägt dieses Buch den Titel »God is my Fuehrer«.[1] Nachdem die deutsche Regierung 1933 die erste rechtsstaatliche Demokratie hierzulande beseitigt hat, verlangt sie, in allen Bereichen neben dem Arierparagraphen das Führerprinzip einzuführen. Die Forderung »Ein Volk, ein Reich, ein Führer« soll alle Organisationen vom Sportverein bis zu den Universitäten, auch die Kirchen, staats- und parteikonform gleichschalten. Fast alle folgen. Niemöller und die opponierenden kleinen christlichen Gruppen setzen der selbstverschuldeten Entmündigung die Autorität Christi entgegen, indem das orientierende *Wort* des biblischen Gottes Mensch und Menschlichkeit wird. Sie relativiert – wie das Erste Gebot – die Absolutheitsansprüche von Ideologien, Religionen, Wissenschaften sowie von Politik- oder Wirtschaftskonzepten, die vergessen, dass sie für die Menschen da sind und nicht die Menschen für sie.

Thomas Mann beschreibt in seinem Vorwort knapp die Situation im völkisch und antisemitisch regierten Deutschland, wo die zwischen 1933 und 1937 gehaltenen Dahlemer Predigten weit über Berlin hinaus auf wachsende Resonanz stoßen: »Jeder, auch jeder Staat, dachte nur an sich, versteckte

1 New York 1941. Andere Ausgaben seiner Predigten trugen das Erste Gebot im Titel: »The First Commandment« (London 1937) oder Luthers Weigerung, seine Position zu widerrufen vor dem Wormser Reichstag 1521: »Here Stand I« (New York 1937).

sich hinter dem elenden Fetzen seiner ›Neutralität‹ und sah zu, wie der andere ans Kreuz geschlagen wurde. Ich glaube wirklich, seit dem Tage von Golgatha hat die Trägheit des menschlichen Herzens sich nicht so kläglich-sträflich offenbart wie in unseren Tagen.« Er zitiert aus Niemöllers Predigten und charakterisiert den im Ausland zu einer Symbolfigur des Widerstands gewordenen Häftling: »Das Evangelium selbst hatte sich in der Brust dieses Mannes erneuert; er, der geglaubt hatte, es zu kennen, hatte es in tiefer Ergriffenheit neu entdeckt … Es war nicht mehr beschauliche Exegese, es war Erfahrung, Leben, unmittelbares Ereignis.«[2]

Niemöllers Predigt am 19. Juni 1937,[3] kurz vor seiner Verhaftung, legt ein Stück der Bergpredigt aus. Jesus beauftragt seine Gemeinde, als Minderheit wie »Salz der Erde« zu wirken. Sie sei eine »Stadt auf dem Berge«, die ihr »Licht leuchten läßt vor den Leuten« und es »nicht unter einen Scheffel stellt.« (Mt 5,13-16). Sie soll mit dem kritischen Maßstab des Evangeliums öffentlich helfen, zu sehen, was gespielt wird und was zu tun ist. Jesus sagt mit den drei Bildern auch: »Ihr werdet geschmäht und verfolgt werden, ihr werdet diffamiert werden, und zwar mit Lügen«. Aber, so heißt es: »Selig seid ihr«, wenn euch das widerfährt, denn so »wurden auch die Propheten verfolgt.«

Thomas Mann bezieht sich auf Niemöllers Predigtbeginn in diesem regelmäßig und öffentlich stattfindenden Fürbittgottesdienst für verhaftete Christen: »Als ich das Wort heute las, wurde mir dieses Wort wirklich *neu*«, obwohl er es »doch von Jugend auf kenne.«[4] Was ist *neu*? Öffentlich wird eine neue Situation mit dem Wort Jesu erhellt, der selbst das »Licht der Welt« ist, und Gläubige »braucht«, dementspre-

2 Thomas Mann, Politische Schriften und Reden. Bd. 3, Frankfurt a. M./Hamburg, 2. Aufl. 1968, S. 129 und 127.
3 Siehe S. 19-28 im vorliegenden Band.
4 Siehe S. 23 im vorliegenden Band (Hervorhebung M. S.)

chend zu handeln. Niemöller verliest eine Liste mit 73 Namen von verhafteten oder entlassenen Gemeindemitgliedern und Pfarrern. Christen hätten »den Auftrag eines *Höheren*, der durch sein Wort zum *Widerstand* gegen Propaganda des Unglaubens« aufruft. Konkret besteht Niemöller auf dem »Anspruch« der christlichen Gemeinde, »frei und öffentlich« auf staatlich verursachtes Unrecht hinzuweisen, sich »gegen die Angriffe auf den christlichen Glauben zu wehren« und die Namen der Verhafteten und Entlassenen öffentlich zu nennen, »in den Zeitungen« würden andere Dinge »breitgetreten.« Aber auch opportunistisch vorgenommene Kirchenaustritte seien »offen als Abfall vom christlichen Glauben« zu bezeichnen. Das Sammeln von Kollekten könne keine vom Staat gesteuerte Deutsch-Christliche Kirchenleitung verbieten. Das *neu* erhellte und erhellende, altbekannte Evangelium sei kein »deutsches« Evangelium für »deutsche Christen.« Wenn Christen ihr »Licht unter den Scheffel stellen«, sich »anpassen« und nicht »deutlich reden«, dann könne Jesus »sich auch andere Dochte nehmen, denen er sein Licht aufsteckt.«

Niemöller lernt gegen eigene Traditionen und Anerziehung einer Obrigkeitshörigkeit neu, Unrecht und Gewalt des Staates und der Monopolpartei beim Namen zu nennen. Widerständige Gruppen kommen am Anfang der Nazi-Herrschaft vor allem aus der Arbeiterbewegung und aus den Kirchen. Sie suchen einen klaren Kurs gegen jubelnde oder schweigende Mehrheiten, besonders gegen eine die Macht des neuen Staates stützende »Neutralität«.

II. Vom U-Boot zur Kanzel

Neben einem lebendigen Christusglauben verdankt Niemöller seinem elterlichen Pfarrhaus auch eine kräftige deutschnationale Einstellung protestantischer Provenienz, dem

Vaterland zu dienen. Das erste Erbe trägt ihn durch alle Wechsel seines Lebens; das zweite lebt er neu.

Er wird 1892 in Lippstadt in einem Pfarrhaus geboren, wächst in Elberfeld auf und tritt 1910 nach einem (vor allem in Mathematik und Naturwissenschaften) glänzend bestandenen Abitur in die kaiserliche Marine ein. Sie verkörpert den in breiten Volksschichten geteilten Anspruch auf deutsche See- und Weltgeltung. Sein Schülerzimmer ist mit Schiffsbildern dekoriert. Zu Kriegsbeginn 1914 meldet sich er sich zur U-Boot-Flotte, neben der Luftwaffe die neue begehrte Waffengattung.

Er jagt und versenkt feindliche Schiffe; das Schiffstagebuch, es wird später zur Grundlage seines Bestsellers *Vom U-Boot zur Kanzel,*[5] registriert begeistert seine Seesiege auf der »längsten Kriegsfahrt eines deutschen U-Bootes«: »114 Seetage« war man unterwegs, »9 Dampfer, 5 Segler und 1 Zerstörer« wurden versenkt.[6] Einmal nur taucht das *ethische Problem des Tötens* im Krieg auf. Niemöllers U-Boot hatte zwei Dampfer versenkt; der begleitende Zerstörer versucht die überlebenden Matrosen zu retten: »Was tun? – Es liegt uns nicht, den Zerstörer bei seinem Rettungswerk zu stören. Wir möchten ohnehin nicht in seiner Haut stecken; denn wie vielen wird er nicht helfen können! Aber Krieg ist Krieg, und die Leute, die da aus dem Wasser gezogen werden, sind Soldaten, die an die Front sollen, Soldaten, die auf unsere deutschen Brüder schießen werden.« In der »Offizierskammer gibt es noch ein längeres Gespräch«, ob man den französischen Zerstörer bei seinem Rettungsversuch beschießen durfte. »Und plötzlich breitete sich das ganze Rätsel ›Krieg‹ vor unsern Augen aus; mit einemmal wußten wir aus einem Stückchen eigenen Erlebens um die Tragik der Schuld, der zu entgehen

5 Martin Niemöller, Vom U-Boot zur Kanzel, Berlin 1934.
6 Ebd., S. 99.

der einzelne kleine Mensch einfach zu schwach und zu hilflos ist.«[7] Der Krieg gehört selbstverständlich zur Raison und Ethik des Staates, der so seine Bürger ethisch entlastet.

Das modernste U-Boot, UC 67, führt er als Kapitänleutnant, ausgezeichnet mit dem Eisernen Kreuz 1. Klasse, unter der Reichskriegsflagge an Heiligabend 1918 in den Kieler Hafen. Die verlangte rote Fahne der Revolution hisst er nicht. Er kommt sich im »eigenen Vaterland wie ein Fremder vor.«[8]

Die Liebe zur Marine sowie der Kontakt mit alten Crew-Kameraden bleiben bis an sein Lebensende. Eine andere Perspektive zeigt Albert Schweitzer. Er fragt Niemöller 1958, als dieser sich, wie Schweitzer selbst, im Kampf gegen atomare Bewaffnung engagiert: »Wo stand Ihr Unterseebott im November 1917?« Niemöller lag damals tatsächlich vor Dakar und wartete auf einen französischen Dampfer, der deutsche Zivilisten zur Internierung nach Frankreich bringen sollte. Der »viel zu schnelle Dampfer« entkommt aber nachts. Schweitzer erwidert, wenn der Anschlag damals geglückt wäre, »hätten Sie jetzt einen braven Kumpanen weniger im Anti-Atom-Kampf. Da es sich schon so gefügt hat, wollen wir umso besser zusammenhalten.«[9] 1965 besucht Niemöller den Freund in Lambarene.

Dem erfolgreichen U-Boot-Kapitän zerbricht mit der deutschen Kapitulation im November 1918 seine überkommene Weltsicht. Ihr Geist aber bestimmt für ihn, wie für große Teile der deutschen Eliten, noch lange eine antidemokratische Gesellschafts- und Staatsauffassung.

7 Ebd., S. 57f.

8 Ebd., S. 142.

9 Albert Schweitzer, In Freundschaft verbunden. In: Hanfried Krüger (Hg.), Bis an das Ende der Welt. Ökumenische Beiträge. Zum 70. Geburtstag von D. Martin Niemöller, München 1962, S. 26f.

Er weigert sich im Januar 1919, an der Abwicklung der Marine mitzuarbeiten und zwei deutsche U-Boote an das siegreiche Großbritannien auszuliefern: »Herr Kommodore, ich melde gehorsamst, daß ich einen Befehl bekommen habe, den ich nicht ausführen werde!«[10] Er quittiert seinen Dienst. So klar diese Gewissensentscheidung ist, so unklar sind die nächsten Monate. Wo ist sein Platz?

Er beginnt eine landwirtschaftliche Ausbildung und erwägt, nach Argentinien auszuwandern. Er ist »mit Volk und Heimat nach dem Erleben des Kriegsendes und der Revolution innerlichst zerfallen«. In der von ihm verachteten Weimarer Parteiendemokratie »lehnt er jede Mitverantwortung ab«, er, dem als Christ und Patriot »Mitverantwortung« eine selbstverständliche Pflicht ist.[11]

In dieser Zeit des Suchens erinnert er sich, dass er »vor Jahr und Tag« einmal einem Kameraden gesagt habe, als man Berufe nach dem Soldatsein diskutiert: »Dann werde ich Pastor«.[12] Er berät die Idee mit seiner Frau, der Lehrerin Else Bremer, das Paar hatte Ostern 1919 geheiratet, dann mit seinem Ortspfarrer. Im Tagebuch notiert er: »Werde ich Theologe?«[13] Ihn bewegt kein wissenschaftliches Interesse an der Theologie, sondern die »Christusbotschaft«, die »*freie und starke* Menschen macht [...]. Damit konnte ich [...] *meinem Volk* aus ehrlichem und geraden Herzen *dienen*.«[14]

Die Kirche und ihr Auftrag geben die Freiheit, den Menschen, oder, wie er häufig formuliert, dem »Volk zu dienen«. Er gehört zu den Christen, die so frei sind, sich diese Freiheit zu nehmen. Er schließt sein bis zum Verbot 1940 mehrfach aufgelegtes Buch *Vom U-Boot zur Kanzel* mit der »festen

10 Niemöller, U-Boot, wie Anm. 5, S. 147.
11 Ebd., S. 162.
12 Ebd.
13 Ebd., S. 163.
14 Ebd., S. 163 (Hervorhebung M. S.).

Gewißheit, daß wir allesamt ohne dies Wort Gottes nicht leben und nicht sterben können.« Diese »Gottesgabe« ist »unserer Kirche anvertraut; [...] damit unser Volk nicht arm werde an ewigem Gut, und damit das gewaltige Werk der völkischen Einigung und Erhebung, das unter uns begonnen ist, einen unerschütterlichen Grund und dauernden Bestand gewinne.«[15] Die Gewissheit, den richtigen Beruf in seinem Volk gefunden zu haben, verbindet er später mit einer klaren Bejahung der »nationalen Erhebung« 1933.

Zum Wintersemester 1919 schreibt sich Niemöller an der Universität Münster für das Studium der Theologie ein, lernt Hebräisch, resolut wie einst Spanisch für das Argentinien-Projekt. Im Frühjahr 1920 unterbricht er kurz das Studium und meldet sich zur Akademischen Wehr, um gegen den Kapp-Putsch vorzugehen. Schließlich wirkt er mit, die Arbeiteraufstände im Ruhrgebiet zu bekämpfen.

1924 wird er ordiniert und zum Pfarrer und Geschäftsführer der Inneren Mission in Westfalen berufen, die eine Fülle diakonischer Einrichtungen unterhält. Um deren finanzielle Unabhängigkeit von den großen Banken zu gewährleisten, wird Niemöller 1927 Mitgründer einer »Evangelischen Darlehns-Genossenschaft«, die als einzige Bank in Westfalen nicht in die Turbulenzen der Weltwirtschaftskrise gerät. Als Hilfsarbeiter bei der Bahn sowie in einer Bank sichert er den Lebensunterhalt der jungen Familie und das Studium während der Inflationszeit, die rasch jedes Einkommen in immer wertlosere Millionenbeträge auflöst.

1931 wird er zum Pfarrer in Berlin-Dahlem gewählt. In der Dahlemer Gemeinde finden seine Predigten großen Anklang. Viele ihrer Mitglieder sind Beamte, Wissenschaftler oder Militärs, darunter nicht wenige Christen jüdischer Herkunft. Einige aus seiner Gemeinde werden sich im Widerstand gegen

15 Ebd., S. 211.

das NS-Regime engagieren. Seine kontaktintensive Seelsorgearbeit macht ihn sensibel für jene Menschen, die durch die rassistische Gesetzgebung gefährdet sind. Und das, obwohl »ich 1933 noch Hitler gewählt habe«, wie er 1946 in einer Predigt in Göttingen bekennt.[16] Er verschweigt nach 1945 nicht seine Irrtümer und Schuld.

III. Neue Kämpfe an neuen Fronten

Die NSDAP hat mit den deutschnationalen Konservativen eine gewählte Mehrheit im Reichstag. Die Regierung fängt sofort an, ihr deutsch-völkisches Konzept umzusetzen. Es kategorisiert sozialdarwinistisch und mit wissenschaftlichem und pseudowissenschaftlichem Beistand Menschen in Herrenmenschen und Untermenschen, unterscheidet reine und minderwertige Rassen. Rasch und fast widerspruchslos schaffen sich Partei und Regierung ihre Instrumente: Das »Heimtückegesetz« vom 21.3. zielt auf »schädliche« Behauptungen gegenüber »Volk und Regierung«; das »Ermächtigungsgesetz« vom 24.3. beendet die rechtsstaatliche, parlamentarische Demokratie, die als Weimarer »Judenrepublik« verhöhnt worden war. Hinzu kommen ein am 1.4. staatlich angeordneter Boykott gegen Juden sowie das Gesetz »Zur Wiederherstellung des Berufsbeamtentums« vom 7.4. mit einem Berufsverbot für Juden im öffentlichen Dienst. Es enthält einen »Arierparagraphen«, der Juden und Menschen jüdischer Herkunft vom öffentlichen Dienst ausschließt. Die Kirchen werden als »Körperschaften öffentlichen Rechts« unter Druck gesetzt, ihn entsprechend anzuwenden. Erste Entlassungen von Juden aus Schulen, Hochschulen, Akademien, Vereinen, Betrieben und Kirchen beginnen.

16 Vgl. Dietmar Schmidt, Martin Niemöller. Eine Biographie, Stuttgart, 2. Aufl. 1983, S. 186.

Die »Deutschen Christen« (DC)[17] treten massiv in der Kirche auf. Wie das Programm der NSDAP (Art. 24) stehen sie als »Christen deutscher Art« auf »dem Boden des positiven Christentums«. So schwammig dieser Begriff ist, so eindeutig ist seine menschenfeindliche Stoßrichtung. Die Deutschen Christen lehnen den »Parlamentarismus«, den »gottfeindlichen Marxismus« und das »geistfremde Zentrum« ab. »Wir sehen in Rasse, Volkstum und Nation uns von Gott geschenkte und anvertraute Lebensordnungen.« Die Missionierung von Juden sei »das Eingangstor fremden Blutes«; die Innere Mission dürfe mit ihrer Diakonie »keinesfalls zur Entartung unseres Volkes beitragen.« Antisemitismus und »Euthanasie« werden »deutsch-christlich« programmiert.[18]

Den Wunsch vieler Protestanten nach einer Einigung des in viele Landeskirchen zersplitterten Protestantismus bedienen mit dem Rückhalt der NSDAP auch die Deutschen Christen. Die angestrebte »Reichskirche« soll das »Christliche Weltbürgertum«, den »Pazifismus«, die »Internationale« und das »Freimaurertum« überwinden.

Die als »fremdrassig«, »minderwertig«, »artfremd«, »undeutsch« oder »bolschewistisch« definierten Menschen und Bewegungen erleben in einem sich steigernden Bürgerkrieg der Staatsorgane gegen die eigenen Bürger Ausgrenzung, Entrechtung, Haft, Vertreibung oder Ermordung im eigenen Land. Zur Speerspitze der Gewalt werden Milizen wie SA und SS, die im März 1933 das erste Konzentrationslager in Dachau eröffnen; Ausflügler besichtigen es gern von außen und die Lokalzeitungen berichten mit Genugtuung, dass »Asoziale« endlich einmal weggesperrt seien und arbeiten müssten.

17 1929 als »Glaubensbewegung Deutscher Christen« in Thüringen gegründet, arbeiten sie bald deutschlandweit.

18 Richtlinien der Glaubensbewegung Deutscher Christen vom 26. Mai 1932.

Langsam melden sich erste Widersprüche gegen staatliche Eingriffe in Recht und Freiheit der Kirche – eine Herausforderung, auf die Niemöller und opponierende Christen antworten. Niemöllers Engagement gilt nicht den verfolgten Juden, von denen etwa eine halbe Million im damaligen Deutschland leben. Er beschränkt sich auf Christinnen und Christen jüdischer Abstammung, deren Zahl auf etwa 300.000 geschätzt wird. Sie sind plötzlich durch staatliche Gesetze Fremde im eigenen Land. Sie erfahren wie die Juden kaum helfende Solidarität.[19] Die Gleichberechtigung der Christen jüdischer Herkunft in der Kirche fordert Karl Barth, Niemöllers wichtiger Freund, im Juni 1933: »Die Gemeinschaft der zur Kirche Gehörigen wird nicht durch das Blut und also auch nicht durch die Rasse, sondern durch den Heiligen Geist und durch die Taufe bestimmt. Wenn die deutsche evangelische Kirche die Judenchristen ausschließen oder als Christen zweiter Klasse behandeln würde, würde sie aufgehört haben, christliche Kirche zu sein«.[20]

Im Herbst 1933 lehnt Niemöller mit seinem Thesenpapier »Sätze zur Arierfrage in der Kirche«[21] eindeutig die NS-Judenpolitik ab. Bemerkenswert ist, dass er nicht, wie alle, von der »Judenfrage«, sondern von einer »*Arierfrage*« spricht, also vom Problem der »arischen« Mehrheit mit einer deutschen

19 Vgl. Ursula Büttner, Martin Greschat, Die verlassenen Kinder der Kirche. Der Umgang mit Christen jüdischer Herkunft im »Dritten Reich«, Göttingen 1998; Leonore Siegele-Wenschkewitz, Die Judenfrage im Leben Martin Niemöllers. In: Ursula Büttner (Hg.), Die Deutschen und die Judenverfolgung im »Dritten Reich«, Hamburg 1992; Wolfgang Gerlach, Zwischen Kreuz und Davidstern. Bekennende Kirche in ihrer Stellung zum Judentum im »Dritten Reich«, Hamburg 1972. Dies wurde erst spät aufgearbeitet. Exemplarisch: H. Daume, H. Düringer u. a. (Hgg.), Getauft, ausgestoßen – und vergessen? Zum Umgang der evangelischen Kirche in Hessen mit den Christen jüdischer Herkunft, Hanau 2013. Dort weitere Literatur.

20 Karl Barth, Theologische Existenz heute, München 1933, S. 24f.

21 Siehe S. 7-10 im vorliegenden Band.

Minderheit.[22] Er überlegt, unter Bezug auf Paulus, von kirchlichen Amtsträgern jüdischer Herkunft »*Zurückhaltung*« in ihrer Arbeit zu erwarten.[23] Zugleich betont er aber die bleibende, göttliche Berufung des jüdischen Volkes unter Berufung auf Paulus (Rö 11,25 f.). Er formuliert klar, dass durch staatliche Vorgaben die Christen jüdischer Herkunft nicht aus der »Gemeinschaft der Heiligen«, also der Kirche, wie es im apostolischen Glaubensbekenntnis heißt, ausgeschlossen werden dürften. Es wird »gegen unseren Willen [...] hier eine grundsätzliche Stellungnahme von uns gefordert [...], ob uns das angenehm ist oder nicht.« Erst nach der Schoa beginnt die Aufarbeitung christlicher Antijudaismen, die den Boden des Judenhasses zu bereiten halfen.

Niemöller erwähnt die Gutachten von zwei theologischen Fakultäten, Erlangen und Marburg. Marburgs Gutachten bestimmt seine Position. Der Kirchenhistoriker Hans v. Soden und der Neutestamentler Rudolf Bultmann[24] sind die Autoren. Sie begründen ausführlich, »Rasse und Volkstum« seien keine »Gegebenheiten«, die die Mitgliedschaft oder die »Rechte in der Gemeinde« begründen oder ausschließen. »Sonderrechte« könne es nicht geben. Nehme man das Gutachten ernst, seien »politische oder kirchenpolitische Fesselungen kirchlicher Verkündigung ebenso wie eine Beschränkung der Rechte nichtarischer Christen in der Kirche damit unvereinbar.«

22 Martin Luther King jr. bezeichnet in seinem Kampf für Freiheit und Recht der Farbigen die so genannte »Negro Question« als das Problem der weißen Mehrheit. Ist nicht auch die so genannte »Flüchtlingskrise« das Problem der sie verursachenden oder hinnehmenden Mehrheit?

23 Paulus hatte (nach 1. Kor 8), obwohl er von jedem Götzenglauben frei war, darauf verzichtet, Fleisch von heidnischen Opferaltären, das billig zu haben war, zu essen – »um der Schwachen willen«.

24 Bei ihm und dem damals in Marburg lehrenden Martin Heidegger hatten Hannah Arendt und Hans Jonas ihre wissenschaftlichen Laufbahnen begonnen.

Die Erlanger Fakultät erklärt gegensätzlich durch die Professoren Paul Althaus und Werner Elert: »Die allen Christen gemeinsame Gotteskindschaft hebt die biologischen und gesellschaftlichen Unterschiede nicht auf.« Die »Geistlichen und Amtsträger jüdischer oder halbjüdischer Abstammung« seien zu entlassen, wie es die bereits von den Deutschen Christen besetzte »Generalsynode der Evangelischen Kirche der altpreußischen Union« am 6.9.1933 beschlossen habe. Allerdings bedürfe die Entlassung »einer besonderen Begründung.«[25]

Die Risse in der protestantischen Kirche werden deutlich. Manche schauen mit Neid auf die Lehreinheit der katholischen Kirche. Mit ihr schließt Hitler am 20. Juli 1933 ein Konkordat, das an dieser Front Ruhe verspricht. Unterzeichnet hatte es der spätere Papst Pius XII. als Nuntius in Berlin.[26] Den Protestantismus zusammenzuführen versucht eine von verschiedenen Gruppen rasch entworfene Kirchen-Ordnung. Die Landeskirchen wählen im Mai 1933 den angesehenen Friedrich von Bodelschwingh (Bethel) zum Reichsbischof, der schon im Juni nach einer deutschlandweiten Diffamierungskampagne gegen seine Person und seine Vermittlungsarbeit zurücktritt. Niemöller wird sein Mitarbeiter. In Preußen werden der Marinepfarrer Ludwig Müller, Hitlers Kirchenreferent, als Leiter der Altpreußischen Kirche und schließlich der Wiesbadener Jurist August Jäger als Kirchenkommissar vom Kultusminister eingesetzt.

Gegen die evangelischen Kirchen geht Hitler anders als gegen die katholische vor. Sie sollen ihre Leitung selber wählen. Ohne Respekt vor dem Recht der Kirche ordnet er für

25 Beide Texte sind abgedruckt in Ulrich Schwemer (Hg.), Christen und Juden, Dokumente einer Annäherung, Gütersloh 1991, S. 49-62.

26 Die Straße an Niemöllers Pfarrhaus heißt später Pacelli-Allee, nach Pius XII., der als Nuntius in Berlin Pacelli hieß. Eine Namensgebung nach Niemöller lehnte die Stadt Berlin ab.

den 23. Juli 1933 Kirchenwahlen an. Er selbst hält am Vorabend im Rundfunk eine Wahlrede zugunsten der Deutschen Christen. Alle nationalsozialistischen Organisationen werden am Wahlsonntag in die Kirchengemeinden zur Wahl kommandiert. Das gewünschte Ergebnis kommt zustande, die Deutschen Christen gewinnen zwei Drittel der Sitze, nur in Westfalen und in Dahlem erringt die »Jungreformatorische Bewegung« als ihr Gegenpart Mehrheiten in den Kirchenvorständen und Synoden. Unter Protest verlassen Niemöller und eine Minderheit die mit braunen Uniformen besetzte altpreußische »Braune Synode«, als der Arierparagraph beschlossen wird.

Die Opposition gibt sich nicht geschlagen. Gegen die von der Staatsideologie des Judenhasses infizierte Theologie und Kirche wehrt sich der aus verschiedenen Initiativen entstandene Pfarrernotbund. Er entsteht noch im September 1933. Er wird u.a. zusammen mit Dietrich Bonhoeffer, Gerhard Jacobi und dem »nichtarischen« Kollegen Franz Hildebrandt im Pfarrhaus Niemöllers gegründet. Die Hildebrandt von der Kirchenleitung verweigerte Pfarrstelle bietet ihm Niemöller in Dahlem bis zu dessen Emigration an. Nach den ersten Verhaftungen gibt es in Dahlem öffentliche und regelmäßige Fürbittgottesdienste für Verhaftete und ihre Familien. Es folgt im November die erste Durchsuchung im Haus Niemöller.

Der Pfarrernotbund unter seinem Vorsitzenden Martin Niemöller ruft im Oktober 1933 zu einer Selbstverpflichtung auf. Die rasch gewonnenen Unterzeichner dieser »Roten Karte« versprechen, für ein freies und selbstbestimmtes Gemeindesein und gegen Eingriffe des Staates in Recht und Freiheit der Kirche einzutreten:

> 1. Ich verpflichte mich, mein Amt als Diener des Wortes auszurichten allein in der Bindung an die Heilige Schrift und an die Bekenntnisse der Reformation als die rechte

Auslegung der Heiligen Schrift, 2. Ich verpflichte mich, gegen die Verletzung solchen Bekenntnisstandes mit rückhaltlosem Einsatz zu protestieren. 3. Ich weiß mich nach bestem Vermögen verantwortlich für die, die um solchen Bekenntnisstandes willen verfolgt werden. 4. In solcher Verpflichtung bezeuge ich, daß eine Verletzung des Bekenntnisstandes mit der Anwendung des Arierparagraphen im Raum der Kirche Christi geschaffen ist.[27]

Bis zum Jahresende 1933 unterschreiben etwa 7.000 der 18.000 evangelischen Pfarrer in Deutschland, dazu später ungezählte Gemeindemitglieder. Die Zahlen halten sich bis zum Kriegsende. Aber sie sind keine politisch entscheidende Kraft, die den hoch militarisierten, von Denunziantenpraxis sowie (bis Stalingrad) von der Bevölkerungsmehrheit getragenen NS-Staat ernsthaft ins Wanken bringen konnte. Die Verfolgung der Juden und der Opposition, der Roma und Sinti und Homosexuellen findet – bis auf die keineswegs zu vergessende Zivilcourage Einzelner und kleiner Gruppen – keinen offiziellen kirchlichen Widerspruch. Eine Ausnahme ist die »Euthanasieaktion«. Der Einspruch einiger evangelischer und katholischer Kirchenführer und Laien bewirkt, dass nach der Ermordung von über 200.000 Kranken die Aktion teilweise eingestellt wird.

Die Selbstverpflichtung auf der »Roten Karte« ist ein innerkirchliches Bekenntnis. Die Verpflichtung auf die ganze »Heiligen Schrift« stimmt implizit auch gegen die politische Diffamierung des Alten Testaments als »Judenbuch«. Es war und ist die Bibel der jüdischen Gemeinden. Dieses war auch die einzige Bibel, in der Jesus und die Autoren des später entstandenen Neuen Testamentes Begründung und Inhalt ihrer

27 Vgl. Hans-Walter Krumwiede, Martin Greschat, Manfred Jacobs, Andreas Lindt, Kirchen- und Theologiegeschichte in Quellen. Bd. IV/2, Neuzeit, Neukirchen 1980, S. 129.

Botschaft finden. Als größter Teil der christlichen Bibel gehört es zu den Grundlagen der reformatorischen Bekenntnisschriften.

Eine Kundgebung der Deutschen Christen im Berliner Sportpalast zum Geburtstag und zur »Völkischen Sendung« Luthers im November 1933 fordert, dass »judenblütige Menschen« weder auf noch unter die Kanzel gehören, Liturgien und Bekenntnisse seien von allem Jüdischen zu reinigen und das Alte Testament mit seiner »jüdischen Lohnmoral«, seinen »Viehhändler- und Zuhältergeschichten« endlich abzuschaffen. In Predigten und Vorträgen, z. B. zum Reformationsfest 1935, hält Niemöller dagegen an der jüdischen Bibel fest.

Überall werden »Bekenntnisse« und »Treuegelöbnisse« zum »Führer« oder zu »Volk und Rasse« gefordert – und geliefert. Ein völkisch geordnetes Geschichtsbild setzt zum 450. Geburtstag einen »deutschen Luther« an den Anfang einer Linie, die über Friedrich den Großen und Bismarck zu Hitler führt. In einer Reformationspredigt 1935[28] erläutert Niemöller die Sache, um die es Luther geht: Die den Menschen geschenkte und zu praktizierende Gerechtigkeit Gottes ohne *Vor*leistung von Werken. Niemöller sieht die »große Versuchung«, Luther als »religiös-christlichen Held, Typus des kirchlichen Führers« zu sehen, weil »Luther [...] als Deutscher näher [ist] als der jüdische Rabbi von Nazareth«. Noch einmal bekennt er sich »mit dem Juden Paulus und dem Deutschen Luther« zur Gerechtigkeit Gottes und zu »Christus allein!«

Niemöller wird nicht müde, in Predigten und Vorträgen darauf hinzuweisen, dass Jesus, seine Jünger und die Autoren des Neuen Testamentes Juden waren. Im politischen Kontext der Zeit wird eine historisch und theologisch korrekte Selbstverständlichkeit zu einer politischen Aussage.

28 Siehe S. 11-17 im vorliegenden Band.

Einschüchternd beeindruckt der »nationale Aufbruch« das deutsche Volk durch die später mit Krieg und europaweiter Zerstörung zu bezahlende Hochrüstung, die die Arbeitslosigkeit für »Arier« beseitigt. Arbeitsplätze entlassener Juden sind zu haben. Viele sehen gern, dass man die »Schande« des Versailler Vertrags von 1919 und das »Parteien-System« beseitigen will. Auch Niemöller gratuliert Hitler mit einem Glückwunschtelegramm am 15. Oktober 1933 im Namen des Pfarrernotbundes zum Austritt aus dem Völkerbund. Und doch lässt die Stimme der protestantischen Opposition sich nicht ganz unterkriegen. Sie hat eine öffentlich erkennbare Struktur, auch als sie sich als Bekennende Kirche (BK) aufstellt. Sie wählt sich einen »Reichsbruderrat« aus 22 Personen als Leitung; entsprechende »Landesbruderräte« folgen. Niemöller wird bis zum Kriegsende immer wieder als der Vorsitzende dieser antihierarchisch entworfenen Räte neu gewählt.

An dieser Stelle ist ein kurzer Blick auf Niemöllers Mitstreiter Dietrich Bonhoeffer angebracht. Bonhoeffer hält im April 1933 vor einem kleinen Kreis von Pfarrern einen Vortrag »Die Kirche vor der Judenfrage«.[29] Einige Zuhörer verlassen türenschlagend den Raum. Obwohl auch Bonhoeffer sagt, die Kirche könne »primär nicht unmittelbar politisch handeln«, nennt er eine »dreifache Möglichkeit kirchlichen Handelns«. 1. Die Kirche habe den Staat »nach dem legitim staatlichen Charakter seines Handelns« zu fragen, d. h. ihn »verantwortlich« zu machen. 2. Die Kirche sei den »Opfern des Staatshandelns in unbedingter Weise verpflichtet, auch wenn sie nicht der christlichen Gemeinde zugehören.« 3. Sie habe »nicht nur die Opfer unter dem Rad zu verbinden, sondern dem Rad selbst in die Speichen zu fallen.« Die Frage nach der Legitimität ist notwendig, weil der NS-Staat belie-

29 Dietrich Bonhoeffer, Gesammelte Schriften, hg. von Eberhard Bethge, Bd. II, München 1959, S. 44-53.

big durch viele Erlasse, Gesetze und Befehle »Legalität« herstellt. Er schafft – nach einem Wort des entlassenen Strafrechtslehrers Gustav Radbruch, einem Lehrer von Friedrich Justus Perels[30] – »Gesetzliches Unrecht«.[31] Für Bonhoeffer *reicht* theoretisch und praktisch die christliche Verantwortung politisch über die Grenzen der Kirche hinaus, bei Niemöller *wirkt* sie politisch darüber hinaus.

Niemöller nimmt zur Verantwortung der Kirche gegenüber dem Staat Stellung, als er, der einzige Gemeindepfarrer, am 25. Januar 1934 an einer Besprechung von Kirchenführern mit Hitler in der Reichskanzlei teilnimmt. Es sollte um die Abberufung des auf der Reichssynode in Wittenberg eingesetzten Reichsbischofs Ludwig Müller gehen. Hermann Göring stürzt mit dramatischer Geste in den Raum und liest ein z. T. gefälschtes Zitat aus einem abgehörten Telefongespräch Niemöllers vor. Dieses soll den Eindruck erwecken, man wolle den alten Reichspräsidenten Hindenburg gegen den »Führer« in Stellung bringen und die am »Tag von Potsdam« in der Garnisonkirche inszenierte Einheit der deutschen Staatsspitze spalten. Beim Abschied sagt Niemöller zu Hitler: »Sie haben gesagt: Die Sorge für das deutsche Volk überlassen Sie mir. Dazu muß ich erklären, daß weder Sie noch sonst eine Macht in der Welt in der Lage sind, uns als Christen die uns von Gott auferlegte Verantwortung für unser Volk abzunehmen.«[32] Die Kirchenführer schweigen, von einem solchen Widerspruch peinlich berührt. Hitlers Ent-

30 Vgl. die Biographie des im April 1945 ermordeten Widerstandskämpfers von Matthias Schreiber, Friedrich Justus Perels. Ein Weg im Rechtskampf der Bekennenden Kirche in den politischen Widerstand, München 1989.

31 Gustav Radbruch, Gesetzliches Unrecht und übergesetzliches Recht (1946). In: Gustav Radbruch, Der Mensch im Recht, Göttingen, 2. Aufl. 1961, S. 111 ff.

32 Vgl. Matthias Schreiber, Martin Niemöller, Reinbek bei Hamburg 1997, S. 65.

scheidung, Niemöller als seinen »persönlichen Gefangenen« aus der Öffentlichkeit zu entfernen und später in ein Konzentrationslager einzuweisen, hängt mit diesem niemals vergessenen Widerspruch Niemöllers gegen den »Führer« zusammen. »Der Pfaffe soll sitzen, bis er schwarz wird.«[33] So tobt Hitler gegen Niemöller und die Richter, die 1938 Niemöller »nur« zu sieben Monaten Festungshaft verurteilen. Festungshaft war eine Art Ehrenhaft.

Das Jahr 1934 bringt mit der frei gewählten Synode aus Repräsentanten des deutschen Protestantismus in Barmen die eigentliche Geburtsstunde der Bekennenden Kirche. Ihre »Theologische Erklärung der gegenwärtigen Lage der Deutschen Evangelischen Kirche« legt eine geistige und praktische Klärung ihres Weges vor. Sie wirkt z. B. bis in die Staat-Kirche-Konflikte Südafrikas oder Südindiens.

Eine Reihe von *freien* Synoden, Kirchentagen und Gemeindekreisen hatten diese Bekenntnissynode vorbereitet. »Frei« heißt: frei von den fast in allen Landeskirchen und in den meisten Kirchenvorständen herrschenden Deutschen Christen, frei von den traditionellen Konfessionsgrenzen und Hierarchien, frei von mitmenschlichen Ausgrenzungen sowie sehr langsam frei *werdend* vom traditionellen Bild einer dem Staat symbiotisch verbundenen, ja untergeordneten Kirche.

Die »Bekenntnissynode der Deutschen Evangelischen Kirche« tritt vom 29. bis 31. Mai 1934 zusammen. Sie nennt mit dem Namen Jesus Christus unzweideutig ihre Autorität, der allein sie verpflichtet ist. Sie beansprucht, Kirche zu sein. »Bekennen« bedeutet nicht, überlieferte Bekenntnisse zu wiederholen, sondern in Wort und Tat zu vertreten, was heute gefordert ist.

33 Ebd., S. 83f: aus Hans Bernd Gisevius, Bis zum bitteren Ende, Zürich 1954, S. 305f.

Jede der sechs »evangelischen Wahrheiten« wird mit einem biblischen Zitat eingeleitet, allerdings nur aus dem Neuen Testament. Man bekennt: Es gilt nur »das *eine* Wort Gottes«, allein in Jesus Christus verkörpert und in der »heiligen Schrift bezeugt.« Ihm habe man »im Leben und im Sterben zu vertrauen und zu gehorchen.« Mit dieser letztlich im Ersten Gebot und in Jesus verankerten christlichen Orientierungsquelle »verwerfen wir die falsche Lehre«, man müsste daneben »noch andere Ereignisse und Mächte, Gestalten und Wahrheiten als Gottes Offenbarung anerkennen.« Verworfen wird die herrschende Auffassung, »als gebe es Bereiche unsers Lebens, in denen wir nicht Jesus Christus, sondern anderen Herren zu eigen wären.« Verworfen wird eine bedingungslose Unterwerfung unter jene Mächte und Wahrheiten, die sprachregelnd und strafend z. B. mit Begriffen von »Deutschlands großer Stunde 1933«, »Heil Hitler« »Führer«, »Rasse«, »Volk« und »Blut und Boden« Medien und öffentliche Stimmung beherrschen.

Die sechs Thesen der Barmer »Theologischen Erklärung« hatte im Wesentlichen der in Bonn lehrende Schweizer Theologe Karl Barth formuliert. 1935 wird er in die Schweiz abgeschoben, weil er den Beamteneid auf den »Führer« verweigert hatte. In seiner Rede zur Beratung und Beschlussfassung vermeidet der Sprecher der Bekennenden Kirche, Hans Asmussen, jeden direkten Angriff auf Partei und Staat. Verworfen wird »nur« eine »falsche Lehre«. Von den lebensbedrohlich verfolgten Juden ist keine Rede.[34]

34 Karl Barth benennt dieses Defizit in einem Briefwechsel mit Eberhard Bethge; vgl. Stimme der Gemeinde, Heft 24/1972. Zur Barmen-Interpretation: Wilhelm Hüffmeier und Martin Stöhr (Hgg.), Barmer Theologische Erklärung 1934-84. Geschichte – Wirkung – Defizite. Bielefeld 1984. Hubert G. Locke (Hg.), The Barmen Confession, New York/Toronto 1987.

Weitere Thesen lehnen die Auffassung ab, die Kirche solle sich »dem Wechsel der jeweils herrschenden weltanschaulichen und politischen Überzeugungen« anpassen. Sie dürfe sich vielmehr keine »mit Herrschaftsbefugnissen ausgestatteten Führer geben und geben lassen«. These 5 nennt als Ziele des staatlichen Handelns, nach »göttlicher Anordnung [...] für Recht und Frieden zu sorgen«, auch »unter Androhung und Ausübung von Gewalt«. Es wird an »Gottes Reich, Gottes Gebot und Gerechtigkeit« erinnert und »damit an die Verantwortung der Regierenden und Regierten«. Aber die meisten »Regierten« hatten ihre Verantwortung für Recht, Frieden und Gerechtigkeit längst an die »Regierenden« abgetreten. Jedoch verstehen Partei und Staat die sich aufbauende unpolitische Frontstellung sehr wohl als politische Opposition. Schikanen und Rechtsbrüche, Verhaftungen und Entlassungen sind vor und nach der Barmer Erklärung bittere Wirklichkeit.

Auf Barmen folgt im Herbst 1934 die zweite Bekenntnissynode in Dahlem. Sie beschließt, dass die Bekennende Kirche sich als Kirche organisiert. Sie bildet eigene Ausbildungsstrukturen, z.B. in Berlin eine von der Bekennenden Kirche getragene »Kirchliche Hochschule«, mehrere Prediger-Seminare, wie das von Dietrich Bonhoeffer geleitete in Pommern oder das von Helmut Gollwitzer in Thüringen. Beide löst die Gestapo vor Kriegsbeginn, wie alle anderen, auf. Es entstehen eigene theologische Prüfungsausschüsse, weil die von Deutschen Christen geführten Kirchenleitungen Studenten und Vikaren der Bekennenden Kirche keine Stellen geben. Für diese Arbeit wird ein Finanzsystem aufgebaut, indem die an der Bekennenden Kirche orientierten Gemeinden das Recht wahrnehmen, Kollekten zu sammeln. Es gilt, entlassenen oder verhafteten Pfarrern und ihren Familien minimale Bezüge zu sichern. Für den Staat ist dies alles illegal.

Im Olympia-Jahr 1936 veröffentlicht die Bekennende Kirche am 4. Juni eine eindeutige Stellungnahme.[35] Als sich sowohl In- als auch Ausländer von der Propagandaschau verzaubern lassen, überreicht die Bekennende Kirche in der Reichskanzlei einen Brief an Hitler, der auch Niemöllers Unterschrift trägt. Gekürzt und entschärft wird er als Kanzelabkündigung verlesen. Von den Pfarrern der Bekennenden Kirche, die den Brief verlesen, werden viele verhaftet. In dem Brief an Hitler heißt es eindeutig: »Wenn hier Blut, Volkstum, Rasse und Ehre den Rang von Ewigkeitswerten erhalten, wird der evangelische Christ durch das *erste Gebot* gezwungen, diese Bewertung abzulehnen. Wenn der arische Mensch verherrlicht wird, so bezeugt Gottes Wort die Sündhaftigkeit aller Menschen; wenn dem Christen im Rahmen der nationalsozialistischen Weltanschauung ein Antisemitismus aufgedrängt wird, der zum Judenhass verpflichtet, so steht für ihn dagegen das Gebot der Nächstenliebe.« An anderer Stelle wird von der »schweren Gewissensbelastung« gesprochen, die in »der Tatsache« besteht, »dass es in Deutschland, das sich selbst als Rechtsstaat versteht, immer noch Konzentrationslager gibt und dass die Maßnahmen der Geheimen Staatspolizei jeder richterlichen Nachprüfung entzogen sind.« Die Sorge über eine manipulierende Kinder- und Jugenderziehung wird ebenso wenig verschwiegen wie die Kritik an der Wahl zum Reichstag am 29. März 1936, die 99 % Zustimmung zu Hitlers Politik brachte. Kritisiert wird die »Verehrung«, die Hitler »in einer Form entgegengebracht wird, wie sie allein Gott zukommt.« 28 Anlagen belegen jede Kritik mit Dokumenten.

35 Entstehung und Texte dieser Denkschrift sind ausführlich dargestellt in: Martin Greschat (Hg.), Zwischen Widerspruch und Widerstand. Texte zur Denkschrift der Bekennenden Kirche an Hitler (1936), München 1987; epd-Dokumentation 25/2016: 80 Jahre NS-kritische Denkschrift der Bekennenden Kirche von 1936.

Der Brief erscheint rasch in ausländischen Zeitungen. Es gibt gute Gründe, anzunehmen, dass der von Hitler nie beantwortete Brief aus seiner Umgebung an ausländische Medien gegeben wurde, um Gründe zu haben, die »Staatsfeinde« der Bekennenden Kirche zu verfolgen.[36] Der Justitiar der Bekennenden Kirche, Dr. Friedrich Weißler, ein Mitverfasser des Briefes, gerät in den unbegründeten Verdacht, der ausländischen Presse den Brief zugespielt zu haben. Wegen seiner jüdischen Abstammung ist der 1933 entlassene Landgerichtsrat gefährdet. Doch die Bekennende Kirche entlässt ihren Mitchristen. Er wird ins KZ Sachsenhausen verschleppt und dort zu Tode gefoltert. Sein Nachfolger als Justitiar der Bekennenden Kirche, Friedrich Justus Perels, besucht ihn im Gefängnis; Perels wird kurz vor Kriegsende mit anderen Widerstandskämpfern ermordet.

Zwei Defizite werden in den ersten Jahren deutlich: Eine breite Strömung im Protestantismus lehnt eine christlich begründete, konkrete Einmischung in die Politik noch immer ab. Ebenso wird eine Verantwortung für alle, auch für die nicht zur Kirche gehörenden Opfer des staatlichen Handelns mehrheitlich nicht gesehen.

Helfende Solidarität mit Juden und Christen mit jüdischen Vorfahren bleibt die Sache tapferer Einzelner und kleiner Gruppen. Dazu gehört auch das von der Bekennenden Kircher eingerichtete »Büro Grüber«, das mit 28 Filialen in deutschen Städten Hilfe zur Rettung von Christen jüdischer Abstammung und von Juden organisiert, bis ihr Leiter Propst Grüber ins KZ kommt und sein Nachfolger Werner Sylten ermordet wird.

36 Greschat, Zwischen Widerspruch, siehe Anm. 37, S. 171f.

IV. Die Verhaftung eines freien Menschen

Niemöller wird am 1. Juli 1937 verhaftet und mit der Häftlingsnummer 1325 ins Untersuchungsgefängnis Moabit überführt. Als Gründe werden, auch im Prozess, »Kanzelmißbrauch« und »staatsfeindliche Hetze« genannt. Niemöller nennt in seinen Predigten und Vorträgen die Namen von Verhafteten ebenso wie die von NS-Größen, Hitler eingeschlossen, dem er Wortbruch vorwirft. Es gilt: »Die stumme Kirche, die nicht mehr sagt, *wozu* sie da ist, verleugnet sich selbst. [...] ich *muß* heute noch mal so reden, vielleicht kann ich es am nächsten Sonntag nicht mehr«.[37]

Zum Zeitpunkt seiner Verhaftung laufen noch 40 Strafverfahren gegen ihn, auch wegen landesverräterischer Kontakte zur Auslandspresse. Viele Synoden und Pfarrkonvente verlangen wie Tausende von Einzelpersonen Niemöllers Freilassung. Ihn erreichen in Moabit unzählige Solidaritätsbriefe. Der Prozess beginnt am 7. Februar 1938. Seine Verteidiger, die Anwälte Willy Hahn, Horst Holstein und Hans Koch, hatten sich schon in Prozessen gegen Bekenntnispfarrer bewährt.[38] Der Justitiar der Bekennenden Kirche, Friedrich Justus Perels, ist ein entscheidender Ratgeber. Unter den aufgebotenen Zeugen befinden sich Dahlemer Gottesdienstbesucher wie Staatssekretär von Bismarck, Botschafter a.D. von Kemnitz, Botschafter von Hassell, Min.-Rat Brandenburg, Stadtrat Dr. Reinhard Müller, Hermann Görings Schwester Olga Rigele und andere. Für Niemöller sprechen außerdem Professor Ferdinand Sauerbruch, die Generäle Freiherr von Hammerstein-Equord, von Watter, die Admirale Lützow und Otto Schultze. Juristische Gutachten zu Niemöllers Einstellung zum Staat geben die Strafrechtler Erik

37 Siehe S. 26 im vorliegenden Band.
38 Zum Prozess: Wilhelm Niemöller, Macht geht vor Recht. Der Prozeß Martin Niemöllers, München 1952.

Wolf und Alexander Graf zu Dohna ab. 900 Dahlemer Gemeindeglieder hatten gegen die Verhaftung ihres Pfarrers schriftlich protestiert. Die Gestapo unterschlägt – auch dem Justizminister Gürtner – diese Tatsache, die die tüchtige Verteidigung in die Verhandlung einbringt.[39] Als dürftige Zeugen bleiben der Staatsanwaltschaft jene Beamten, die Niemöllers Predigten abhörten und die er manchmal direkt ansprach. Einer meldet von Niemöllers Predigt am 30. Januar 1937: »Es war eine Schande, daß am Tage der nationalen Erhebung, da, wo jeder Deutsche mit Genugtuung und Stolz die Rede des Führers hört, dieser Pastor N. sich erlaubt, Gifte der Zersetzung und Gemeinheiten zu spritzen.«[40]

Niemöller habe weder gegen das Heimtückegesetz verstoßen noch Hoch- und Landesverrat verübt, stellt das Gericht fest. Es verurteilt am 2. März 1938 den ehemaligen Offizier zu sieben Monaten Festungshaft, eine Art »Ehrenhaft«, verbüßt durch die Untersuchungshaft. »Es gibt noch Richter in Berlin« melden die *Basler Nachrichten*. Während vor dem Gericht eine erfreute Menge den Freigelassenen erwartet, verschleppt von der Rückseite die Gestapo Hitlers »persönlichen Gefangenen« ins KZ Sachsenhausen und in strikte Einzelhaft. Der inhaltlich wie organisatorisch inspirierende Motor der protestantischen Opposition leidet unter der Isolation. Ein auf totale Anpassung, Unterwerfung und Kontrolle angelegtes System duldet keine Opposition.

Die Aktion des NS-»Maßnahmenstaats«[41] wird rasch bekannt. In der Schweiz erscheint eine erste Biographie, der in Europa sowie im englischen Sprachraum weitere Biographien und Predigtsammlungen folgen. Sie erscheinen bis 1941 in dänischen, englischen, holländischen, italienischen, norwegischen, schwedischen Übersetzungen. Niemöller re-

39 Ebd., S. 83.
40 Ebd., S. 68.
41 So Ernst Fraenkel, Der Doppelstaat (1941), Frankfurt a.M. 1974, S. 26.

präsentiert für viele im Ausland und im Inland den Widerstand gegen das NS-Regime. Schon 1936 erhält er in den USA den ersten Ehrendoktorhut.

Für Gefangene ist öffentliche, grenzüberschreitende Aufmerksamkeit überlebenswichtig. Philip Potter, der spätere Generalsekretär des Ökumenischen Rates der Kirchen (ÖRK) erinnert sich an seine Jugendzeit in Jamaika, wo er durch die regelmäßigen Fürbitten für den Verhafteten in seiner Gemeinde den Namen Niemöller erstmals hört.[42] Der norwegische Bischof Eivind Berggrav schildert den hohen Bekanntheitsgrad Niemöllers in Norwegen, als Heinrich Himmler ihn aufsucht. Himmler will ihn und die lutherische Kirche zum Abbruch des gewaltfreien Widerstandes gegen die deutsche Besatzung unter Ministerpräsidenten Vidkun Quisling bewegen. Himmler erklärt jovial, man wolle »keine Märtyrer machen, das ist veraltet. Wir haben besser geeignete Mittel: das Dunkel der Vergessenheit. Sehen Sie mal den Niemöller, niemand spricht mehr von ihm; er ist vergessen.« Berggrav widerspricht, viele Norweger fragten ständig nach Niemöller.[43] Die Kirchengemeinden sind ein Netz, das über den Widerstand gegen das NS-Regime informiert und den Opfern hilft. D. T. Niles, später führender Mitarbeiter im ÖRK schreibt aus Ceylon: »Uns jungen Christen war sein Name ein Begriff [...] als ein Symbol für die Freiheit des christlichen Gewissens inmitten jeglicher Form weltlicher Unterdrückung.«[44]

42 Philip Potter, Das prophetische Zeugnis der Kirche für Frieden und Gerechtigkeit. In: Martin Stöhr (Hg.), Das Erbe der Bekennenden Kirche, Frankfurt a.M. 1983, S. 48f.

43 Eivind Berggrav in: Joachim Beckmann, Herbert Mochalski (Hgg.), Bekennende Kirche. Martin Niemöller zum 60. Geburtstag, München 1952, S. 212.

44 Krüger, Bis ans Ende der Welt, wie Anm. 9, S. 79.

Niemöller trägt das rote Stoff-Dreieck der politischen Häftlinge, Besuche der Familie und Post sind dosiert und unter Aufsicht möglich. Hitlers persönlichen Gefangenen zu foltern, erlaubt sich die KZ-Leitung nicht, sieht sogar bessere Essensrationen vor. Man weiß nicht, was der »Führer« plant. Niemöller aber bekommt die Schläge und Schreie der Gefolterten und Gehängten vor seiner Zelle mit. Was wird aus ihm werden? Freunde und Verwandte raten ihm nach mehr als zwei Jahren Einzelhaft, freiwillig Soldat zu werden. Nach dem Kriegsanfang 1939 meldet er sich bei Admiral Raeder zur Marine, er hofft, endlich freizukommen. Er schätzt diesen Wehrmachtsteil »sauberer« ein als die übrige Wehrmacht. Vielleicht erinnert Niemöller sich auch an seine alten Kameraden, Wilhelm Canaris und Karl Dönitz? Der eine ist einer der führenden Köpfe der Verschwörung gegen Hitler in der Abwehr. Er wird nach dem Scheitern des Attentats vom 20. Juli 1944 hingerichtet. Der andere, hitlertreu, residiert ein paar Tage im Mai 1945 als Hitlers Nachfolger mit seiner »geschäftsführenden Reichsregierung« in Flensburg-Mürwik, wo auch Niemöller ausgebildet wurde. Niemöllers Antrag wird abgelehnt. Sicher hatte der einsame Häftling ein Bündel von verständlichen Motiven und falschen Einschätzungen.

Bittere Enttäuschung packt ihn, wenn er über die Situation seiner Bekennenden Kirche nachdenkt – Spaltung, Müdigkeit und unklare Positionen. Wäre sein Platz besser in der katholischen Kirche mit ihrer einheitlichen Leitung? Seine Frau und Freunde sind besorgt. Gestapostellen wittern die Chance, ihn und die Bekennende Kirche empfindlich zu schlagen. Da es im KZ Dachau einen so genannten Priesterblock gibt, wo vor allem katholische Pfarrer aus Deutschland und den besetzten Gebieten inhaftiert sind, verlegt man ihn im Juli 1941 nach Dachau, in der Hoffnung, Niemöller würde zum Katholizismus konvertieren. Doch gerade in der Freundschaft mit katholischen Mithäftlingen lernt er, dass sie unter den menschlichen Unzulänglichkeiten ihrer Kirche genauso leiden wie die evangelischen.[45] Das anglikanische »Book of Common Prayer«, das katholische Brevier, Thomas' von Kempen »Nachfolge Christi« gehören neben Bibel und Gesangbuch zu seiner täglichen Lektüre. Wenn es zugelassen wird, liest er vor allem englische Romane. Depressionen sind ihm nicht fremd, die Gemeinschaft in Gottesdiensten fehlt ihm.

Weihnachten 1944 wird ein erster Gottesdienst erlaubt, in dem er predigt. Sechs Sonderhäftlinge, die bis dahin nicht mit ihm in Berührung kommen durften, bilden mit dem Prediger die Gemeinde: »ein holländischer Minister, zwei norwegische Reeder, ein englischer Oberst [...], ein jugoslawischer Diplomat und ein mazedonischer Journalist.«[46] National und konfessionell unterschiedlich und doch eine europäische Vereinigung des Widerstandes. Im April ist der erste Geschützdonner zu hören. Überlebende von Todesmärschen aus anderen Lagern kommen nach Dachau, dem Regime wichtige (als »Verhandlungsmasse« für einen Frieden mit den Westmächten?) Gefangene werden in die so genannte Alpenfestung nach Südtirol transportiert.[47] Die SS hat den Befehl, sie unterwegs zu erschießen. Ein Wehrmachtskommando greift ein, befreit sie und übergibt sie am 4. Mai 1945 den Amerikanern. Nach Hause darf Niemöller nicht. Er wird zu Verhören in verschiedene italienische Städte, schließlich nach Wiesbaden gebracht. Niemöller erzwingt am 17. Juni durch Hungerstreik, dass er endlich zu seiner Familie darf. Sein Pfarrhaus in Berlin ist zerstört. Otto Dibelius hat sich zum Bischof eingesetzt. Seine

45 Siehe S. 267 im vorliegenden Band.

46 Martin Niemöller, »... zu verkündigen ein gnädiges Jahr des Herrn!« Sechs Dachauer Predigten, München 1946, S. 3.

47 Hans-Günter Richardi, SS-Geiseln in der Alpenfestung. Die Verschleppung prominenter KZ-Häftlinge aus Deutschland nach Südtirol, Bozen, 2. Aufl. 2006.

Parole heißt: »Wir machen dort weiter, wo wir 1933 aufgehört haben.«[48] Was wird für Niemöller aus der ersehnten Freiheit?

V. Schulderkenntnis und Selbstkritik

Nach seiner Befreiung ist Niemöller so frei, eindeutig von seiner eigenen Schuld, von der der Kirche und der seines Volkes zu sprechen. Er beschreibt seine Schuld einmal so: Er besucht mit seiner Frau im Sommer 1945 Dachau. Er liest, was Überlebende geschrieben hatten: »Hier wurden in den Jahren 1933-1945 238.756 Menschen verbrannt«. Seine Frau wird ohnmächtig, ihn überkommt kalter Schauer: Diese Zahlen sind für ihn der »Steckbrief des lebendigen Gottes. [...] Mein Alibi reicht vom 1. Juli 1937 bis Mitte 1945.« Aber vorher, bis 1937? Er hat kein Alibi: »›Adam, wo bist du? Mensch, Martin Niemöller, wo bist du gewesen?‹«[49] Er habe »an der Versklavung meines Volkes durch Schweigen mitgearbeitet«.

Der polnische Historiker und langjährige Direktor der Gedenkstätte Maidanek, Tomasz Kranz,[50] nennt drei Zeugen für ein glaubwürdiges Schuldeingeständnis und für einen Neuanfang: 1945 Martin Niemöller, 1946 Karl Jaspers[51] und später (1967) das Ehepaar Mitscherlich.[52] Gleichzeitig stellt

48 Nach Jens Gundlach, Otto Dibelius und die Aufarbeitung des Nationalsozialismus. In: Sonja Begalke, Claudia Fröhlich, Stephan Alexander Glienke (Hgg.), Der halbierte Rechtsstaat. Demokratie und Recht in der frühen Bundesrepublik und die Integration von NS-Funktionseliten, Baden-Baden 2015, S. 265 ff.

49 Siehe S. 58 f. im vorliegenden Band.

50 Tomasz Kranz (Hg.), Das Verbrechen des Nationalsozialismus im Geschichtsbewusstsein und in der historischen Deutung in Deutschland und Polen, Lublin 1998.

51 Karl Jaspers, Die Schuldfrage. Von der politischen Haftung Deutschlands, Heidelberg 1946.

52 Alexander und Margarete Mitscherlich, Die Unfähigkeit zu trauern. Grundlagen kollektiven Verhaltens, München 1967.

Kranz fest, dass diese drei aufklärerischen Positionen in Deutschland auf eine Haltung stoßen, die Hans Joachim Iwand »organisierte Unbußfertigkeit« nennt. Es dauert Jahrzehnte, bis Fakultäten, Theater, Verwaltungen, Sportvereine, Firmen, Banken oder Medien ihr Versagen in der NS-Zeit aufarbeiten.

Dietrich Bonhoeffer hatte, vor seiner eigenen und während Niemöllers Haft, schon 1941 die Schulddebatte in der Bekennenden Kirche eröffnet. Ihn leiteten zwei Maßstäbe: die Zehn Gebote sowie die Nachfolge Christi. »Das Bekenntnis der Schuld geschieht *ohne Seitenblick* auf die Mitschuldigen [...] Die ganze Schuld der Welt fällt auf die Kirche.«[53] Nur ein klares Erkennen, Benennen und Bekennen der Schuld in der Öffentlichkeit eröffnet einen Neuanfang. Das sieht ein Aktivist der Bekennenden Kirche, Hans Asmussen, anders. Im Dezember 1942 schreibt er an Willem Visser 't Hooft, der in Genf den Aufbau des 1948 in Amsterdam endlich gegründeten ÖRK vorantreibt: Das »riesenhafte Schuldkonto lastet auf der *ganzen* Menschheit«, [...] die »Schuld des *anderen*« wird als »Mitbelastung« empfunden. Er verlangt, dass »Christen die Frage der Schuld so viel wie möglich der Welt entziehen, um sie vor Gott zu regeln.« Er will die politische Schuld aller *»priesterlich«* vor Gott gleichsam entweltlichen und nicht in die Öffentlichkeit bringen. Er fürchtet eine »Politisierung« der Kirche, der habe man doch »10 Jahre widerstanden«.[54] Er will keine vergiftende Kriegsschuld-Diskussion wie in den zwanziger Jahren. Aus Genf antwortet der Flüchtlingsbeauftragte, der Jurist Adolf Freudenberg. Er war 1934 als Diplomat aus dem Auswärtigen Amt ausgeschieden, wird

53 Dietrich Bonhoeffer, Ethik, in: Werke, Bd. 6, München 1992, S. 126f.

54 Der Brief ist abgedruckt in Martin Greschat (Hg.), Die Schuld der Kirche. Dokumente und Reflexionen zur Stuttgarter Schulderklärung vom 18./19. Oktober 1945, München 1982, S. 25f.

Mitglied in Niemöllers Dahlemer Gemeinde, studiert Theologie, muss 1938 emigrieren. Er widerspricht 1943 Hans Asmussen. Von der Schuld müsse *»hart und verständlich«* geredet werden. »Wir müssen die 10 Gebote buchstabieren, indem wir ganz deutlich von ihrer schamvollen Verlästerung sprechen und damit von der Verlästerung dessen, der sie zusammengefasst und erfüllt hat.« Man habe nach diesem »unverantwortlichen nationalen Imperialismus« »prophetisch«, d.h. kritisch und zukunftweisend dem Volk die Wahrheit zu sagen.[55]

Niemöller will seine Kirche, sein Volk und sich ehrlich machen, indem er die Schuld der Christen und Deutschen im Angesicht der Opfer klar benennt. Dazu hat er bald Gelegenheit. Am 28. August 1945 kommt es zu einem ersten Treffen evangelischer Kirchenführer nach dem Krieg in Treysa. Martin Niemöller nimmt als noch amtierender Vertreter des Reichsbruderrates der Bekennenden Kirche teil. Alle, auch Niemöller, verabschieden eine Erklärung, die das Unrecht z.B. der Konzentrationslager, der Ermordung der Juden und der Kranken sowie der Verführung der Jugend nennt. Auch wird der christliche Widerstand betont.

Sofort nach dieser Erklärung ergreift Niemöller das Wort. Nach Kriegsende sei mehr zu sagen.[56] Er verschweigt nicht das allgegenwärtige Nachkriegselend, fragt aber nach dessen Ursachen. Bevor von der »Schuld unseres Volkes und der Nazis« geredet werde, sei klarzustellen: »Die eigentliche Schuld liegt auf der Kirche; denn sie allein wußte, daß der eingeschlagene Weg ins Verderben führte, und sie hat unser Volk nicht gewarnt, sie hat das geschehene Unrecht nicht aufgedeckt oder erst, wenn es zu spät war. Und hier trägt die Bekennende Kirche ein besonders großes Maß von Schuld; denn sie

55 Ebd., S. 27f.
56 Siehe S. 41-46 (hier S. 42f.) und S. 59 im vorliegenden Band.

sah am klarsten, was vor sich ging und was sich entwickelte; sie hat sogar dazu gesprochen und ist dann doch müde geworden und hat sich vor den Menschen mehr gefürchtet als vor dem lebendigen Gott. […] Wir aber, die Kirche, haben an unsere Brust zu schlagen und zu bekennen: meine Schuld, meine Schuld, meine übergroße Schuld!« Die Nazis »finden schon ihre Kläger und Richter«. Nicht »wir« hätten sie anzuklagen,[57] sondern »uns selber […] und daraus die Folgen zu ziehen«.

Die Nazis meinten mit der Mehrheit ihrer Mitläufer und Anhänger, auf dem rechten Weg zu sein. Von Parteigenossen in Leitungsämtern der Kirche »müssen wir uns trennen«, denn sie gaben vielen Menschen das »gute christliche Gewissen, sich der Partei anzuschließen.« Dann nennt er Fehler der Kirche: Sie war keine Kirche, die kritisch ein »Wächteramt« ausübte. »Wir [waren] eine Behördenkirche«, darauf bedacht, »den Bestand zu wahren«.[58]

Niemöller erinnert an die im Kirchenkampf neu entdeckte biblische Maxime für politisches Handeln: »Man muss Gott mehr gehorchen als den Menschen« (Apg 5,29). Fromm oder säkular hatte aber ein *verkürzter* Text die politische Ethik geprägt: »Jedermann sei untertan der Obrigkeit, die Gewalt

57 Nationales Denken zeigt sich noch, als Niemöller sich im Mai 1948 mit den Bischöfen Meiser, Bender und Wüstemann bei General L. D. Clay über die Behandlung deutscher Militärs durch den Nürnberger Gerichtshof beschwert (vgl. Ernst Klee, Persilscheine und falsche Pässe, Wie die Kirchen den Nazis halfen, Frankfurt a.M. 1991, S. 64). Die Kirchenleitung der EKHN rät 1948 von der Beteiligung an Entnazifizierungsverfahren ab, nachdem Niemöller schon vorher dagegen Stellung bezogen hatte, da sie nur die »kleinen Leute« treffe. Trotzdem lehnt seine westfälische Heimatgemeinde Lotte 1982 eine Ehrenbürgerschaft ab – mit Verweis auf das Stuttgarter Schuldbekenntnis und Niemöllers Friedensengagement: »Wer sein Vaterland beschimpft, kann kein Ehrenbürger sein!« (FR 23.10.1982)

58 Siehe S. 42f. im vorliegenden Band.

über ihn hat« (Rö 13,1a). Die Ethik des Paulus von Recht und Gerechtigkeit, Liebe und Frieden bleibt dann ausgeblendet.

Niemöller redet 1945 in Treysa Klartext. Kirchenleute, die mit den Nazis paktiert hatten, hätten jenen ein gutes Gewissen verschafft, die in unterschiedlichen Teilübereinstimmungen christlichen Glauben und NS-Ideologie in sich nebeneinander leben ließen und mit Hilfe einer Zwei-Reiche-Lehre ihr Christsein von der politischen Wirklichkeit trennten. Die meisten Wähler der NSDAP wie die Parteimitglieder und ihre Angehörigen sowie Mitglieder der Regierung sind Mitglieder der Kirchen, während die NS-Regierung ihre sozialdarwinistische Weltanschauung mit modernsten Medien und Waffen ausrüstet, um alle ›Feinde‹ im Land oder die Nachbarvölker zugunsten einer ›Reinheit‹ von Volk und Gesinnung zu beseitigen oder zu unterwerfen.

Im Oktober 1945 besucht eine Delegation von evangelischen Kirchenvertretern aus der Schweiz, Frankreich, den Niederlanden, Großbritannien und den USA (Osteuropäer konnten nicht kommen) den in Stuttgart versammelten Rat der EKD. Den Vorsitz führen der württembergische Bischof Theophil Wurm und sein Stellvertreter Niemöller. Der Rat legt das einstimmig beschlossene »Stuttgarter Schuldbekenntnis« vor.[59] Sein Kernsatz, »in Solidarität« von Kirche und Volk unter »großem Schmerz« gesprochen, lautet: »Durch uns ist unendliches Leid über viele Völker und Länder gebracht worden.« Man habe zwar »jahrelang gegen den Geist gekämpft«, der »im nationalsozialistischen Gewaltregime seinen furchtbaren Ausdruck gefunden hat«. Dann heißt es in komparativer Form: »Wir klagen uns an, nicht mutiger bekannt, nicht treuer gebetet, nicht fröhlicher geglaubt und nicht brennender geliebt zu haben.«[60] In der

59 Der Text ist zu finden in Greschat, Die Schuld der Kirche, siehe Anm. 54, S. 102.
60 Reden I, S. 47.

dankbar begrüßten »ökumenischen Gemeinschaft« steht ein »neuer Anfang« gegen den »heute von neuem« aufkommenden »Geist der Gewalt und Vergeltung« mit dem »Geist des Friedens und der Liebe« an.

Unterschrieben ist das Dokument von den Mitgliedern des Rates der EKD Theophil Wurm, Hanns Lilje, Gustav Heinemann, Martin Niemöller, Hans Asmussen, Hugo Hahn, Rudolf Smend, Wilhelm Niesel, Hans Meiser, Heinrich Held, Otto Dibelius. Alle sind in einem unterschiedlichen Engagement in der Bekennenden Kirche aktiv gewesen. Die Juden werden nicht erwähnt.

Niemöller nennt in seinen Predigten und Vorträgen von Anfang an die Menschen, die unter Deutschland und dem Versagen der Kirche litten. Seinen Verantwortungshorizont bilden weder die Grenzen Deutschlands noch die Grenzen der Kirche. Er spricht von Kranken, Griechen, Polen und Russen. Die »6 Millionen Juden«, die verfolgten »Kommunisten« habe man nicht als Geschwister Jesu gesehen, dem man »zu dienen« habe. Nach dem Matthäusevangelium sagt Jesus: »Was ihr getan habt einem meiner geringsten Geschwister (der Hungernden, Dürstenden, Heimatlosen, Nackten, Kranken und Gefangenen), das habt ihr mir getan [...]« bzw. »nicht getan« (Mt 25,31-46). Dieses Wort zitiert Niemöller oft. Die Schuld der Kirche liege in der auch von ihm einst geteilten Auffassung: Die Leute außerhalb der Kirche gehen uns nichts an. Auf die Frage von Joachim Perels, warum 1933 die Bekennende Kirche die Leiden der zuerst ausgeschalteten sozialdemokratischen und kommunistischen Politiker nicht sahen, antwortet Niemöller, die Kirche war »beschränkt auf die bürgerliche Gesellschaft« und diese haben sie »nicht vermißt, wenn sie eingesperrt wurden.«[61]

61 Junge Christen fragen die Kirchen. Gespräche mit Kirchenpräsident D. Martin Niemöller und Weihbischof Walter Kampe, München 1968, S. 10.

Die Stuttgarter Erklärung gelangt vor der geplanten Veröffentlichung an die Presse und löst sofort einen Sturm der Entrüstung aus. Besonders Niemöller wird der Vorwurf gemacht, er vertrete die Kollektivschuld des ganzen deutschen Volkes. Er betont aber eindeutig die »kollektive *Verantwortung* und eine Verpflichtung, die Folgen kollektiv zu tragen«.[62] Er lehnt eine mystifizierende Deutung ab, die von »Deutschlands dunkler Zeit«, von »Hitlers teuflischer oder dämonischer Herrschaft« spricht.[63] Was in der Öffentlichkeit geschehen ist, muss öffentlich benannt werden.

In einem Vortrag, den er 1946 an vielen Universitäten hält, weist er darauf hin, dass die traditionellen Sicherheiten, die durch Sitte und Recht gegeben waren, ihre »Vollmacht eingebüßt« haben, menschliches Leben zu sichern. Die »technische[n] Möglichkeit[en] der Weltbeherrschung« – er erwähnt die Atombombe – seien so groß wie die menschlichen »Fähigkeiten«, sie in »den Dienst der Allgemeinheit« zu stellen, *geschwunden* seien.[64] Der sogenannte Nationale Aufbruch 1933 benutzte einerseits modernste Techniken und andererseits die Sehnsucht der Menschen nach einem »neuen verpflichtenden Ethos« und nach einer »Autorität«. »Wir« – wieder schließt er sich ein – »beugten uns als Volk freiwillig unter einen diktatorischen Einzelwillen«. Die »letzten Reste eines anderweitig gebundenen Gewissens sollten beseitigt werden«. Er zählt die Akademiker auf, die Universitätsprofessoren, Richter, Ärzte, Pfarrer, Lehrer, Offiziere, die ihre Verantwortung gegen Recht und Menschlichkeit an eine andere Autorität abgegeben hatten. Dagegen erinnert er an die Weiße Rose, an die Leute vom 20. Juli – von denen nicht

62 Reden I, S. 94 (Hervorhebung M. S.).

63 Obwohl der Reichsbruderrat, unter seinem Vorsitzenden Niemöller, eine Woche vor Treysa genau diese Sprache in seinem Schuldbekenntnis auch benutzt.

64 Ebd., 88f.

wenige in seiner Gemeinde Dahlem wohnten – und an die widerständig-tapferen Einzelopfer des NS-Terrors.[65]

Es sind vor allem der spätere Bundespräsident Gustav Heinemann und Martin Niemöller, die zu Anwälten der Schulderklärung und ihrer politischen Folgerungen in der Öffentlichkeit werden. Niemöllers und Karl Jaspers' Schuldbekenntnisse lösen eine breite Debatte aus. Helmut Thielicke eröffnet sie im November 1945.[66] Nachdem er Emigranten wie Thomas Mann und Franz Werfel abgekanzelt hatte (sie feuerten »aus dem sicheren Hinterhalt des Auslandes billige Zeitungsartikel auf Deutschland«), wendet er sich Karl Barths These zu, ein eindeutiges Schuldbekenntnis habe »eine befreiende Wirkung«. Die Nazis hatten Thielickes Universitätslaufbahn verhindert, jetzt entschuldigt er das Volk mit dem Hinweis auf Versailles 1919. Theologisch gelte außerdem, dass die Menschen »allzumal Sünder« seien (Rö 3,23), eine angeblich entlastende Universalisierung von Schuld. Thielicke erwartet vom Ausland »die innere Freiheit«, dass *alle* ihre Schuld bekennen: »Franzosen, Amerikaner, Engländer, Deutsche, Japaner – und Juden«. In einer noch breiter gestreuten Karfreitagspredigt des Jahres 1947 sagt er, er wolle so lange nichts mehr von deutscher Schuld hören, bis nicht auch die »Schuld der Anderen« ausgesprochen sei.[67]

Die 1933 zuerst ausgeschaltete linke Opposition erlaubt Niemöller damals das ihn wie viele erleichternde Gefühl, »die ganze Gottlosengefahr losgeworden« zu sein. 1976 formuliert er spontan in einem Predigtnachgespräch in einem pfälzischen Dorf das bekannte Wort über das »Zu spät« und

65 Reden I, 90f.

66 Ich zitiere aus dem damals weit verbreiteten hektographierten Tübinger Vortrag vom 8. Nov. 1945 (Privatarchiv). Einige »weltliche« Stimmen enthält Martin Greschat, S. 113-119.

67 Die Schuld der Anderen. Ein Briefwechsel zwischen Helmut Thielicke und Hermann Diem, Göttingen o.J. [1948], S. 14.

die Isoliertheit der Widerständigen. Es steht in manchen angelsächsischen Schulbüchern:

Als die Nazis die Kommunisten
holten, habe ich geschwiegen;
  ich war ja kein Kommunist.
Als sie die Sozialdemokraten
einsperrten, habe ich geschwiegen;
  ich war ja kein Sozialdemokrat.
Als sie die Gewerkschaftler holten,
habe ich nicht protestiert;
  ich war ja kein Gewerkschaftler.
Als sie mich holten,
  gab es keinen mehr, der protestierte.[68]

Er reagiert damit nicht auf Kritik an seiner Predigt, sondern auf die antikommunistische Stimmung, die ihn mit der Behauptung treffen will, ein *fellowtraveller* des Kommunismus zu sein. Bolschewisten und Juden sind in der NS-Propaganda immer zusammen als Feinde Deutschlands genannt worden. Deswegen erinnert Niemöller an die brutale *Ausschaltung* der Linken nach dem Reichstagsbrand 1933. Die Kirche war damals von einer *Gleichschaltung* bedroht, weil sie im atheistischen Kommunismus eine größere Gefahr sah als im christlich vertrauten Judenhass, Nationalismus, Militarismus und Autoritarismus des NS-Regimes.

VI. Eine neue Kirche in einer neuen Gesellschaft?

1945 verlangt Niemöller, die Kirche habe »umzukehren«, der Weg der »Restauration« sei ein »Weg in die Hölle«.[69] Die landeskirchliche Kleinstaaterei sei zu überwinden wie der

68 Vgl. Neue Stimme 5/1986, S. 6f.
69 Reden I, S. 11-15.

Konfessionalismus, der sich an Frontstellungen des 16. Jahrhunderts orientiere. Es gehe darum, heute wachsam gegenüber den »notwendigen Entwicklungen und den drängenden Aufgaben des Augenblicks« in der Welt zu sein. Das Kreuz von Golgatha stehe *mitten in der Welt*. Nötig sei die »öffentliche Verantwortung unserer Kirche«.

So eindeutig er neue Wege der Kirche benennt, so undeutlich ist sein Bild von ihrer konkreten Gestalt:[70] Bezeichnenderweise benutzt er das biblische Bild von der *Kirche* als *Leib Christi* nicht. In ihr hat gleichwertig jeder Mensch – wie jedes menschliche Organ – seine Aufgaben und Talente. Die Kirche aber »verleugnet« Gott, »wo sie den Menschen verleugnet. Der Kommunist, der Bibelforscher, der Jude im dritten Reich – sie alle« hat die Kirche verleugnet, »um sich selber zu sichern«.[71]

Bei allen Äußerungen zu politischen Fragen versäumt Niemöller nie, zu betonen, was dieser Christenheit als Besonderes anvertraut ist: Gott begegnet *allen* Menschen durch Jesus Christus als Mensch und Mitmensch. Auch in säkularen Kontexten spricht er von »unserem Herren Jesus Christus«, z.B. als er im Kreml den Leninorden erhält oder auf einem Podium mit einem DKP-Partner, zu dem er sagen kann, den Frieden zu wollen, mache sie zu »Brüdern in der Nachfolge Jesu Christi!«

Bis zu seiner Haft 1937 kämpfte Niemöller für Recht und Freiheit der Kirche, nach seiner Befreiung für Recht und Freiheit von Christen *und* Nichtchristen. Er habe im KZ gelernt, dass er »als evangelischer Pastor mit einem Kommunisten und einem Bibelforscher sprechen konnte. Wir verstanden als Menschen miteinander zu reden. Wir fanden den Menschen. Das ist etwas, was wir festhalten sollten.«[72]

70 Ebd., S. 307-314.
71 Reden I, S. 312.
72 Schmidt, siehe Anm. 16, S. 219.

In Treysa hatte er 1945 gegen eine allzu binnenkirchliche Sicht erklärt: Christen wie Nichtchristen seien *alle* »schöpfungsgemäße Ebenbilder Gottes«. Sie alle verdanken ihre singuläre Würde keiner Zuschreibung oder Gewährung durch Menschen, Status oder Instanzen. Deshalb haben wir »eine andere Stellung zu unseren Mitmenschen; wir wissen, daß sie gleich uns einen Anspruch auf Recht und Freiheit haben, und daß sie darum niemals für uns und für andere zu einem Gegenstand der Ausbeutung werden sollten«[73]

Als in Eisenach vom 9. bis 13. Juli 1948 die neue Grundordnung der EKD angenommen wurde, erklärte der Bruderrat der Bekennenden Kirche seine kirchenleitenden Funktionen für »erloschen«. Niemöller trug das mit, auch wenn die neue Kirchenverfassung »nicht die beste kirchliche Ordnung« sei. Sie widerspreche aber nicht »der Herrschaft Jesu Christi über seine Kirche«.[74] Das war *sein* christozentrisches Kriterium, gewonnen in der Suche nach einer neuen Gestalt der Kirche im sogenannten Kirchenkampf.

Niemöller erläutert 1954 seine Sicht auf Kirche und Gesellschaft bei einem Treffen mit der FDP Hessens, die seine Position kritisiert hatte: Das System der Volkskirche habe »solche Vorteile mit sich gebracht, dass nach 1945 gar kein Wunsch nach einer Änderung laut wurde.« Gewiss, sie sollte nicht hierarchisch-bischöflich sein. Das hatte man mit dem 1933 staatlich geforderten Führerprinzip abgelehnt. In Bruderräten und Synoden verfasst sollte sie organisiert sein. In der Evangelischen Kirche in Hessen und Nassau (EKHN), die ihn 1947 als Kirchenpräsidenten gewählt hatte, gebe es ein kollektives Leitungsamt, das »Leitende Geistliche Amt«. Einerseits sieht Niemöller die Kirche als Volkskirche, in die man »hineingeboren« wird. »Sie ist vorgegeben« wie das Volk, wo das

73 Siehe S. 45 im vorliegenden Band.
74 Reden I, S. 134.

»Grundmerkmal der Demokratie« eine klare »Priorität des »Menschenrechts vor dem Staatsrecht« habe. Jedoch sei »die Kirche durch ein autoritatives Element gekennzeichnet.«[75]

Das hänge mit ihrer Gründungsurkunde, der »Heiligen Schrift« und den alten »Bekenntnissen« zusammen. Ihnen gegenüber hätten sich die Kirchen mit ihren Gremien zu verantworten. Insofern sei die »Kirche un-liberal [...] und un-fortschrittlich«. Politisch konservative Kräfte schützten die Kirche und erwarteten von ihr eine politische Rückendeckung. Heute (1954) träten »konservativ-autoritativ-institutionelle Kräfte« hinter den »fortschrittlich-demokratisch-liberalen« Kräften in Kirche und Gesellschaft zurück.[76] Die EKHN habe sich neu geordnet. »Wir haben die Pflichten und Rechte der Gemeinden und ihrer Glieder so stark wie nur möglich zur Geltung gebracht«.

Es sei ein Wunder, dass die Kirche trotz ihres Versagens habe neu anfangen können. Ihre Schuld beginne lange vor 1933. Sie sei schuldig geworden, als sie im 19. Jahrhundert das »individuelle Menschenrecht« nicht vertrat – im Gegensatz zum politischen Liberalismus. Ebenso wurde sie schuldig gegenüber dem Sozialismus, »einer besonderen Abart des Liberalismus«, der als sozialer Liberalismus sich für soziale Gerechtigkeit einsetze. Individueller und sozialer Liberalismus seien für ihn *Freiheitsbewegungen*. Heute müsse sich der alte politische Liberalismus allerdings fragen lassen, was denn seine geistige Grundlage sei, ob er nicht zum puren »Wirtschaftsliberalismus« verkommen sei und ob nicht hinter seiner Fassade »bloßer, nihilistischer Materialismus lauert«. Die Kirche wünsche, dass das »genuin liberale Element in der Politik lebendig bleibt«. Sie stehe jetzt auf, wenn der »Mensch

75 Ebd., S. 308.
76 Ebd., S. 309.

um sein Recht gebracht wird« und er zum »Mittel degradiert« wird.[77]

Zunehmend kritisiert Niemöller den »Mammon«, die Herrschaft des Geldes und den Imperativ des Wirtschaftswachstums. Er hat neben der biblischen Sozialethik Jesu prophetisch-kritischen Ausspruch aus der Bergpredigt auf seiner Seite: »Ihr könnt nicht Gott und dem Mammon dienen« (Mt 6,24). Man müsse sich zwischen diesen beiden »Herren« entscheiden. »Für das Gold verkaufen wir auch die Bildung unserer Jugend und unserer Enkel und Urenkel. Das ist es, was uns heute die Haushaltspläne liefern. Rüstung, Raubbau, [...] und eine Möglichkeit, das Geld am Laufen zu halten.« Es gelte, die Arbeit gerechter zu verteilen und nicht die Dividenden zu erhöhen.[78]

Wer christliche Verantwortung in einer pluralistisch zusammengesetzten Kirche und Gesellschaft wahrnimmt, fragt nach Orientierung. Niemöller antwortet auf die Frage nach dem richtigen Tun mit dem Hinweis auf nur eine Instanz: »Was würde Jesus dazu sagen?« Die Frage hatte Niemöller als Junge bei einem Krankenbesuch seines Vaters kennen gelernt.[79] Es ist eine menschliche Frage nach Menschlichkeit, vor allem für die »Mühseligen und Beladenen«. 1968 tritt er wegen einer harmlosen Entscheidung der EKHN-Synode aus diesem Kirchenparlament aus. Er verlässt das letzte kirchliche Leitungsgremium unter Protest gegen das, was er als »Demokratisierung nach parlamentarischem Muster« ansieht. Die Vorstellung der Königsherrschaft Christi verbiete dergleichen Anpassungen an staatliche Muster.

77 Ebd., S. 312 und 314.

78 Aus einer Ansprache in Frankfurt a. M. nach der Feier zu seinem 85. Geburtstag 1977. Unveröffentlicht (Privatarchiv).

79 Zitiert aus Hannes Karnick und Wolfang Richter, Niemöller. Was würde Jesus dazu sagen? Ein Film-Bilder-Lesebuch, Frankfurt a. M. 1986, S. 14.

Nach seiner im KZ und in Schuldbekenntnissen entdeckten transkirchlichen Verantwortung und Solidarität baut er sein Engagement in nichtkirchlichen Organisationen aus, z.B. in der Deutschen Friedensgesellschaft (ab 1954), im Weltfriedensrat (Ehrenpräsident ab 1967) oder im »Komitee für Frieden, Abrüstung und Zusammenarbeit« (ab 1974). Zugleich bleibt er bis zu seinem Tod ein aktiver Pastor und Prediger in vielen Gemeinden des In- und Auslandes.

Ich schiebe an dieser Stelle Niemöllers Interviewäußerungen ein, die zuspitzen und provozieren sollen, z.B. seine Meinung, er wäre längst aus der Evangelischen Kirche ausgetreten, wenn er nicht seine Pension von ihr bezöge. Verärgert fuhr ich zu ihm, weil wir einst als Studenten für unsere gewiss nicht ausgereiften Kirchenreformvorstellungen von ihm leicht ironisch belehrt wurden, Gott habe ihm Menschen und Gelder anvertraut, die er treulich zu verwalten habe. Er hat von 1947 bis 1964 die EKHN gut verwaltet und ebenso vorzüglich bis ans Lebensende das Evangelium von Jesus Christus verkündet. Wie die Kirche organisiert sein soll, war ihm »eine vollkommen gleichgültige Sache«. Er sei »immer so etwas wie ein Kongregationalist gewesen.«[80]

Eine Neigung zu freikirchlichen Strukturen ist unverkennbar, z.B. in den letzten Jahren zu den Quäkern. Entgegengesetzt ist seine einst in der KZ-Haft aufgetauchte Idee, römisch-katholisch zu werden. Dort war vielleicht mehr seine »Demokratie« eines U-Bootes mit einer Kommandozentrale zu finden – so sein selbstironisches Bonmot. Sein »nichtarischer« Freund Franz Hildebrandt geht im Exil in die methodistische Kirche. Ihn hatte Niemöller als Pfarrer angestellt, weil die durch die Deutschen Christen gesteuerte

80 Antwort auf die Frage von Joachim Perels nach der Einheit der Kirche. In: Junge Christen fragen die Kirchen, siehe Anm. 61, S. 16.

Kirchenleitung in Berlin Hildebrandt eine Stelle verweigert hatte. Ebenso sorgt er dafür, dass eine kleine, aktive Gruppe Juden hilft.

VII. Politische Neuordnung

Das von ihm und den Freunden Karl Barth, Hans Joachim Iwand und Gustav Heinemann entscheidend geprägte »Darmstädter Wort« des Bruderrates der BK von 1947 nennt die »Irrwege« des deutschen Volkes und der Kirche und skizziert damit zugleich alternativ zu gehende Wege: keine Träume einer »besonderen deutschen Sendung«, kein »schrankenloser Gebrauch politischer Macht«, keine »Vergottung der Nation«, keine Militarisierung Deutschlands »nach innen und nach außen« sondern Mitarbeit an den »gemeinsamen Aufgaben der Völker«, keine »christliche Front« gegen »notwendige Neuordnungen im gesellschaftlichen Leben«, keine Ablehnung von »Revolution mit gleichzeitiger Duldung von Diktatur«, keine Feindbilder »hier die Guten – da die Bösen«, kein Abschieben der »Sache der Armen und Entrechteten« ins Jenseits oder an den »ökonomischen Materialismus der marxistischen Lehre«. Die Einsicht in die Schuld der Irrwege befreit zum »Aufbau eines besseren deutschen Staatswesens, das dem Recht, der Wohlfahrt und dem inneren und äußeren Frieden und der Versöhnung der Völker dient.«[81]

Jenseits dieser kritisch-konstruktiven Neuorientierungen schweigt das Darmstädter Wort zum Antisemitismus als Grundlage des NS-Staates. Die aufgezählten Irrwege nennen exakt alle Bedingungen, warum die Vernichtung des jüdischen Volkes hierzulande »erfolgreich« war. Vielsagend ausgespart ist der religiöse Antijudaismus. Er war mehrheitsfähig. Das

81 Vgl. Hartmut Ludwig, Die Entstehung des Darmstädter Wortes, Junge Kirche. Eine Zeitschrift europäischer Christen, Beiheft zu Heft 8/9 1977.

1948 nachgereichte Wort zur »Judenfrage« deutet jüdisches Leid mit der alten Straftheorie als Gottes Strafe für die Ablehnung Jesu Christi.

Niemöller zeigt in einem Jubiläumsvortrag[82] 1848-1948 in der Paulskirche, dass die christlichen Irrwege der Schuld lang sind. Die Kirche habe drei »Notschreie« 1848 nicht gehört: Johann Hinrich Wicherns Initiative zur Unterbringung und Ausbildung von Straßenkindern und Jugendlichen, den Ruf des kommunistischen Manifests nach sozialer Gerechtigkeit und den Ruf nach rechtsstaatlicher Demokratie aus dem Paulskirchenparlament. Als Niemöller 1965 zum Boykott der Bundestagswahl aufruft, wittert Gustav Heinemann eine Fortsetzung der Parteienverachtung der Weimarer Zeit und fragt, welchen Beitrag Niemöller denn schon zur Verbesserung der Demokratie z.B. in der Kirche geleistet habe?[83]

Sein Engagement für eine Demokratie *von unten* sowie eine globale Sicht der Wirklichkeit bewähren sich im Kampf um den Frieden. Wenn das Haus brenne, scheue er sich nicht, neben Menschen anderer Weltanschauungen oder Religionen zu stehen.[84] In einer Zeit des Kalten Krieges und der – hier wie dort – abgeforderten Blockloyalitäten bleibt sein Gewissen wach und politisch eigenständig. Gegen die Verunglimpfung als Kommunist klagt er, die Presse bringe seine Gedanken nicht. Er stehe »meilenweit links vom Kommunismus«, dort, »wo mein Herr und Heiland Jesus« steht, wo sich auch »kein Kommunist kümmert«: bei den »Ausgestoßenen, den Elenden, den Hungernden und Verhungernden in unserer Welt.«[85]

Programmatisch hatte er schon 1945 gesagt: Weil die Kirche ihren Platz in der Welt hat, »haben wir als Kirche ein

82 Reden I, S. 103-113.
83 Die Welt, 9. Januar 1965. S. 3.
84 Schmidt, siehe Anm. 16, S. 221.
85 Vgl. »Wozu heute noch Kirche?« von 1975 in: Reden, Predigten, Denkanstöße. 1961-1976, S. 222-230.

Interesse und eine Aufgabe, daß den Menschen Recht und Freiheit auch im öffentlichen und staatlichen Leben gegeben werde. Deshalb ist uns aber die Staatsform und deshalb sind uns die Grundsätze, nach denen das öffentliche Leben gestaltet wird, nicht gleichgültig; und deshalb können uns Staatsform und Gesetze nicht einfach als gegebene Tatsachen erscheinen, mit denen wir uns stumm abzufinden haben. Die Demokratie, wie sie in der abendländischen Welt seit dem Eintritt des Christentums in die Geschichte gewachsen ist, hat nun einmal mehr mit dem Christentum zu tun als irgendeine autoritäre Form der Staatsführung, die das Recht und die Freiheit für den einzelnen verneint.«[86] Hier schlägt sich seine Erfahrung mit der britischen, holländischen und skandinavischen konstitutionellen Monarchie oder mit dem US-amerikanischen Präsidialsystems nieder. Aber genauso die Argumente seines Freundes Karl Barth. 1938 schreibt dieser den deutschen Freunden in der Bekennenden Kirche, die keineswegs alle lupenreine Demokraten waren, in der Broschüre »Rechtfertigung und Recht« theologisch und politisch, dass das »Problem der Ordnung, [...] des Friedens, der Freiheit wie des Rechts« zu der Wirklichkeit gehören, die dem Geist und der Wirklichkeit Christi zu konfrontieren seien.[87] Für Niemöller ist die Demokratie keine christliche Erfindung. Kirchenkritisch und selbstbewusst verweist er auf das Gewicht von Recht und Gerechtigkeit, Menschenwürde und der Wertschätzung des Einzelnen mit seiner Gewissensfreiheit in der biblischen Tradition.

Kritische Fragen an Niemöller verdanken sich auch seinem Talent, brennende Probleme durch zugespitzte Positionen in die öffentliche Debatte zu bringen. Schon während seiner Vernehmungshaft durch die US-Amerikaner bis Juni 1945,

86 Siehe S. 45 f. im vorliegenden Band.
87 Karl Barth, Rechtfertigung und Recht, Zollikon-Zürich 1938, S. 3.

die er nur durch einen Hungerstreik beendet, erklärt er, von Parteien noch immer nicht viel zu halten. Da die Deutschen für die Demokratie »noch *nicht reif*« seien, habe der Neubau einer Demokratie unten, auf kommunaler Ebene zu beginnen. Europa stellt er sich vor als »United States of Europe«.[88]

Auf antidemokratische Einwände seines einstigen Mitstreiters Hans Asmussen schreibt er diesem, dass die »Demokratie [...] gewiß nicht in das christliche Credo« gehöre, wohl aber in die »christliche Ethik des 20. Jahrhunderts«.[89] Asmussen rät damals davon ab, Barth und seinen »demokratischen, sozialdemokratischen und kommunistischen Vorstellungen zu folgen.« Dieser versuche die »Not« die Kirche »demokratisch zu ordnen«. Die Demokratie sei genauso falsch wie »andere politische Systeme.«[90]

Einige Interview-Äußerungen gehören zu Niemöller wie der Stachel zur Rose. Oder gibt es zwei Niemöllers? Einmal den religions- und gesellschaftskritischen Propheten,[91] der in NS-Deutschland eindeutig für Recht und Freiheit der Kirche gegenüber dem Staat eintritt und nach der Befreiung von diesem Staat für Frieden und Gerechtigkeit zwischen den Völkern. Zum anderen den U-Boot-Kapitän, der »die Wahrheit hinausschießt wie ein Torpedo.« Letzterer sollte bald »schlafen gehen«.[92] 1949 interviewt ihn Marguerite Higgins von der New York *Herald Tribune*. Er liest (am 14.12.1949) dort

88 Schmidt, siehe Anm. 16, S. 202; Hannes Karnick, Wolfgang Richter und EKHN (Hgg.) Protestant. Das Jahrhundert des Pastors Martin Niemöllers, Frankfurt a.M. 1992, S. 207; Günther van Norden, Niemöller im Kalten Krieg, in: Hermann Düringer, Martin Stöhr (Hgg.), Niemöller im Kalten Krieg. Die Arbeit für Frieden und Gerechtigkeit damals und heute, Frankfurt a.M. 2001, S. 49f.

89 1946 in Reden I, S. 85.

90 Hans Asmussen, Zur Lage 1947, Stuttgart 1947, S. 5.

91 Gegen alle Missverständnisse sind Propheten keine Wahrsager, sondern Wahrheit-Sager.

92 Der Londoner Wissenschaftler Frank de Jonge von der Royal Foundation St. Katherine (Protestant, siehe Anm. 88, S. 209).

die Überschrift zu seinen Äußerungen: »Niemoeller for United Reich even it's red«. Er beklagt das Übergewicht der Katholiken in der Bonner Republik, diese sei in Rom gezeugt und in Washington geboren, ihr Fortbestehen »bedeutet den Tod des Protestantismus auf dem Kontinent«.[93] Dahinter steht nicht ein von ihm abgelehnter Konfessionalismus, sondern die Kritik an einem als »christlich« definierten Abendland, das im geteilten Deutschland und Europa die jeweils östliche Hälfte, weil »atheistisch«, weder wahr- noch ernstnimmt. Und so den Frieden gefährdet. Der Protestantismus habe dazu beizutragen, dass ein geeintes Deutschland und Europa zur Brücke und nicht zu hoch gerüsteten Widerlagern zweier feindlicher Blöcke würden.

VIII. Für Frieden und Versöhnung

Obwohl Adenauer es lange leugnete, hatte er – ohne das Kabinett und den Bundestag zu informieren – den US-Amerikanern deutsche Soldaten zur Verteidigung des Westens gegen den Osten angeboten. Die Ostzone wird mit ihrer Aufrüstung folgen. Innenminister Gustav Heinemann tritt unter Protest aus der Regierung und aus der CDU aus. Niemöller nennt seine Gründe im Kampf gegen die Remilitarisierung: Er sei weder prinzipieller Pazifist, noch würde er aus aus nationalistischen Motiven protestieren. Aber: »Grenzen [müssen] nicht neu aufgebaut, sondern abgebaut« werden.[94] Also gelte es gegen die Bewaffnung in Ost und West Einspruch zu erheben. Es müsse in der Blockbildung zu einer friedlichen Lösung kommen. Man dürfe die ganze Last der Kriegsfolgen nicht den 18 Millionen Ostdeutschen überlassen. Die Westdeutschen seien deren Nächste, sie dürften nicht die ersten Opfer

93 Karnick/Richter, siehe Anm. 79, Niemöller, S. 93f.
94 Reden I, S. 227f. (Vortrag in Genf).

eines neuen Krieges werden. Das deutsche Volk sei anfällig für einen »Rückfall in das furchtbare Freund-Feind-Denken«. (Umfragen zeigen, dass bis in die fünfziger Jahre etwa 50% der Deutschen den Nationalsozialismus für eine gute Idee halten, die nur schlecht ausgeführt worden sei.[95])

1953 spricht Niemöller auf dem Hamburger Kirchentag über das Thema Frieden.[96] Die Trennlinie zwischen zwei Blöcken verlaufe quer durch Deutschland und Europa. Die nationale und militärische Option habe Gottes Gericht den Menschen aus der Hand geschlagen. Die Völker seien zu nichts anderem da, als sich um die Rettung von Menschen zu kümmern. »Wo liegt heute unsere Verantwortung, dass es unter den Völkern zu einer Verständigung kommt?«

Wie oft schließt Niemöller zwei falsche Einstellungen aus: einmal die fatalistische, die sagt: Kriege gab es immer und wird es immer geben. Eine solche Haltung nehme man ja gegenüber der Armut, dem Diebstahl, dem Mord oder der Lüge auch nicht ein. Krieg ist zu überwinden. Die andere idealistische Möglichkeit träumt nur von einem »ewigen Frieden« und flüchtet illusionär vor der Verantwortung der Gegenwart.

Niemöller nennt den »Wohnsitz« der Deutschen auf der Grenze der »Völkergruppen«, am Begegnungspunkt von Ost und West, eine »Zuweisung, für ein friedliches Neben- und Miteinander der Völker« einzutreten. An der Aufgabe, »Frieden mit beiden Seiten« zu haben, ändere auch die Tatsache nichts, dass der Nachbar im Osten unheimlich sei. Tatsächlich gehöre das ganze Volk zum Abendland, zur »westlichen Welt« und »wir haben wenig Vertrauen zum ›Osten‹ hin.« Im Koreakrieg hatte Niemöller den von der UNO abgesegneten Gegenschlag gegen den Einmarsch des Nordens als ein aktives Mitglied der Genfer Ökumene noch begrüßt. Immer

95 Protestant, siehe Anm. 88, S. 178.
96 Titel: Unser Volk unter den Völkern. In: Reden I, 253-265.

deutlicher sagt er nun: Kein Krieg könne die Probleme lösen, für die er begonnen werde.[97] Das gilt für Niemöller, der für 1945 festhält: »Wir haben uns ja nicht selbst befreit; wir sind befreit worden.«[98] Auch wenn mit diesem Beispiel heute Intervention und Krieg gern legitimiert werden.

Niemöller kann sich der Vorstellung polnischer Regierungen anschließen, einen *cordon sanitaire* neutraler Staaten von Finnland, Polen, einem vereinigten Deutschland und Österreich zwischen den Blöcken zu etablieren. Franz Josef Strauß verhöhnt das als »Finnlandisierung« – des großen deutschen Staates unwürdig! Konsequent wendet Niemöller sich gegen eine Verlagerung der Ost-West-Auseinandersetzung durch eine Interventionspolitik der Machtblöcke in die sogenannte Dritte Welt. Er reist nach Nordvietnam, die Einreise nach Südvietnam verweigern die USA. Er besucht Nehru und später Indira Gandhi, neben Tito die Architekten der blockfreien Gruppe,[99] und begrüßt den Aufbau einer dritten Kraft zwischen den USA und der Sowjetunion. Das stärke die UNO.[100]

Wir hätten einen Weg einzuschlagen, auf dem wir nicht um »unser Recht bangen müssen«, wenn wir »für Recht und Gerechtigkeit unter den Völkern sorgen. Wir müßten mit unseren Gegnern sprechen«. Krieg sei kein »Mittel der Politik mehr«, darüber sei sich die »Weltchristenheit einig«. »Krieg darf nach Gottes Willen nicht sein«, hatte der 1948 in Amsterdam gegründete Ökumenische Rat der Kirchen beschlossen. Niemöller erinnert an die massive Hilfe, die aus der Christenheit der USA in die Bundesrepublik kam, an die Menschenrechtskataloge der UNO, bei denen die Kirchen der Welt kräftig mithalfen, an die Verantwortung der internatio-

97 Siehe S. 81-94 im vorliegenden Band.
98 Siehe S. 50 im vorliegenden Band.
99 Reden I, S. 229-236: Indienreise.
100 Siehe S. 81-94 im vorliegenden Band.

nalen Völkergemeinschaft, die sich der weltweiten Flüchtlingsströme annehme.

Wie irritierend, erfrischend und undogmatisch Niemöller gegenüber allen politischen Systemen denkt, wird bei der Verleihung des »großen Sterns der Völkerfreundschaft«, dem höchsten Orden der Deutschen Demokratischen Republik, 1980 deutlich. Der Ständige Vertreter der DDR in Bonn lobt die Völkerfreundschaft sowie den Friedenswillen seines Staatsratsvorsitzenden. Niemöller vermerkt gut gelaunt, dass er noch in diese große Schärpe hineinwachsen müsse, ihm »fehle der Bauch« dazu. In der Dankrede kritisiert er den »kolonialen Status« der Bundesrepublik Deutschland, wozu der Ständige Vertreter nickt. Das endet, als Niemöller der DDR ebenfalls einen »kolonialen Status« bescheinigt. Der Vertreter der DDR muss noch einmal reden.[101]

1953 verhilft die westdeutsche Bevölkerung der CDU, FDP und DP zu einer absoluten Mehrheit und marginalisiert Heinemanns Gesamtdeutsche Volkspartei (1,6 %). Dieser geht mit Helene Wessel, Erhard Eppler und Johannes Rau zur SPD. 1955 wird er als Präses der EKD-Synode abgewählt, weil sein politisches Amt in der SPD (im Gegensatz zu seinem CDU-Amt vorher!) untragbar scheint. Das geistige Klima der Adenauerzeit färbt sich dunkel. Die Wahlpropaganda der Konservativen macht alle Alternativen mit dem Slogan »Alle Wege des Marxismus führen nach Moskau« im wahrsten Sinn des Wortes fertig. Die Lagerbildung nach dem Schema »hier christliches Abendland – dort atheistischer Osten« kreiert den nihilistischen Satz »Lieber tot als rot«, der alle Menschen im kommunistischen Machtbereich als virtuell Tote ansieht und den Westen als Heimat der Christen.

Als nukleare Massenvernichtungswaffen für die Bundeswehr bzw. für eine Stationierung in der Bundesrepublik

101 Schmidt, siehe Anm. 16, S. 263.

Deutschland vorgesehen werden, macht Niemöller sich sachkundig. Er trifft sich in Wiesbaden mit den Atomphysikern Otto Hahn, Werner Heisenberg und Carl Friedrich von Weizsäcker. Das Gespräch führt vor allem Niemöller mit Hahn, den er aus der Dahlemer Gemeinde kennt. Dieser legt dar, dass die Wasserstoffbombe alles Leben vernichten könne. Die Erde sei dann »wüst und leer«, wie vor der Schöpfung. Für Niemöller ist deutlich, dass »dieser Jesus ja mit der Gewaltanwendung zwischen Menschen nichts zu tun haben will.«[102] 1958 wird er am Ostermarsch in England teilnehmen und ihn in Deutschland als Marschierer und Redner lange begleiten.

1959 hält er die berühmte »Kasseler Rede«.[103] »Wir wissen, was wir tun«, das sei seit Hiroshima und Nagasaki klar. Ein Krieg mit Massenvernichtungswaffen sei kein gerechter Krieg, sondern ein staatlicher Zwang zum Töten und ein »totaler Krieg«. Dann »sind eben die Mittel total, d.h. jedes Mittel ist recht, *catch as catch can*. […] Und darum ist heute die Ausbildung zum Soldaten, die Ausbildung der Kommandos im zweiten Weltkrieg, die Hohe Schule für Berufsverbrecher. Mütter und Väter sollen wissen, was sie tun, wenn sie ihren Sohn Soldat werden lassen. Sie lassen ihn zum Verbrecher ausbilden.« Bis 1954 mag es »Verteidigung« gegeben haben, Mitmenschen zu schützen. Aber »Kobaltbomben sind keine Waffen mehr«, sie bedeuten »Massenmord und Massenselbstmord« für Generationen, denn die Bomben auf Hiroshima beendeten ja nicht den Krieg. Er geht für die Nachkommen infolge der Strahlenschäden »800 bis 1000 Jahre weiter«. Er sagt, dass er auf seinem Weg vom »Militaristen und Nationalisten« dazugelernt habe, das kostete »Denkarbeit und Selbstüberwindung«.

102 Protestant, siehe Anm. 88, S. 264.
103 Siehe S. 137-155 im vorliegenden Band.

CDU und alle Christen hätten sich zu fragen, ob sie das Wort »christlich« im Namen führen dürfen: Folgen sie Jesus und der Bergpredigt? Oder tun sie so, als stünde in der Bergpredigt »Selig sind die Starken und Gewalttätigen, denn sie werden die Erde erobern«?[104] Franz Josef Strauß, der Kriegsdienstverweigerer »potentielle Kriegsverbrecher« genannt hatte, stellt einen Strafantrag. Die Staatsanwaltschaft stellt das Verfahren ein, Niemöllers Äußerung sei durch das Recht der freien Meinungsäußerung gedeckt.

Die Frage der Gewaltanwendung lässt ihn nicht los. 1982 stellt er sich in einem Interview mit Joachim Perels der Frage nach einem Recht auf Revolution unterdrückter Völker. Klarheit darüber habe er noch nicht.[105] Souverän und herausfordernd kann er sich später als »Sozialist« oder als »Revolutionär« bezeichnen, wenn er das Elend des Hungers und der Kriege erlebt und öffentlich erklärt, dass das die reichen Industrieländer und Nachkriegsnationen sehr wohl etwas angehe. Versöhnung sei ohne Anstrengung für zwischenstaatliche Gewaltfreiheit und die Achtung völkerrechtlicher Prinzipien nicht zu haben. Weltweit wird er eingeladen. Seine Analyse sagt: »Die Zeit des ›weißen Mannes‹« sei vorüber. Die »nicht-weißen Völker [...] verlangen ihre nationale Freiheit, ihre wirtschaftliche Unabhängigkeit, ihre eigene, von Fremdeinflüssen freie kulturelle und technische Entwicklung.«[106]

Niemöller provoziert, Position zu beziehen nicht zu seiner Person, sondern zu den aufgezeigten Problemen. Ein Beispiel: 1968, im Jahr des Prager Frühlings und der Studenten-

104 1958 empfiehlt Fritz Baade, der Leiter des Kieler Weltwirtschaftsinstitutes, in seinem Buch »Weltenergiewirtschaft« (Rowohlt, Reinbek) allen Politikern und Unternehmern, die Bergpredigt als Vademecum zur Realpolitik zu benutzen.

105 Vgl. das Niemöller-Interview von J. Perels (Anm. 61).

106 Reden II, S. 130.

bewegung, laden CDU-Bürgermeister und Pfarrer in Gramzow (Uckermark) Niemöller zur 800-Jahrfeier der Stadt ein. Das Staatssekretariat für Kirchenfragen verlangt, ihn auszuladen; es handle sich um ein »lokales« Ereignis, »zu dem eine zu hohe Persönlichkeit wie Weltkirchenratspräsident Niemöller nicht in Beziehung stehe«. Der Ortspfarrer akzeptiert die Begründung nicht und antwortet, es sei der Staatsratsvorsitzende »Ulbricht als weltbekannte Persönlichkeit vor zwei Jahren zum Erntefest der LPG Gollmitz« gekommen. Als »unsachlich« wird der Einspruch abgewiesen. Später ist in den Stasi-Akten zu lesen, man habe schon früher den »Pazifisten« in Gramzow nicht gewollt. Niemöller verstehe nicht den »Antagonismus der beiden Gesellschaftssysteme« in Ost und West. Da sei »Versöhnung Illusion!« Er kenne aber den Nord-Süd-Konflikt zwischen Weißen und Farbigen, Reichen und Armen.[107] Im Konflikt um das Ende der »Stimme der Gemeinde« sagt Niemöller: »Es gibt auch kommunistische Teufel«.[108]

IX. In der Internationale der Ökumene

Niemöller und die Bekennende Kirche hatten aus vielen Ländern und Kirchen Solidarität erlebt. Er lernt, in weltweit-ökumenischen Verbindungen zu denken. Weihnachten 1944 darf er – wie schon berichtet – in Dachau erstmals Gottesdienst feiern.[109]

Bei einem Treffen in der ökumenischen Zentrale in Genf 1946 bedankt sich der lutherische Bischof aus Dänemark bei

107 Hans-Otto Bredendiek, Martin Niemöller und die 800-Jahrfeier in Gramzow, In: Mitteilungen des Uckermärkischen Geschichtsvereins zu Prenzlau. Heft 12, Eberswalde 2005, S. 106-121.

108 Joachim Perels, Einheit von Glaube und Politik. In: Kritischer Katholizismus, Nr 5/1974, S. 19; siehe auch den Bericht von Karl Gerhard Steck, Ev. Kommentare Heft 3, 1973.

109 Siehe S. 301 im vorliegenden Band.

der Bekennenden Kirche und ihrem Widerstand. Ihre Erfahrungen seien ein »Vorbild« gewesen.[110] Die dänische Kirche hatte (wie die norwegische) Luthers Tradition des Widerstehens im Namen der Gewissensfreiheit nicht vergessen. Der norwegische Bischof Berggrav verbreitet illegal Luthers wenige Stellungnahmen, die einen Tyrannenmord in Ausnahmefällen rechtfertigen, unter Überschrift: »Wenn der Kutscher trunken ist ...«, dann dürfe man ihn mit Gewalt vom Bock reißen.[111]

Obwohl Niemöller in den ersten Nachkriegsjahren ca. 15 Monate in »westlichen« Ländern reist, vor riesigen Auditorien predigt und vorträgt, Hilfe für Deutschland mobilisiert, wird ihm *eine* Reise auf Einladung des Patriarchen der Russisch-Orthodoxen Kirche nach Moskau (über den Jahreswechsel 1951/1952) als Beweis ausgelegt, wie naiv oder prokommunistisch er sei. Helmut Gollwitzer, der einen kritischen Bericht über fünf Jahre in sowjetischer Kriegsgefangenschaft (»Und führen, wohin du nicht willst ...«) veröffentlicht hatte, berät ihn. Er hatte sich wie wenige mit Theorie und Praxis des Marxismus auseinander gesetzt und rät Niemöller, die Einladung anzunehmen und zu beachten, dass der »Patriarch keine Handlungsfreiheit« habe und »seine Zwingherren mithören« und zugleich »ihm Worte in den Mund legen, die nicht die seinen sind.«[112]

Er solle deutlich machen, dass er Mitglied in Leitungsgremien der Evangelischen Kirche in Deutschland und des Ökumenischen Rates der Kirchen sei. Denn »deine Gesprächspartner« kennen die »Ökumene nur als Marionetten-

110 Siehe S. 69 im vorliegenden Band.

111 Auch Hans Joachim Iwand, Zwei Aufsätze zum »Widerstand gegen die Staatsgewalt« bei den Reformatoren. In: ders., Nachgelassene Werke, Bd. 2, München 1966, S. 193-229.

112 Vgl. Jan Niemöller, Erkundung gegen den Strom. 1952: Martin Niemöller reist nach Moskau. Eine Dokumentation, Stuttgart 1988, S. 17-22.

organisation der Wallstreet und Dibelius als Neofaschisten«. Ökumene und westliche Kirchen würden diesen isolierten Christen (»ich weiß das aus eigener Erfahrung«) »als blutgierige, kapitalistenhörige Organisation von Hasspredigern« dargestellt. Er müsse den »sowjetischen Menschen« und den »mithörenden sowjetischen Machthabern« sagen, wie »unglaubwürdig Friedensbeteuerungen ohne praktische Friedenstaten sind.« Der westliche wie der östliche »Imperialismus« müsste »für die Erhaltung des Friedens Opfer bringen«. Er solle die Bitte um die »Freilassung der Gefangenen und Barmherzigkeit gegenüber den Verurteilten« vortragen. Ein Minimum im Interesse der Angehörigen wäre die »Mitteilung über die [in der Sowjetunion] Verurteilten, des Strafgrundes und der Todesfälle«.

Niemöller betont stets, wie vorläufig sein Urteil sei, dass er sich irren, ja bewusster Täuschung unterliegen könne.[113] »Erkundung gegen den Strom«, das Buch des Juristen und Synodalen Jan Niemöller,[114] hält seines Vaters Beobachtungen fest: Sowohl die Orthodoxie wie die baptistische Kirche seien *lebendig*, obwohl man »auf Schritt und Tritt daran erinnert wird«, dass »das System eigentlich keinen Raum für die christliche Kirche hat.« Der Unterschied zwischen diesen »geduldeten Fremdlingen« im sowjetischen System und im Nationalsozialismus in Deutschland ist ein dreifacher: Die Deutschen Christen wollten aus den Kirchenmitgliedern »gute Nationalsozialisten machen«. Stalin wolle nach »langen Jahren schwerster Verfolgung« die Christen nicht zu »Bolschewisten« machen, sie stürben aus. Die Orthodoxie war und ist »dem Staat gegenüber nicht wirklich frei«, um mit ihrem »prophetischen Auftrag auch der Obrigkeit gegenüber ein offenes Wort der Kritik« zu sprechen. »Der russische

113 Reden I, S. 203-208.
114 Siehe Anm. 112.

Mensch trägt heute zwar einen bolschewistischen Rock«, so wie er vor einiger Zeit einen »zaristischen« trug, und in hundert Jahren werde er »wieder einen anderen tragen.« Dieser Besuch führt auch dazu, die Russisch-Orthodoxe Kirche 1961 in Neu Delhi in den ÖRK aufzunehmen. Niemöller wird einer ihrer Präsidenten.

X. Ein demütiger Christ

Eine Biographie zur Ausstellung über das Jahrhundert Niemöllers, »Der Protestant« (1992), bündelt sein Wirken: »Mit Initiative, Hartnäckigkeit und Eigensinn brachte er Probleme immer wieder zur Sprache, die beiseite gedrängt wurden: Die Schuld der Deutschen [und der Kirche] am Dritten Reich und seinen Verbrechen, den Aufschub der Wiedervereinigung, die größere Belastung der Deutschen in der DDR, das mangelnde Gespräch mit den Völkern und Regierungen Osteuropas, das enorme Risiko der Hochrüstung, insbesondere der Atomwaffen, das Grundrecht der Kriegsdienstverweigerung, den Vietnamkrieg, den antikolonialen Befreiungskampf, den Nord-Süd-Gegensatz, die Probleme von Überbevölkerung und Hunger. Bei alldem bleibt er stets an die ihm eigene Jesusfrömmigkeit gebunden.«[115] Viele Aufgaben sind noch nicht erledigt, neue sind dazugekommen. In Wolfgang Abendroths Sicht eines marxistischen Widerstandskämpfers zeigt Niemöller, »daß der christliche Glaube Rückgrat verleihen kann« und »Lernfähigkeit«.[116]

115 Protestant, siehe Anm. 88, S. 282.
116 Martin Niemöller. Festschrift zum 90. Geburtstag, Köln 1982, S. 119f.

Benutzte Literatur

I. von Martin Niemöller (chronologisch)

Martin Niemöller: Vom U-Boot zur Kanzel, Berlin 1934.
–: ... daß wir an ihm bleiben! Sechzehn Dahlemer Predigten. Berlin 1935.
–: Herr ist Jesus Christus. Die letzten achtundzwanzig Predigten (nach der stenographischen Nachschrift von Barbara Loewenburg), gehalten in den Jahren 1936 und 1937 in Berlin-Dahlem, Gütersloh 1946.
–: »... zu verkündigen ein gnädiges Jahr des Herrn!« Sechs Dachauer Predigten, München 1946.
–: Ach Gott vom Himmel sieh darein. Sechs Predigten, München 1946.
–: Reden 1945-1954, I, Darmstadt 1956.
–: Reden 1955-1957, II, Darmstadt 1957.
–: Reden 1958-1961, III, Darmstadt 1961.
–: Reden 1961-1963, IV, Frankfurt a.M. 1964, alle 4 Bände im Stimme-Verlag hg. von Herbert Mochalski, dem früheren Geschäftsführer des Reichsbruderrates.
–: Briefe aus der Gefangenschaft Moabit, hg. von Wilhelm Niemöller, Frankfurt a.M. 1975.
–: Reden, Predigten, Denkanstöße 1964-1976, hg. von Hans-Joachim Oeffler u. a., Frankfurt a.M. 1977.
–: Dahlemer Predigten 1936/1937. Mit einem Vorwort von Thomas Mann, München 1981.
–: Martin Niemöller. Ein Lesebuch, hg. von Hans-Joachim Oeffler, Frankfurt a.M. 1987.
–: Was würde Jesus dazu sagen? Reden – Predigten – Aufsätze 1937 bis 1980, Berlin (DDR) 1980.
–: Dahlemer Predigten, kritische Ausgabe, hg. von Michael Heymel, Gütersloh 2011.

II. Festschriften (chronologisch)

Bekennende Kirche. Martin Niemöller zum 60. Geburtstag, hg. von Joachim Beckmann u. Herbert Mochalski, München 1952.
Bis an das Ende der Welt. Ökumenische Beiträge zum 70. Geburtstag von Martin Niemöller, hg. von Hanfried Krüger, München 1962.
Christliche Freiheit als Dienst am Menschen. Deutungen der kirchlichen Aufgabe heute. Zum 80. Geburtstag von Martin Niemöller, hg. von Karl Herbert, Frankfurt a.M. 1972.

Martin Niemöller zum 90. Geburtstag, hg. von Heinz Kloppenburg, u. a., Köln 1982.
Das Erbe der Bekennenden Kirche. Der prophetische Auftrag der Kirche, hg. von Martin Stöhr, Frankfurt a.M. 1983. (Dokumentation einer Tagung Martin Niemöller zu Ehren in der Ev. Akademie Arnoldshain)
Prophet dieser Zeit. Erinnerung an Martin Niemöller, hg. von Wolfgang Erk, Stuttgart 1984.

III. Weitere Quellen, Biographie und Zeitgeschichte (alphabetisch)

Asmussen, Hans: Zur Lage 1947, Stuttgart 1947.
Barth, Karl: Theologische Existenz heute, München 1933.
–: Rechtfertigung und Recht, Zollikon-Zürich 1938.
Begalke, Sonja, Claudia Fröhlich, Stephan Alexander Glienke (Hgg.): Der halbierte Rechtsstaat. Demokratie und Recht in der frühen Bundesrepublik und die Integration von NS-Funktionseliten, Baden-Baden 2015.
Beyer, Franz: Menschen warten. Aus dem politischen Wirken Martin Niemöllers seit 1945, Siegen 1952.
Bonhoeffer, Dietrich: Gesammelte Schriften, hg. von Eberhard Bethge, München 1955-1974.
–: Werke, hg. von Eberhard Bethge, München 1986-1999.
Bredendiek, Hans-Otto: Martin Niemöller und die 800-Jahrfeier in Gramzow, In: Mitteilungen des Uckermärkischen Geschichtsvereins zu Prenzlau. Heft 12, Eberswalde 2005.
Büttner, Ursula (Hg.): Die Deutschen und die Judenverfolgung im »Dritten Reich«, Hamburg 1992.
– u.Martin Greschat: Die verlassenen Kinder der Kirche. Der Umgang mit Christen jüdischer Herkunft im »Dritten Reich«, Göttingen 1998.
Daume, Heinz u.a. (Hgg.): Getauft, ausgestoßen – und vergessen? Zum Umgang der evangelischen Kirchen mit Christen jüdischer Herkunft im Nationalsozialismus. Ein Arbeits-, Lese- und Gedenkbuch, Hanau 2013.
Die Schuld der Anderen. Ein Briefwechsel zwischen Helmut Thielicke und Hermann Diem, Göttingen o.J. [1948].
Düringer, Hermann und Martin Stöhr (Hgg.): Niemöller im Kalten Krieg. Die Arbeit für Frieden und Gerechtigkeit damals und heute, Frankfurt a.M. 2001.
Eine Welt oder keine. Kolloquium mit Walter Jens, Horst-Eberhard Richter, Kurt Biedenkopf, hg. von der Martin-Niemöller-Stiftung, Köln 1988.
Else Niemöller. Katalog zur Ausstellung, hg. vom EKHN-Archiv, Darmstadt 1990.

epd-Dokumentation 25/2016: 80 Jahre NS-kritische Denkschrift der Bekennenden Kirche von 1936.
Fraenkel, Ernst: Der Doppelstaat (1941), Frankfurt a.M. 1974.
Gailus, Manfred und Manfred Krogel (Hgg.): Von der babylonischen Gefangenschaft der Kirche. Regionalstudien zu Protestantismus, Nationalsozialismus und Nachkriegsgeschichte 1930 bis 2000, Berlin 2006.
Gerlach, Wolfgang: Zwischen Kreuz und Davidstern. Bekennende Kirche in ihrer Stellung zum Judentum im »Dritten Reich«, Hamburg 1972.
Gisevius, Hans Bernd: Bis zum bitteren Ende, Zürich 1954
Greschat, Martin u.a. (Hgg.): Zwischen Widerspruch und Widerstand. Texte zur Denkschrift der Bekennenden Kirche an Hitler (1936), München 1987.
Hüffmeier, Wilhelm und Martin Stöhr (Hgg.): Barmer Theologische Erklärung 1934-84. Geschichte – Wirkung – Defizite. Bielefeld 1984.
Iwand, Hans Joachim: Nachgelassene Werke, München 1966.
Jaspers, Karl: Die Schuldfrage. Von der politischen Haftung Deutschlands, Heidelberg 1946.
Junge Christen fragen die Kirchen. Gespräche mit Kirchenpräsident D. Martin Niemöller und Weihbischof Walter Kampe, München 1968.
Karnick, Hannes und Wolfgang Richter: Niemöller. Was würde Jesus dazu sagen? Eine Reise durch ein protestantisches Leben. Ein Film-Bilder-Lesebuch, Frankfurt a.M. 1986.
Klee, Ernst: Persilscheine und falsche Pässe, Wie die Kirchen den Nazis halfen, Frankfurt a.M. 1991.
Kranz, Tomasz (Hg.): Das Verbrechen des Nationalsozialismus im Geschichtsbewusstsein und in der historischen Deutung in Deutschland und Polen, Lublin 1998.
Krumwiede, Hans-Walter, Martin Greschat, Manfred Jacobs, Andreas Lindt: Kirchen- und Theologiegeschichte in Quellen. Bd. IV/2, Neuzeit, Neukirchen 1980.
Kühl-Freudenstein, Olaf: Kirchenkampf in Berlin 1933-1945, Berlin 1999.
Locke, Hubert G. (Hg.): The Barmen Confession, New York/Toronto 1987.
Ludwig, Hartmut. Die Entstehung des Darmstädter Wortes, in: Junge Kirche. Eine Zeitschrift europäischer Christen, Beiheft zu Heft 8/9 1977.
Mann, Thomas: Politische Schriften und Reden, Frankfurt a. M./Hamburg, 2. Aufl. 1968.
Mitscherlich, Alexander und Margarete Mitscherlich: Die Unfähigkeit zu trauern. Grundlagen kollektiven Verhaltens, München 1967.
Niemöller, Jan: Erkundung gegen den Strom. 1952: Martin Niemöller reist nach Moskau. Eine Dokumentation, Stuttgart 1988.
–: Geschichte eines Flügels, Usingen 1998.
Niemöller, Wilhelm: Macht geht vor Recht. Der Prozeß Martin Niemöllers, München 1952.

Perels, Joachim: Einheit von Glaube und Politik. In: Kritischer Katholizismus, Nr 5/1974.
–: Entsorgung der NS-Herrschaft? Hannover 2004.
–: Das juristische Erbe des »Dritten Reiches«. Beschädigungen der demokratischen Rechtsordnung, Frankfurt a.M./New York 1999.
Karnick, Hannes und Wolfgang Richter (Hgg.): Protestant: Das Jahrhundert des Pastors Martin Niemöller, Frankfurt a.M. 1992.
Radbruch, Gustav: Der Mensch im Recht, 2. Aufl. Göttingen, 1961.
Richardi, Hans-Günther: SS-Geiseln in der Alpenfestung. Die Verschleppung prominenter KZ-Häftlinge aus Deutschland nach Südtirol, Bozen 2006.
Schreiber, Matthias: Martin Niemöller, Reinbek bei Hamburg 1997.
–: Friedrich Justus Perels. Ein Weg im Rechtskampf der Bekennenden Kirche in den politischen Widerstand, München 1989.
Schwemer, Ulrich (Hg.): Christen und Juden, Dokumente einer Annäherung, Gütersloh 1991.
Stöhr, Martin (Hg.): Das Erbe der Bekennenden Kirche, Frankfurt a.M. 1983.

Zeittafel

1892

geboren am 14. Januar in Lippstadt/Westfalen, Vater Pfarrer, Elternhaus ebenso christlich-sozial wie deutschnational

1900

Familie zieht nach Elberfeld um.

1910

Abitur mit Auszeichnung, Seekadett der Kaiserlichen Marine

1912

Leutnant zur See, Niemöllers Spitzname »Der rote Leutnant«

1915

Freiwillig zur U-Boot-Flotte

1917

Niemöllers U-Boot bedroht im Hafen von Dakar den Dampfer, der Albert Schweitzer nach Europa in Quarantäne bringen soll – Schweitzer wird später sein Freund und, nach 1945, Mitstreiter im Kampf um die nukleare Abrüstung; Verlobung mit Else Bremer.

1918

Niemöller wird Kommandant eines U-Boots, bei den Engländern gilt er als »Schrecken von Malta«.

1919

Niemöller verweigert den Befehl, U-Boote als Reparation nach England zu überführen und verlässt die Marine; Heirat und Überlegung, nach Südamerika auszuwandern; Aufnahme des Theologie-Studiums.

1920

Freikorps-Kommandant im Kampf gegen die aufständischen Ruhrarbeiter

1924
Ordination zum Pfarrer; Landesgeschäftsführer der Inneren Mission

1929
Fraktionsvorsitzender der »Evangelischen Vereinigung«, einer örtlichen Wählergemeinschaft, im Stadtparlament von Münster/Westfalen

1931
Gemeindepfarrer in Berlin-Dahlem

1933
Mitarbeiter im Kirchenbundesamt; aus Protest gegen die Einführung des »Arier-Paragrafen« ins evangelische Kirchenrecht ruft Niemöller zur Gründung des »Pfarrernotbunds« auf, aus dem die Bekennende Kirche hervorgeht.

1934
Während einer Audienz widerspricht Niemöller Adolf Hitler, der den Pfarrern eine Verantwortung für weltliche Angelegenheiten des deutschen Volkes absprechen will; eine Woche später Predigtverbot, über das Niemöller sich hinwegsetzt; im Herbst erscheint sein Erinnerungsbuch *Vom U-Boot zur Kanzel*, das eine verkaufte Auflage von mehr als 90.000 erreicht.

1937
1. Juli: Verhaftung und Überführung ins Untersuchungsgefängnis Moabit

1938
2. März: der Prozess endet mit Freispruch; Hitler desavouiert die Justiz und erklärt Niemöller zu seinem persönlichen Gefangenen, am selben Tag Einlieferung ins Konzentrationslager Sachsenhausen.

1945
Abtransport zur befohlenen Ermordung nach Tirol, Befreiung durch US-Truppen, Internierungen in Neapel, Paris und

Wiesbaden; mit einem dreitägigen Hungerstreik setzt Niemöller Freilassung und Rückkehr zur Familie nach Leoni/ Starnberger See durch; als Delegierter des Reichsbruderrats programmatische Rede zur Neuordnung der Kirche auf der Konferenz evangelischer Kirchenführer; im Oktober wird Niemöller stellvertretender Ratsvorsitzender und Präsident des Kirchlichen Außenamtes; 19. Oktober: Mitunterzeichner des »Stuttgarter Schuldbekenntnisses« Stuttgarter Schulderklärung der ev. Kirche

1946

Teilnahme an Sitzung des Weltkirchenrats in Genf, Vortragsreise durch die USA; Versuche, im beginnenden Kalten Krieg Dialoge in Gang zu bringen

1947

Reisen nach Norwegen und Dänemark; Berufung zum Präsidenten der Evangelischen Kirche in Hessen und Nassau (EKHN); 8. August: Mitunterzeichner des »Darmstädter Wortes«

1948

Reisen nach Schweden und England, 1. Vollversammlung des Weltkirchenrats in Amsterdam

1949

Reisen nach Irland, Australien und Neuseeland; die Synode der EKD wählt Niemöller nicht wieder zum stellvertretenden Ratspräsidenten; in einem Interview zum Korea-Krieg sagt Niemöller: »Die Bundesrepublik ist in Rom gezeugt und in Washington geboren!«

1950

bei einem EKD-Empfang Auseinandersetzung mit Adenauer über die Folgen der Aufrüstung; Wiederwahl als Kirchenpräsident

1951

Predigt- und Vortragsreise in die DDR und Jugoslawien

1952
auf Einladung des Patriarchen Alexius erste, zehntägige Reise nach Moskau; Reise nach Indien

1953
Auf der Tagung des Weltfriedensrates in Budapest sagt Niemöller: »Wer den Frieden will, muss die Verständigung mit dem Gegner wollen!«

1954
Reise in die ČSSR; Präsident der 1892 von Alfred Hermann Fried, Friedensnobelpreisträger, gegründeten Deutschen Friedensgesellschaft; Gespräch in Wiesbaden mit Otto Hahn, Werner Heisenberg und Carl von Weizsäcker über die möglichen Folgen eines Kriegs mit Wasserstoffbomben, seitdem Atompazifist

1956
Niemöller wird als Leiter des Kirchlichen Außenamts abgesetzt.

1957
Kampf gegen den Militärseelsorgevertrag

1958
Reise nach Polen; Wiederwahl als Kirchenpräsident; 1. Ostermarsch nach Aldermaston/England

1959
Am 25. Januar die berühmte »Kasseler Rede« mit der Feststellung, die Ausbildung von Soldaten im Atomzeitalter sei Ausbildung zum Massenmord; Franz Josef Strauß erstattet Strafanzeige, die Staatsanwaltschaft lehnt eine Anklageerhebung ab.

1961
Bei einem Autounfall in Dänemark werden Ehefrau Else und Haushälterin Dora Schulz getötet, Niemöller überlebt schwerverletzt; in Neu-Delhi Wahl zu einem der sechs Präsidenten des Weltkirchenrats.

1962
Begegnung mit Nehru in Indien

1963
Niemöller wird Ehrenmitglied des Stamms der Poncas-Indianer.

1964
Nach 17 Jahren legt Niemöller sein Amt als Kirchenpräsident nieder.

1965
Besuch bei Albert Schweitzer in Lambarene; Reise nach Nordvietnam und Begegnung mit Hồ Chí Minh

1967
Ehrenpräsident des Weltfriedensrates

1972
verschiedene Initiativen zur Einberufung einer Konferenz für Sicherheit und Zusammenarbeit in Europa (KSZE)

1973
Bei der Vietnam-Demonstration in Bonn erklärt Niemöller: »Die USA müssen auf Heller und Pfennig bezahlen, was sie an materiellen Schäden angerichtet haben!«

1974
Gründung des Komitees für Frieden, Abrüstung und Zusammenarbeit

1975
Teilnehmer der Vollversammlung des Weltkirchenrats in Nairobi

1976
Ehrenpräsident der deutschen Friedensgesellschaft, die mit der Vereinigung der Kriegsdienstverweigerer zur DFG/VK fusioniert

1977
Gründung der Martin-Niemöller-Stiftung in Wiesbaden

1978
Kampf gegen Pläne, die Neutronenbombe einzuführen

1979
Teilnahme an einer antifaschistischen Demonstration in Straßburg und am Protestmarsch durch Brüssel gegen den NATO-Doppelbeschluss

1980
Mitinitiator des »Krefelder Appells« gegen die Stationierung von nuklearen Mittelstreckenraketen und Marschflugkörpern in der BRD

1981
letzte Predigt in der Lutherkirche Wiesbaden

1982
Festveranstaltung für Martin Niemöller zum 90. Geburtstag in der Frankfurter Paulskirche und Kolloquium in der Evang. Akademie Arnoldshain; Niemöller nimmt zum letzten Mal an einem Kolloquium der Niemöller-Stiftung in Frankfurt teil, zusammen mit dem ehemaligen Botschafter der UdSSR, Walentin Falin.

1983
Der Friedensnobelpreisträger Linus Pauling besucht Niemöller in dessen Haus in Wiesbaden.

1984
Am 6. März stirbt Martin Niemöller im Alter von 92 Jahren – Helmut Gollwitzer: »Er war bis zu den letzten Tagen von wunderbarer geistiger Präsenz und ungetrübter Erinnerungskraft!«

Textvorlagen

Sätze zur Arierfrage in der Kirche
Martin Niemöller, Sätze zur Arierfrage in der Kirche. In: Junge Kirche. Halbmonatschrift für reformatorisches Christentum, hg. von Hanns Lilje unter Mitarbeit von Fritz Söhlmann. 1. Jg. 1933, S. 269-271.

Gerecht ohne des Gesetzes Werke
Aus: Martin Niemöller, ... dass wir an Ihm bleiben! Sechzehn Dahlemer Predigten, Berlin 1935, S. 63-69; dort mit dem Zusatz: »(Reformationsfest)«.

Predigt am 19. Juni 1937
Aus: Martin Niemöller, Dahlemer Predigten. Kritische Ausgabe, hg. von Michael Heymel im Auftrag des Zentralarchivs der Evangelischen Kirche in Hessen und Nassau, Gütersloh 2011, S. 642-649; dort Nr. 130, mit der Überschrift »Predigt am 19.6.1937 mit Mt 5,13-16 (4. So n. Trinitatis) in Berlin-Dahlem, Jesus-Christus-Kirche«. Angaben zu den Seitengrenzen im Typoskript wurden nicht übernommen.

Predigt am Ostermontag, 2. April 1945
Aus: Martin Niemöller, »... zu verkündigen ein gnädiges Jahr des Herrn!«. Sechs Dachauer Predigten, München 1946, S. 53-63; dort mit Datumsangabe statt Überschrift.

Bericht im Auftrag des Reichsbruderrats (1945)
Aus: Treysa 1945. Die Konferenz der evangelischen Kirchenführer 27.-31. August 1945. Mit einem Bericht über die Synode der Bekennenden Kirche in Berlin-Spandau 29.-31. Juli 1945 und über die unmittelbar vorangegangenen Tagungen des Reichsbruderrates und des Lutherischen Rates, hg. von Fritz Söhlmann, Lüneburg 1946, S. 22-27.

Der Weg ins Freie
Martin Niemöller, Der Weg ins Freie. Stuttgart [1946], S. 5-38.

Zu meiner Moskaureise
Martin Niemöller, Zu meiner Moskua-Reise. In: Die Stimme der Gemeinde zum kirchlichen Leben, zur Politik, Wirtschaft und Kultur. Monatsschrift der Bekennenden Kirche. 4. Jg., Nr. 2 (Februar 1952), Sp. 33-38.

Deutschland zwischen Ost und West
Aus: Martin Niemöller, Reden 1945-1954, Darmstadt 1958, S. 289-300; dort mit der Angabe »Vortrag, gehalten in Arhus in Dänemark am 15.4.1954.«.

Staatsmacht und Gewissensbindung
Aus: Martin Niemöller, Reden 1955-1957, Darmstadt 1957, S. 69-76; dort mit der Angabe »Vortrag im Wintersemester 1955/56 vor den Studentengemeinden in Mainz und Darmstadt«.

Der Nächste in seiner Bedeutung für das menschliche Zusammenleben
Martin Niemöller, Der Nächste in seiner Bedeutung für das menschliche Zusammenleben. In: Antwort. Karl Barth zum siebzigsten Geburtstag am 10. Mai 1956, hg. von Ernst Wolf, Charlotte von Kirchbaum und Rudolf Frey, Zollikon-Zürich [1956], S. 661-665.

Nationalismus – Antisemitismus als Schuld und Bedrohung der Kirche
Aus: Martin Niemöller, Reden 1955-1957, Darmstadt 1957, S. 147-156; dort mit der Angabe »Vortrag auf Einladung der Arbeitsgemeinschaft der evangelischen, jüdischen und katholischen Studentengemeinden am 11. Januar 1957 in Heidelberg.«.

Wir und die farbige Welt
(Unsere Verantwortung vor der farbigen Welt)
Aus: Martin Niemöller, Reden 1958-1961, Frankfurt a.M. 1961, S. 62-70; dort mit der Angabe »Vortrag, gehalten in Essen am 17. Januar 1959, in Mars am 15. Mai 1959, in Braunschweig am 20. Februar 1959, in Wolfsburg am 22. Januar 1960 und in Velbert am 27. Januar 1960«.

Denn sie wissen, was sie tun!
Aus: Martin Niemöller, Reden 1958-1961, Frankfurt a.M. 1961, S. 71-85. Dort mit der Angabe »Vortrag, gehalten in Kassel am 25. Januar 1959«. Die Passage in Klammern wurde wegen eines Bandwechsels nicht aufgenommen und nachträglich im Druck ergänzt, vgl. S. 71 in der Druckvorlage.

Du sollst nicht töten!
Aus: Martin Niemöller, Reden 1958-1961, Frankfurt a.M. 1961, S. 103-112; dort mit der Angabe »Vortrag, gehalten in Köln am 20. Mai 1959, in Siegen am 30. Juni 1959, in Pfungstadt am 14. September 1961 und in Arnoldshain am 9. Juli 1961«.

Christ und Krieg?
Aus: Martin Niemöller, Reden 1958-1961, Frankfurt a.M. 1961, S. 179-205; dort mit der Angabe »Rede, gehalten in Saarbrücken am 20.1.1960«.

Friede in unserer Welt – Möglichkeit oder Utopie?
Aus: Martin Niemöller, Reden 1958-1961, Frankfurt a.M. 1961, S. 294-303; dort mit der Angabe »Vortrag, gehalten in Mainz am 23. Januar 1961«.

Gedenkrede für die Opfer der nationalsozialistischen Herrschaft
Aus: Martin Niemöller, Eine Welt oder keine Welt. Reden 1961-1963, Frankfurt a.M. 1964, S. 87-90; dort mit der Angabe »Gehalten zum 15. Jahrestag der Gründung der ›Vereinigung der Verfolgten des Naziregimes‹ in Frankfurt am Main am 17. März 1962.«.

Gewissen vor Staatsräson
Aus: Martin Niemöller, Reden, Predigten, Denkanstöße. 1964-1976. Mit einem Geleitwort von Walter Kreck, hg. von Hans Joachim Oeffler, Köln 1977, S. 95-100; dort mir der Angabe »Rede auf der Bundesdelegiertensitzung der Internationale der Kriegsdienstgegner in Dortmund / 16. Oktober 1965«.

Die Bedeutung der Bekennenden Kirche in der Widerstandsbewegung zur Zeit des Dritten Reiches
Aus: Martin Niemöller, Reden, Predigten, Denkanstöße. 1964-1976. Mit einem Geleitwort von Walter Kreck, hg. von Hans Jo-

achim Oeffler, Köln 1977, S. 161-170; dort mit der Angabe »Vortrag in London / 19. Januar 1970«.

»Ehre sei Gott in der Höhe und Friede auf Erden und den Menschen ein Wohlgefallen!«
Aus: Martin Niemöller, Reden, Predigten, Denkanstöße. 1964-1976. Mit einem Geleitwort von Walter Kreck, hg. von Hans Joachim Oeffler, Köln 1977, S. 194-196; dort mit der Angabe »Heiligabend 1972, Asprache im Fersehen – Bad Homburg«.

Gespräch zur Person
Aus: Martin Niemöller, Eine Welt oder keine Welt. Reden 1961-1963, Frankfurt a.M. 1964, S. 201-229.

Editorische Notiz

Die Wiedergabe der vorliegenden Auswahl aus den Schriften Martin Niemöllers folgt in Orthographie und Interpunktion den Textvorlagen (siehe S. 340-343). Offenkundige Druckfehler wurden stillschweigend korrigiert. Alle Arten der Hervorhebungen (Kursiva, Sperrung, Unterstreichung) – auch zur Kennzeichnung von lateinischen Einsprengseln – werden durch Kursiva wiedergegeben. Schreibmaschinenbedingte Schreibungen der Umlaute Ae, Oe und Ue sowie ss (für ß) werden zu Ä, Ö, Ü und ß normiert, die Abkürzungen »Pg« und »sog.« aufgelöst. In den Textvorlagen den Vorträgen und Reden vorangestellte Angaben zu Daten und Orten finden sich unter den bibliographischen Angaben.

Bei Predigten wurden – bis auf den Predigttext – Angaben zum Gottesdienst (z. B. Lieder, Lesungen) getilgt. Bibeltexte, die als Predigttext fungieren, werden kursiv und leicht eingerückt der jeweiligen Predigt vorangestellt, wenn sie nicht im Verlauf der Predigt zitiert werden.

Niemöllers zahlreiche biblische Anspielungen werden in eckigen Klammern nachgewiesen.

Register

Das Register umfasst die Namen aller namentlich genannten, historischen Personen. Auch nicht namentlich genannte, historische Personen wurden aufgenommen, wenn sie identifizierbar waren, z. B. über ein Amt, eine Tätigkeit oder ein erwähntes oder zitiertes Werk, und mit einiger Sicherheit ermittelt werden konnten. Ausnahmen sind biblische Figuren und Martin Niemöller. Die Angaben zur Biographie beschränken sich weitgehend auf die im Text erwähnten Zeiträume und Sachverhalte.